Inhalt

W0191741

Für Suzanna

Michael Ignatieff
Die Zivilisierung des Krieges

Die Zivilisierung des Krieges versammelt fünf Essays zu den Themen Krieg, ethnische Konflikte, Menschenrechte und Medien. Sie beleuchten die Notwendigkeit und die Folgen internationaler Interventionen sowie humanitären Engagements. Geografischer Ausgangspunkt für die Reportagen darüber, ob man Gewalt eindämmen und zivilisieren, darüber, ob es einen moralischen Internationalismus geben kann, sind die großen Kriegsschauplätze der letzten Jahre: das ehemalige Jugoslawien, Somalia, Ruanda und Afghanistan.

Michael Ignatieff wurde 1947 in Toronto geboren und lebt heute in London. Nach seiner Forschungstätigkeit als Historiker am King's College, Cambridge, widmete er sich in den letzten Jahren mit großem Erfolg sowohl dem Roman als auch der politischen Reportage. Durch zahlreiche Arbeiten für die BBC und das kanadische Fernsehen sowie einer eigenen Talkshow ist er mittlerweile ein international gefragter Journalist und politischer Kommentator.

1993 erschien von ihm im Rotbuch Verlag *Wovon lebt der Mensch? Was es heißt, auf menschliche Weise in Gesellschaft zu leben.*

Michael Ignatieff

Die Zivilisierung des Krieges

Ethnische Konflikte, Menschenrechte, Medien

Aus dem Englischen
von Michael Benthack

Rotbuch Verlag

Die Deutsche Bibliothek – CIP-Einheitsaufnahme

Ein Titeldatensatz für diese Publikation ist bei
Der Deutschen Bibliothek erhältlich

© der deutschen Ausgabe
Europäische Verlagsanstalt/Rotbuch Verlag, Hamburg 2000
Originaltitel: The Warrior's Honor.
Ethnic War and the Modern Conscience
Zuerst erschienen bei Chatto & Windus, London 1998
© Michael Ignatieff
Umschlaggestaltung: + malsy, Bremen
unter Verwendung einer Fotografie von George Cavanagh/Tonystone
Herstellung: Das Herstellungsbüro, Hamburg
Satz: H & G Herstellung, Hamburg
Druck und Bindung: Sebaldus Sachsendruck, Plauen
Alle Rechte vorbehalten
Printed in Germany
ISBN 3-434-53071-1

Einleitung

Zwischen 1993 und 1997 reiste ich durch die Landschaften des ethnischen Krieges der Gegenwart: durch Serbien, Kroatien und Bosnien, durch Ruanda, Burundi und Angola sowie durch Afghanistan. Ich sah die Ruinen von Vukovar, Huambo und Kabul, die Leichen in der Kirche in Nyarubuye und die Waisen von Mazar al Sharif. An den Kontrollpunkten lernte ich die neuen Krieger kennen: die barfüßigen Jungen mit ihren Kalashnikovs, die paramilitärischen Kämpfer mit ihren breiten Sonnenbrillen, die Turban tragenden religiösen Eiferer der Taliban, die ihre Gebetsmatten direkt neben ihren Waffen aufbewahrten.

Ich unternahm meine Reisen gerade in der Zeit, als eine neue Welle des Internationalismus der Intervention während des Golfkrieges anhob, um sich in Bosnien wieder zu verlieren. Ich wollte herausfinden, welches Gemisch aus moralischer Solidarität und Hybris die westliche Welt dazu bewogen hatte, sich auf dieses kurze Abenteuer, Ordnung in der Welt zu schaffen, einzulassen. Welchen Impulsen folgten wir, als wir die Wahlen in Kambodscha überwachten, die Kurden vor Saddam Hussein zu beschützen versuchten, UNO-Truppen nach Bosnien entsandten, auf Haiti die Demokratie wieder herstellten und die Kriegsparteien in Angola an den Verhandlungtisch brachten? Und was – wenn überhaupt – verbindet noch immer die Zonen der Sicherheit, in denen die meisten Leser dieses Buches vermutlich leben, und die Zonen der Gefahr, in denen ethnische Auseinandersetzungen zu einer Art Lebensweise geworden sind?

In einem früheren Buch, *Wovon lebt der Mensch?*, beschäftigte ich mich mit der moralischen Verpflichtung, die zwischen Fremden in der Sphäre des Heimischen, also innerhalb von Nationalstaaten besteht. Im vorliegenden Buch *Die Zivilisierung des Krieges* befasse ich mich mit der moralischen Verpflichtung, die über unseren Stamm, unsere Nation, die Familie, das ganze Geflecht intimer menschlicher Beziehungen hinausweist. Es geht mir hier um den plötzlichen Impuls, »etwas zu tun«, wenn wir im Fernsehen die schrecklichen Bilder aus Bosnien, Ruanda oder Afghanistan sehen. Warum haben einige von uns das Gefühl, dass wir für diese Fremden Verantwortung tragen? Welche Drehbücher und Erzählungen des Engagements bringen manche dazu, sich für Menschen zu engagieren, mit denen sie nichts verband, bis sie die Zufallsbekanntschaft mit den Fernsehbildern der Gräuel aufschreckte und zum Handeln veranlasste?

Im 19. Jahrhundert waren es die Interessen der imperialen Mächte, die beide Welten verbanden: Die Suche nach Elfenbein, Gold und Kupfer führte die Agenten der Großmächte ins Herz der Finsternis. Im fast fünfzig Jahre währenden Kalten Krieg führte die Anwesenheit von Agenten, Spionen oder Söldnertruppen der einen Großmacht in einem regionalen ethnischen Krieg unweigerlich zur Präsenz der anderen Großmacht auf der gegnerischen Seite. Heute gibt es keine verbindliche Erzählung der imperialen Rivalität oder des ideologischen Kampfes mehr, die die Bewohner der sicheren Zonen nötigte, sich der Geschehnisse in den Zonen der Gefahr anzunehmen. Was bleibt, ist eine Erzählung des Mitgefühls; und eben diese – unbeständige und ambivalente – Verknüpfung zu untersuchen, habe ich mir vorgenommen.

Dass uns Fremde in ihrer Gefährdung, zumal an weit entfernt gelegenen Orten etwas angehen *sollten,* ist keineswegs selbstverständlich. In der Geschichte der Menschheit wurden die Grenzen eines moralischen Universums fast immer durch die Grenzen des Stammes, der Sprache, der Religion oder der Nation festgelegt. Die Idee, dass wir Menschen, die außerhalb der Grenzen unserer Heimat leben, schlicht deshalb verpflichtet sein könnten, weil wir zur selben Spezies gehören, stellt eine noch junge Vorstellung dar; sie resultiert aus dem Erwachen der Scham darüber, so wenig unternommen zu haben, um den Millionen von Fremden zu helfen, die in den Experimenten des Terrors und der Vernichtung in diesem Jahrhundert umgekommen sind. Diese Experimente waren vollkommen sinnlos – außer vielleicht, die Erkenntnis zu lehren, dass wir alle das »Ding selbst« sind, wie Shakespeare schrieb: unbehauste Menschen, arme, nackte, zweizinkige Tiere. Und dieses »Ding selbst« ist das Thema – und der Beweggrund – für die Kultur der Menschenrechte.

Die nun folgenden Essays erkunden die moralisch begründeten Verbindungen, die wir mit dieser neuen Kultur herzustellen in der Lage sind. In einigen dieser Essays beschäftige ich mich mit Angehörigen westlicher Gesellschaften, die es als ihre Aufgabe ansehen, das Leid und Elend von Fremden zu lindern: mit der Empörung und den Idealen, die diese Menschen bei ihrem Einsatz anspornen, mit den schwierigen moralischen Fragen ihres Engagements, der Rückkehr der Desillusionierung, die oft begleitet wird von einem Gefühl des Ausgebranntseins und dem Abbrechen einer bindenden Verpflichtung. Dieses Engagement stellt ein entscheidendes neues Merkmal in der moralischen Imagination der Moderne dar. Im 19. Jahrhundert wären diese Menschen Diplomaten, Missionare und Befehlshaber auf den Außenposten des Empires geworden. Heute sind sie Mitarbeiter von Hilfsorganisationen, Reporter, Rechtsanwälte bei Kriegsverbrechertribunalen, Menschenrechtsbeobachter, die alle im Namen eines kaum greifbaren moralischen Ideals arbeiten: dass uns die Probleme anderer Menschen, wie weit entfernt sie auch leben mögen, sehr wohl etwas angehen. Doch fast jeder, der diesem Ideal zu entsprechen versucht, hat ein schlechtes Gewissen: Niemand weiß genau, ob unser Engagement die Verhältnisse je verbessert oder verschlimmert; keiner ist sich ganz sicher, wie hoch der Einsatz sein sollte; niemand weiß so recht, ob unsere Verpflichtungen wirklich tragen –, schließlich wurden sie über das Fernsehen vermittelt, eine Form der Anteilnahme zwar – intensiv, doch kurz. Joseph Conrads *Herz der Finsternis* – diese Fabel einer moralischen Empörung – hat bis heute nichts von ihrer beunruhigenden Relevanz verloren.

Mein zweites Thema lautet: Was erwartet uns, wenn wir uns engagieren? Wie ist es zu erklären, dass uns die Welt so gefährlich und chaotisch erscheint? Wer sind diese neuen Architekten des postmodernen Krieges, die paramilitärischen Kämpfer, Guerillas, Milizionäre und Kriegsherren, die die gescheiterten Staaten der neunziger Jahre vollends auseinander reißen? Einst kämpften in Kriegen Soldaten; heute sind es Freischärler und Partisanen. Dies mag ein Grund dafür sein, warum der postmoderne Krieg mit solch großer Brutalität geführt wird, warum Kriegsverbrechen und Gräuel heute zum festen Bestandteil von bewaffneten Auseinandersetzungen gehören.

Es besteht eine moralische Unverbundenheit zwischen diesen neuen Kriegsherren und den liberal gesinnten Interventionisten, die unseren moralischen Einsatz vertreten. Wir im Westen gehen von einer universalistischen Ethik aus, die auf der Idee der Menschenrechte beruht; die anderen dagegen von einer partikularistischen Ethik, die das Volk, die Nation oder die Ethnie als den Raum rechtmäßiger moralischer Sorge festlegt. Insbesondere viele Hilfswerke, darunter das Rote Kreuz, mussten feststellen, dass das Thema

Menschenrechte in dieser Welt des Krieges wenig oder gar keine Wirkung mehr entfaltet. Viel wirksamer sei es daher, sich an diese Kämpfer als Krieger statt als Menschen zu wenden, denn Krieger besäßen zumindest einen Ehrenkodex; Menschen – in ihrem Menschsein – hingegen nicht. Doch selbst, wenn dem so wäre – was bedeutet das Konzept der Ehre des Kriegers für einen völlig mittellosen Waisen, der nur eine Kalaschnikow sein Eigen nennt, oder für einen Freischärler, der durch Plünderungen und Raub überlebt? So wie ganze Staaten, zerfallen auch Armeen und Kommandostrukturen, mit ihnen der Ehrenkodex heimischer Soldaten, die bisweilen dafür sorgten, den Krieg nicht in die reine Barbarei zu verwandeln. In dieser verzweifelten Lage bemühen sich die Mitarbeiter internationaler Hilfsorganisationen, lokale Sprachen der Moral und Strategien des Helfens zu finden, die verhindern, dass ein ethnischer Krieg zum Völkermord entartet.

Ein weiteres Thema befasst sich mit der Frage, wie sich die ethnischen Kriege im Ausland auf unser Denken in Bezug auf die Anpassung der in den westlichen Ländern lebenden ethnischen Gruppen auswirken. Die offensichtliche Brutalität dieser Kriege verführt uns leicht zu einer misanthropischen Haltung. Es ist dann leicht, ethnische Kriege als atavistischen Ausbruch eines unausrottbaren Stammesdenkens zu deuten, sowie als Beweis dafür, wie aussichtslos die Erwartung ist, dass verschiedene rassische und ethnische Gruppen jemals friedlich zusammenleben. Seit dem Erscheinen von Joseph Conrads *Herz der Finsternis* (1899) haben Reisende, aus den Gefahrenzonen der Welt zurückgekehrt, ihre Erlebnisse dazu genutzt, die liberalen Illusionen derjenigen zu geißeln, die in den Zonen der Sicherheit leben.

Tatsächlich deutet nichts in der Natur des Menschen darauf hin, dass die Konflikte zwischen ethnischen oder rassischen Gruppen unausweichlich sind. Die Vorstellung, dass unterschiedliche Rassen oder ethnische Gruppen in friedlicher Koexistenz und sogar mit einem gewissen Wohlwollen zusammenleben können, ist keine Illusion. Selbst die lange bestehenden, anscheinend hartnäckigen Antipathien, die sich in den Zonen ethnischer Kriege halten, erweisen sich bei näherer Betrachtung als Ausdrucksformen der Angst, hervorgerufen durch den Zusammenbruch oder die Abwesenheit gesellschaftlicher Institutionen, die es dem Einzelnen erlauben, eine bürgerliche Identität zu entwickeln, die stark genug ist, der Treuepflicht gegenüber der eigenen Volksgruppe etwas entgegen zu setzen. Wer in stabilen Staaten – selbst in armen – lebt, der muss nicht gleich losstürmen, um die eigene Gruppe zu schützen. Vielmehr werden ethnische Zersplitterungen und Kriege durch den Zerfall von Staaten und der daraus resultierenden Hobbes'schen Angst hervorgerufen.

Im letzten Aufsatz dieses Bandes befasse ich mich mit der Thematik des Erinnerns und der Heilung durch Moral: Auf welche Weise erwachen Gesellschaften aus Krieg und Barbarei? Auf welche Weise lassen sie die unerträgliche Vergangenheit hinter sich? Die liberalen Befürworter von Interventionen nähren oftmals Illusionen über die heilenden Wirkungen der Wahrheit und der Notwendigkeit von Gerechtigkeit – manchmal gerade dann, wenn das, was diese Gesellschaften am meisten brauchen, Vergessen heißt. *Wir* beginnen unsere Überlegungen mit den an der Psychoanalyse orientierten Tugenden der Wahrheit; *sie* haben erfahren, dass es notwendig sein kann, Erlebtes zu verdrängen. Alle Wahrheit ist gut, sagt ein afrikanisches Sprichwort, aber ist es auch gut, jede Wahrheit auszusprechen? Dies ist das Dilemma, vor dem Kriegsverbrechertribunale und Wahrheitsfindungskommissionen stehen. Dem Heilungsprozess, zu dem Außenstehende wirkungsvoll beitragen können, sind Grenzen gesetzt. Ethnische Kriege sind bis heute eine Art Familienstreit geblieben, ein Duell auf Leben und Tod zwischen Brüdern, das nur innerhalb der Familie ausgefochten werden kann, und dies auch nur dann, wenn nicht mehr Angst das beherrschende Gefühl ist.

Es besteht kein Grund zu verzweifeln. Für jede Gesellschaft wie Afghanistan, die im Sumpf ihrer ethnischen Konflikte versinkt, gibt es ein Südafrika, das die beschwerliche Reise hinaus aus dem Abgrund angetreten hat. Denn kaum hat man verkündet, irgendein Teil der Welt – beispielsweise Zentralafrika – sei rettungslos verloren, tauchen Führungspersönlichkeiten auf, die offenbar jene starken und legitimen Staaten zu gestalten vermögen, die in diesen Regionen vonnöten sind, wenn sie sich ohne von außen kommende Hilfe aus der Grube des Krieges emporziehen wollen. Für jede gescheiterte Intervention wie in Somalia gibt es ein Angola, wo ein wenig Hoffnung bestehen bleibt, dass ein dauerhafter Frieden ausgehandelt werden kann. Gerade dann, wenn es den Anschein hat, als würde man Kriegsverbrecher ungestraft entkommen lassen, werden einige vor Gericht gestellt und der Kreislauf der Straflosigkeit durchbrochen.

Es geht weder zunehmend chaotischer noch immer gewalttätiger auf der Welt zu. Es kommt uns nur manchmal so vor, denn wir sind unfähig, zu verstehen und zu handeln. Auch ist die Welt nicht gleichgültiger geworden. So schwach die Erzählung des Mitgefühls und des moralischen Engagements auch sein mag, sie ist heute ungleich viel wirkungsmächtiger als noch vor fünfzig Jahren. Wir sind uns des Ausmaßes kaum bewusst, wie sehr sich die moralische Vorstellungskraft seit 1945 mit dem Entstehen einer Sprache und Praxis des moralischen Universalismus gewandelt hat, dessen vornehmster Ausdruck die Kultur der Menschenrechte ist. Auch das Fernsehen macht es schwerer, eine Haltung der Gleichgültigkeit oder Unwissenheit einzunehmen. Und schließlich gibt es immer mehr Mitarbeiter von Hilfsorganisationen, Aktivisten, die zwischen den verschiedenen Zonen unserer Welt vermitteln und deren Einfluss wächst. Zwar bleiben sie unser moralisches Alibi, doch schaffen sie zugleich auch die Möglichkeiten, durch die in Zukunft tiefere und dauerhaftere Verpflichtungen eingegangen werden können. An dieser allmählichen Entstehung eines globalen Gewissens ist nichts, was Anlass zur Selbstgefälligkeit geben könnte. Aber es gibt auch nichts, was eine Einstellung der Desillusionierung rechtfertigte.

Ist uns nichts mehr heilig?
Zur Ethik des Fernsehens

I

Die britische Krankenschwester bahnte sich einen Weg durch die Frauen und Kinder, die am Eingang zum Feldlazarett des Flüchtlingslagers in Korem in Äthiopien dicht gedrängt auf dem staubigen Erdboden saßen. Sie selektierte die Kinder, denen sie noch helfen konnte. Sie wählte aus, welche Kinder leben und welche sterben würden. Eine Fernsehcrew folgte ihr, bahnte sich den Weg durch die Menge der Verhungernden. Ein Fernsehreporter mit einem Mikrofon in der Hand kam heran und fragte, was sie bei ihrer Tätigkeit empfände. Eine Frage, die sie ihm nicht beantworten konnte. Der Blick, den sie in die Kamera richtete, schien von sehr weit her zu kommen.

Mit diesen Szenen, durch Fragen wie diese konfrontiert das Fernsehen das Gewissen des Westens mit dem Elend in den Zonen der Hungersnöte und ethnischen Kriege. Durch Nachrichtensendungen und solch spektakuläre Hilfsaktionen wie »Live Aid« ist das Fernsehen zum privilegierten Medium der Vermittlung von Moralbeziehungen zwischen Fremden geworden. Der Einfluss der Fernsehbilder sowie der Regeln und Konventionen der Nachrichtenbeschaffung auf eine solche moralische Verbundenheit wurde jedoch kaum einmal untersucht. Auf den ersten Blick könnte man die mit diesen Bildern erzeugten Moralbeziehungen gänzlich neu interpretieren, entweder als ein gutes Beispiel des wahllosen Voyeurismus, den nur eine visuelle Kultur möglich macht, oder aber als Ausdruck der Hoffnung für die gelingende Internationalisierung des Gewissens. Die Schwierigkeit liegt natürlich darin, dass jede dieser gegensätzlichen Deutungen wahr sein kann. Betrachten wir sie also im Einzelnen.

Zunächst ist wohl unzweifelhaft, dass die Fernsehberichterstattung über Hungersnöte und Kriege auf die Spendenbereitschaft in den westlichen Ländern erhebliche Auswirkungen gehabt hat. So wurden beispielsweise 1984, nach der Ausstrahlung der Bilder über die Hungersnot in Äthiopien, allein in Großbritannien mehr als 60 Millionen Pfund gespendet. Erstmals seit dem Bürgerkrieg in Biafra waren die europäischen Regierungen über ein entwicklungspolitisches Thema ins Kreuzfeuer der Kritik geraten.

Vieles, was eigentlich bekannt, aber auch unabänderlich schien – das überschüssige Getreide, tonnenweise durch die Agrarpolitik der Europäischen Union produziert –, wurde nun zum öffentlichen Skandal, zumal man es den Bildern des Hungers gegenüberstellte. Das Fernsehen erhöhte den Druck auf die trägen Bürokratien – samt ihrer ideologisch gefärbten Ausflüchte –, die es zugelassen hatten, dass sich eine lange vorhergesagte Lebensmittelknappheit zur Katastrophe ausweiten konnte. Das Fernsehen trug dazu bei, eine unmittelbare Beziehung zwischen Menschen herzustellen, die die bilateralen Vermittlungsbemühungen der Regierungen einfach unterliefen. Einen kurzen Augenblick lang gab es eine neue Form von elektronischem Internationalismus, der das Gewissen der Reichen und die Not der Armen miteinander verknüpfte. Als Massenmedium gelang es dem Fernsehen, die Zeitspanne zwischen der Ausübung von öffentlichem Druck und Handeln, zwischen Bedürfnis und Reaktion zu verringern. Hätte es das Fernsehen nicht gegeben, wären Tausende weiterer Menschen der Hungersnot und dem Krieg zum Opfer gefallen, ganz so, wie sie bis zur

Ankunft dieses Mediums unbesehen und unbeklagt ge
ben sind.

Aber selbst wenn diese Überlegungen zutreffen und das
Fernsehen sich zu Recht seines guten Gewissens rühmt, so
gibt es auch einige beunruhigende Aspekte die Art des Blicks
betreffend, den es auf Katastrophen wirft. Es wird zum
Beispiel der Vorwurf erhoben, in den Fernsehnachrichten
werde erst dann über Nahrungsmittelknappheiten berichtet, wenn die Bilder einen starken visuellen Reiz besäßen,
und der Verdacht liegt nahe, dass bestimmte Nachrichten
sofort wieder aus den aktuellen Sendungen herausfallen,
sobald die neuen Schrecken in anderen Ländern und anderen
Orten in den Blickpunkt des Interesses rücken. Der Blick des
Mediums Fernsehen ist kurz, intensiv und illoyal. Die Halb-
wertszeit der moralischen Anliegen, die es sich zu Eigen
macht, ist unglaublich kurz. Andere beunruhigende Seiten
des televisuellen Blicks kommen durch die Frage des Repor-
ters an die Krankenschwester: Was empfinden Sie bei Ihrer
Tätigkeit? zum Ausdruck. Die Frage mag dem Wunsch ent-
sprungen sein, die Entfernung zu überwinden, die sie – wie
der Reporter nur allzu gut wusste – von den Zuschauern in
ihren Wohnzimmern trennte. Sie mag dem Bedürfnis ent-
sprungen sein, das Schweigen jener zu überbrücken, die direkt vor ihm verhungerten. Doch sie verdeutlicht nur die
Kluft, die sich auch durch Empathie – »das Mitleiden« –
nicht überwinden lässt. Diese Frage hat die Lichtjahre moralischen Getrenntseins berührt, die eine Kultur des Visuellen
mit ihrem grausamen Theater der Unmittelbarkeit fort-
zuzaubern versucht.

Einerseits hat das Fernsehen viel zur Aufhebung der Grenzen beigetragen, die einst als Staatsbürgerschaft, Religion,
Rasse und Geografie den Raum unserer Moralität danach
aufteilten, für wen wir verantwortlich waren und für wen
nicht. Andererseits macht es uns zu Voyeuren des Leids an-

derer, zu Touristen inmitten ihrer Landschaften des Schreckens. Es stellt uns von Angesicht zu Angesicht mit ihrem Schicksal und verzerrt doch zugleich die Entfernungen – gesellschaftliche, wirtschaftliche, moralische –, die zwischen uns liegen. Dieses Gewirr widerstreitender, sich gegenseitig aufhebender Wirkungen möchte ich versuchen aufzulösen.

II

Fernsehbilder können nichts erklären; sie können nur Momentaufnahmen liefern. Bilder menschlichen Leidens liefern nicht ihre eigene Bedeutung mit; sie können lediglich einen moralischen Anspruch erheben, wenn sich der Zuschauer gegenüber jenen, die er auf dem Bildschirm sieht, potenziell verpflichtet fühlt. Hinter den scheinbar natürlichen Mechanismen der Empathie, die sich in der Reaktion der Zuschauer auf diese Bilder zeigen, verbirgt sich eine Geschichte, die ihr Gewissen geformt hat, so zu handeln, wie es handelt. Es ist die Geschichte, die die Europäer allmählich an den Mythos der menschlichen Universalität glauben ließ – an die einfache Idee, dass Rasse, Religion, Geschlecht, Staatsangehörigkeit bzw. rechtliche Stellung die ungleiche Behandlung von Menschen nicht rechtfertige; oder positiv formuliert, dass menschliche Bedürfnisse und menschliches Leid auf der ganzen Welt gleich sind und dass wir deshalb die Pflicht haben, denjenigen zu helfen, mit denen uns auf Grund von Geburt oder Staatsangehörigkeit, Rasse oder geografischer Nähe nichts verbindet.

Die christliche Verheißung von der Erlösung aller Menschen stellte die erste sittliche Forderung dar, die die klassische Unterteilung der Menschen in Bürger und Sklaven in Frage stellte; das Gewohnheitsrecht des Mittelalters fügte diese Vorstellung von der letztendlichen Gleichheit aller Menschen dann in die Fundamente der europäischen Rechtssysteme. Im Zuge der Reformation musste die Idee von der Universalität, die auf der angenommenen Einheit des Christentums beruhte, angesichts einer zerfallenden Welt, in der Glaubensgemeinschaften einander bekriegten, neu durchdacht werden. Die Rechtslehre, die die Philosophen des Naturrechts in der frühen Neuzeit entwickelten, zielte darauf ab, ein universell gültiges Naturrecht für Gesellschaften zu entwickeln, in der einander scharf widersprechende Gesetze und sittliche Maßstäbe galten. Dem Naturrecht ging es im Kern um die Festlegung der Rechte jener Fremden – den Kriegsgefangenen, Schiffbrüchigen –, die zufällig aus einem Gebiet der Rechtssprechung in ein anderes geraten oder in gar keins recht passen sollten und die sich daher schutzlos und abhängig einer Kultur der Verpflichtung einerseits und ihren Häschern bzw. Rettern andererseits ausgeliefert sahen. Ein Großteil dieses Kampfes um die Bestimmung und Verteidigung der Rechte eines natürlichen Subjekts vollzog sich vor dem düsteren Hintergrund der Religionskriege.

Aus den Schriften von Michel de Montaigne, Pierre Bayle, John Locke und vielen anderen, die davon abgestoßen waren, wie einzelne Identitätssegmente des Menschen – Religion, Nation, Region – dazu missbraucht wurden, das Niedermetzeln anderer Menschen zu rechtfertigen, ging schließlich die moderne Lehre der Toleranz hervor. Die zentrale Aussage der Schriften dieser Philosophen bestand darin – wie Judith Shklar und andere nachgewiesen haben – zu bestreiten, dass die Versündigung gegen Gott, als Gotteslästerung, Ketzertum, Ungehorsam, Sünden gegen Menschen legitimiere. Kein höheres Recht könne rechtfertigen, einem Menschen ohne gesetzmäßige Grundlage das Leben zu nehmen. Zudem bestanden die Verfechter der Doktrin der religiösen Toleranz darauf, dass angesichts des von allen Menschen geteilten Nichtwissens hinsichtlich der letzten metaphysischen Grundlagen der Welt alle Menschen das gleiche Recht hätten, diese Grundlagen, so gut sie konnten, zu fassen – vorausgesetzt, sie fügten dem Eigentum und Leben anderer keinen Schaden zu. Die philosophische Basis für einen zivilen Frieden zwischen den Glaubensgemeinschaften innerhalb und zwischen Staaten, so argumentierten die Philosophen des 17. Jahrhunderts, sei das gemeinsame Festhalten an der Idee der natürlichen Identität und Gleichheit aller Menschen.

Alle diese Ideen bezogen sich natürlich nur auf die weiße männliche Bevölkerung in der europäischen Welt; die Art und Weise, wie diese Vorstellungen auf die nichtweißen Völker angewandt wurden, denen die Europäer an den Grenzen ihres Vordringens nach Nord- und Südamerika begegneten, war so bedeutenden Gestalten des 16. Jahrhunderts wie dem Philosophen, Schriftsteller und Moralisten Montaigne und dem spanischen Missionar Las Casas nur allzu deutlich. Auch wenn sie mit ihren Schriften die mit dem europäischen Imperialismus einhergehende Dezimierung der Zivilbevölkerung in den eroberten Ländern weder anhalten noch verzögern konnten, so weckten sie doch ein Gefühl der Schuld, das sich genauso im Kern der Geschichte des Imperialismus verbirgt wie die Eroberung selbst. Wurde die Welt vom europäischen Imperialismus auch noch sooft in »wir« und »sie«, in weiß und schwarz, christlich und heidnisch, zivilisiert und wild unterteilt, so war doch im europäischen Gewissen immer auch ein christlicher und rechtlicher Universalismus gegenwärtig, der diese partikularistischen Definitionen menschlichen Verpflichtetseins zurückwies. Wir leben immer noch in dieser Geschichte des Gewissens, die mit den ersten europäischen Entdeckungsreisen begann; aber sicherlich zehren wir bis heute von jenem historischen Moment, als die universale Deutung menschlicher Identität einen unumkehrbaren Sieg über jede partikularistische Sicht davontrug; dies war der erfolgreiche Kampf gegen den Sklavenhandel und später gegen die Sklaverei selbst, in der Zeit zwischen 1750 bis 1850. Gewiss waren die Absichten, die in diesem Kampf wirkten, nicht immer die besten: die Kosten der Sklaverei, die vergleichsweise geringe Effizienz der Sklaven im Unterschied zu den Arbeitskräften des freien Marktes zählten ebenfalls bei der Prüfung des Geldbeutels und des Gewissens. Und tatsächlich sollte man die ganze Geschichte nicht nur als fortschreitende Entfaltung der moralischen Aufklärung schreiben, sondern vielmehr als ein Ringen darum, die moralischen Impulse des Universalismus mit ihren häufig unbequemen Folgen zu versöhnen.

Einige dieser Konsequenzen rückten durch die Problematik der wiederkehrenden Hungersnöte in den Mittelpunkt des Interesses. Seit der Zeit der frühen Kirchenväter nahm die Frage, ob die Not der Armen zu lindern ein vorgeschriebenes oder freiwilliges Verpflichtetsein darstelle, in den Auseinandersetzungen um die allgemeine Sittlichkeit eines Christenmenschen eine zentrale Rolle ein. Wenn sich die Verpflichtung aus der Forderung nach Gerechtigkeit ergab, so konnte man sagen, dass die Armen auf Grund der Not, die sie litten, ein Recht auf das Eigentum der Reichen hatten. Kirchenväter wie beispielsweise Thomas von Aquin sorgten sich, dass dieses Recht den feststehenden Anspruch auf Eigentum, also die Grundlage der sozialen Ordnung selbst, erschüttern würde. Andererseits: Hatten die Armen keine Rechte und blieben sie allein auf Mildtätigkeit angewiesen, waren viele von ihnen dazu verurteilt, in Zeiten der Hungersnot zu sterben. Die Geschichte der christlichen Ethik kreist um die Debatte über das Recht auf Eigentum auf der einen und den Forderungen der Armen in Zeiten der Not auf der anderen Seite. In der Praxis wurden die Forderungen des ethischen Universalismus von der christlichen Lehre und

später dann im europäischen Naturrecht dahingehend ein-
geschränkt, dass ein Reicher allenfalls eine freiwillige Verpflichtung zur Wohltätigkeit gegenüber einem in Not geratenen Fremden habe. Formulieren wir es allgemeiner: Es
entstand eine absteigende Ordnung moralischer Bedürftig-
keit: Zuerst die Ansprüche der Blutsverwandten, dann die
der Nachbarn, Glaubensbrüder und Mitbürger und erst
ganz am Schluss die Ansprüche nicht näher bestimmter
Fremder. Bis auf den heutigen Tag sind die Forderungen
der Fremden – des Opfers auf dem Fernsehbildschirm – das
am weitesten entfernte Gestirn im Sonnensystem unserer
moralischen Verpflichtungen. Die Forderung, jenen zu helfen, die uns »näher« sind, wird ihre Überzeugungskraft
nie ganz verlieren. Ob es richtig oder falsch ist, diese Überzeugung zu teilen, ist eine andere Frage. Deshalb gibt es
soviel Uneinigkeit darüber, wie hoch das wohltätige Engagement dem Ausland gegenüber ausfallen sollte. Zudem
spiegelt sich hier ein alter Konflikt zwischen den Ansprüchen eines ethischen Universalismus auf der einen und den
Forderungen einer auf Privateigentum beruhenden Gesellschaft auf der anderen Seite, zwischen dem Notleidenden,
den man kennt, und dem Fremden vor der Tür.

Angesichts dieses Widerstreits hat man in der marxistischen Tradition den bürgerlichen Universalismus stets
als eine Art ideologische Verschleierungstaktik betrachtet.
Überdies vertraten Marxisten die Auffassung, dass die Lehre
von der Unverletzlichkeit aller Menschen als Träger un-
veräußerlicher Rechte nur in solchen Gesellschaften ver-
wirklicht werden könne, in denen die kapitalistischen und
imperialistischen Sozialbeziehungen abgeschafft seien. Die
Annalen der marxistischen Kritik am bürgerlichen Universalismus würden wohl vor allem das Buch *Humanismus und
Terror* von Maurice Merleau-Ponty hervorheben, das dieser
als Entgegnung auf liberale und sozialistische Kritiken an

den stalinistischen Schauprozessen schrieb. Die humanistische Kritik an der politischen Gewalt des Sowjetsystems, argumentierte Merleau-Ponty, stelle nicht nur den heuchlerischen Versuch dar, die für die bürgerliche Herrschaft selbst so konstitutive Gewalt zu leugnen, sondern auch das Bemühen, die notwendigen Instrumente zur Selbstverteidigung einer Revolution ihrer Legitimität zu berauben. Das Mitleid des bürgerlichen Humanismus, so Merleau-Ponty, weigere sich zu verstehen, dass vom Aufstieg des Bürgertums bis zum Sieg der sowjetischen Revolution Gewalt der Motor des Fortschritts gewesen sei.

Auch der Aufsatz von Roland Barthes über die Fotoausstellung »The Family of Man« gehört zu diesem Gegenangriff französischer Marxisten auf den bürgerlichen Humanismus nach dem Zweiten Weltkrieg – und er weitete Merleau-Pontys Argumentation auf das Gebiet der Ästhetik aus. Indem die Ausstellung die naturgegebene Identität des Menschen – seine Zugehörigkeit zur großen Familie der Menschheit – feiere, so Barthes, reduziere sie reale, in der Geschichte existierende Männer und Frauen auf eine folgenlos bleibende Gleichheit zoologischer Identität. Die Fotografien versuchten zentrale Elemente des menschlichen Erlebens – Arbeit, Spiel, Leid und Trauer – in eine Aura ewiger Zwangsläufigkeit zu hüllen und auf diese Weise Leid und Unterdrückung aus dem Bereich menschlichen Handelns zu tilgen.

Folgte man dieser marxistischen Kritik an der bürgerlichen Heuchelei, dann läge die Schande der Fernsehbilder des Schreckens nicht in dem, was sie zeigen, sondern in dem, was sie unterdrücken. Die Kultur des visuellen Bildes, so würde ein Marxist argumentieren, moralisiere die Beziehung zwischen dem Betrachter und dem Leidenden als ewigen Augenblick der Empathie außerhalb der Geschichte. Das Fernsehen stelle wirtschaftliche und politische Verhältnisse als zwischenmenschliche Beziehungen dar und behaupte, es bestehe eine Verbindung zwischen dem westlichen Gewissen und den Nöten der Fremden in der Dritten Welt, die in der menschlichen Natur selbst liege und damit außerhalb der Geschichte der Ausbeutung, die den Westen mit seinem neokolonialen Hinterland verbindet. Dieser Auffassung zufolge stellen die durch Anteilnahme ausgelösten Formen der Wohltätigkeit eine Form des Vergessens dar, die Reproduktion einer Amnesie hinsichtlich der Verantwortung des Westens für die Ursachen von Hungersnöten und Kriegen.

Es trifft zweifellos zu, dass die Mechanismen des Mitleids ein komplexes Gemisch aus Vergessen und Herablassung darstellen und dass eine gesteigerte Selbstbetrachtung zum festen Bestandteil glühender Anteilnahme am Leid anderer gehört. Doch unsere Begegnung mit diesen durch das Fernsehen vermittelten Bildern ist sehr viel zwiespältiger, als eine solche Analyse nahe legt. Zwar lässt sich leicht behaupten, die Kultur des visuellen Bildes favorisiere die Symbolisierung des Leidens gegenüber seiner gründlichen Analyse, aber sie unterdrückt nicht einfach die Analyse der Ursachen des Elends. Viele der Ursachen für die Hungersnot in Äthiopien – die Wettrüstung am Horn von Afrika, die ungerechten Preise des weltweiten Warenverkehrs, das Versäumnis der westlichen Entwicklungshilfeorganisationen, ausreichend in die Urbarmachung des Bodens, in Landreformen und Wiederbesiedelungsprojekte zu investieren, der groteske Sachverhalt, dass lokale Herrscher ihre Bürgerkriege veranstalten, statt sich um die Bedürfnisse ihrer Völker zu kümmern – hat das Fernsehen dokumentiert. Wenn Fernsehzuschauer heute meinen, dass die Hungernden bis zu einem gewissen Grad auch sie selbst etwas angehen, dann deshalb, weil diesen Bildern mehr als zehn Jahre lang Reportagen über die Entwicklung in der Dritten Welt vorangingen. Reportagen, die zwar meist die Ideologie Robert McNamaras der eines Franz Fanon vorzogen, die jedoch zumindest einige der Strukturen wirtschaftlicher und politischer Abhängigkeit des Neokolonialismus verdeutlichten. Die Sendungen über tagespolitische Ereignisse haben diese neue Kultur des Verstehens zwischen Erster und Dritter Welt, die heute den Strom der Empathie zwischen Betrachter und Leidendem vermittelt, nicht ursächlich geschaffen, aber sie leisteten einen ehrlichen und bisweilen ehrenvollen Beitrag zum Aufbau eines noch unausgeformten öffentlichen Verständnisses von Entwicklungsfragen. Auch wenn das Fernsehen eine bürgerliche Ideologie ist, müssen wir zumindest anerkennen, dass es sich dabei – im Verhältnis zur Dritten Welt – um ein äußerst komplexes Gemisch aus willentlicher Amnesie, Schuldgefühlen, moralisierender Selbstbetrachtung und wirklichem Verstehen handelt. Das Fernsehen unterdrückt diese Ambivalenz nicht, sondern gibt sie in all ihrer Verworrenheit wider.

Der Mythos von der menschlichen Identität, diese Vision von den gemeinsamen Bedürfnissen und den geteilten Leiden aller Menschen, die den Betrachter und den Leidenden aneinander bindet, ist selbst voller Ambivalenz. Weiße Fernsehzuschauer, die für schwarze Opfer auf der anderen Seite der Welt Schecks ausstellen, kombinieren diese Großzügigkeit eventuell mit einem gänzlich anderen Verhalten gegenüber Schwarzen zu Hause. Zu den Freuden der Empathie gehört das Verdrängen ihrer Widersprüchlichkeit. Der Vorwurf, dass Anteilnahme über eine so große Entfernung hinweg nichts anderes als ein weiterer Mythos sei, mit dem man sich täusche, basiert unausgesprochen auf einem moralischen Mythos ganz anderer Art: dass nämlich ein ungeteiltes, auf der Gemeinsamkeit des Erlebens beruhendes »Mitleiden« nur zwischen Menschen mit gleicher gesellschaftlicher Identität, beispielsweise der gleichen Klasse, möglich sei. Die Idee der Klassenidentität ist jedoch nicht weniger mythisch, nicht weniger imaginär als die der universellen menschlichen Bruderschaft. Die Ethik, die sich daraus ableitet, muss die Welt in *wir* und *sie*, in Freunde und Feinde teilen. Der auf Klassensolidarität beruhende moralische Internationalismus hatte seine Stunden des Ruhms – beispielsweise während des Einsatzes der Internationalen Brigaden im Spanischen Bürgerkrieg –, aber auch seine Stunden der Schande. Als die sowjetischen Panzer nach Ungarn und in die Tschechoslowakei rollten, teilte man den Soldaten mit, man habe ihre Einheiten in Marsch gesetzt, damit sie ihren Kameraden gegen den gemeinsamen Klassenfeind zu Hilfe eilen könnten. »Den Klassenfeind ausrotten« lautete das moralische *mot d'ordre* für die Gräuel, die die Sowjet- und Partisanenarmeen nach dem Zweiten Weltkrieg begingen, von den Reisfeldern Kambodschas ganz zu schweigen. Wenn der labile Internationalismus des Mythos von der menschlichen Brüderlichkeit als moralische Kraft in die moderne Welt zurückgekehrt ist, dann deshalb, weil sich die partikularen Ausdrucksformen menschlicher Solidarität – Religion, ethnische Zugehörigkeit und Klasse – durch das in ihrem Namen begangene Morden selbst entehrt haben.

Im 20. Jahrhundert hat dieser Mythos jedoch eine dunklere Färbung angenommen als seine Vorläufer im 19. Jahrhundert, so beispielsweise die Kampagnen evangelischer Kirchen gegen den Sklavenhandel und die Kampagne des britischen Premierministers William Gladstone gegen die Gräuel in Bulgarien. Der »bürgerliche Humanismus« des 19. Jahrhunderts bezog seine Inspiration aus der politischen Ökonomie des Freihandels – und ihrer Vision von einer Völkergemeinschaft, die in einem einzigen Weltmarkt zusammenzuführen sei; aus einer Fortschrittslehre, die die Verbreitung des britischen Empires als Beispiel für das Voranschreiten des menschlichen Geistes begriff und die unter menschlicher Universalität vor allem verstand, die minderwertigeren Rassen dem Gesetz der Zivilisation zu unterwerfen.

Im 20. Jahrhundert gründet die Idee der allgemeinen Menschenrechte weniger auf Hoffnung, denn auf Angst, weniger auf Zuversicht angesichts der menschlichen Fähigkeit zum Guten, denn auf der Angst vor der menschlichen Fähigkeit zum Bösen, weniger auf einer Vision vom Menschen als dem Schöpfer seiner Geschichte, sondern auf der Vorstellung vom Menschen als des Menschen Wolf. Die Haltepunkte auf der Straße zu diesem neuen Internationalismus heißen Armenien, Verdun, die russische Front, Auschwitz, Hiroshima, Vietnam, Kambodscha, Libanon, Ruanda und Bosnien. Das Jahrhundert des totalen Krieges hat uns alle zu Opfern gemacht, Zivilisten wie Militärangehörige, Männer, Frauen und Kinder gleichermaßen. Wir leben nicht mehr in einer Zeit, in der sich Gewalt – ebenso wenig wie Mitleid und Mitgefühl – entlang den Kategorien von Volk, Rasse, Religion oder Nation verteilt. Sosehr die neuen Technologien eine neue Form des Krieges und ein neues Verbrechen – Völkermord – hervorgebracht haben, sosehr wurden wir auch Zeuge der Entstehung eines neuen Typs des Opfers. Krieg und Genozid haben die moralischen Grenzposten von Staatsangehörigkeit, Rasse und Klasse geschleift, die einst die Verantwortung zuteilten, den in Not Geratenen zu helfen. Wenn wir es heute als selbstverständlich betrachten, dass wir auch für Fremde, die leiden, Verantwortung tragen, dann deshalb, weil wir uns im Angesicht dieses Jahrhunderts totaler Zerstörung schämen für unsere Parzellierung moralischer Verantwortung nach Nation, Religion und Region, die dazu führte, dass man die Juden im Stich ließ. Der moderne Internationalismus beruht auf der Erfahrung einer neuen Art von Verbrechen: das Verbrechen gegen die Menschlichkeit.

Hungersnöte und ethnische Kriege reduzieren sehr viele unterschiedliche Individuen auf exakt gleiche Einheiten reinen Menschseins. In den Lagern, die vor über fünfzig Jahren Nordosteuropa übersäten, wurden Bauern aus Polen, Bankiers aus Hamburg, Zigeuner aus Rumänien, Ladenbesitzer aus Riga – jeder Einzelne mit einer besonderen sozialen Identität und einer anderen Beziehung zu seinem Unterdrücker – auf den Amboss des Leidens gelegt und umgeschmiedet, bis sie nicht mehr zu unterscheiden waren und schließlich dem Vergessen überantwortet wurden. In den Lagern Äthiopiens wurden Christen aus dem Hochland, Muslime aus dem Tiefland, Eritreer, Tigray, Afar und Somali auf dem Amboss des Leids zu gleichen Opfern geschlagen. In diesem Prozess der Spaltung wird jeder Einzelne von den sozialen Beziehungen getrennt, die in normalen Zeiten sein Leben gerettet hätten. Jeder Einzelne in den äthiopischen Lagern war Sohn, Tochter, Vater, Mutter, Stammesangehöriger, Staatsangehöriger, Mitglied einer Kirche, Nachbar. Doch keine dieser sozialen Beziehungen kann in Zeiten großer Not den Ruf nach Hilfe wirklich erwidern. Hungersnöte zerstören, ebenso wie Völkermord, das Kapillarsystem der sozialen Beziehungen, das allein das System individueller Ansprüche zu tragen vermag. Und genau dadurch bringen Völkermord und Hungersnot ein neues menschliches Subjekt hervor – das reine Opfer, das seiner sozialen Identität und somit der besonderen moralischen Zuhörerschaft beraubt ist, die normalerweise zur Stelle wäre, um seinen Hilferuf zu hören. Für diese Menschen haben die Familie, der Volksstamm, der Glaube, die Nation als moralisches Publikum aufgehört zu existieren. Wenn diese Menschen überhaupt gerettet werden können, dann müssen sie ihre Hoffnung in das gefürchtetste aller Verhältnisse der Abhängigkeit setzen: in die Wohltätigkeit von Fremden.

Die Brüderlichkeit aller Menschen kann unter diesen Bedingungen als moralische Restgröße der Verpflichtung unter Fremden verstanden werden, die dann in Kraft tritt, wenn sämtliche anderen sozialen Beziehungen, die einen Menschen retten können, zerstört worden sind. In diesem Sinn ist die menschliche Brüderlichkeit ein Mythos, der durch die Geschichte des Schreckens im 20. Jahrhundert real und konkret wurde: ein Mythos mit einer Geschichte, einer Zwangsläufigkeit, die nur die Geschichte verleihen kann. Es ist eine moralische Binsenweisheit, die im 20. Jahrhundert in einem bis dahin nicht vorstellbaren Ausmaß auf den Prüfstand gelangte, dass es so etwas wie die Liebe zur menschlichen Rasse nicht gibt, sondern nur die Liebe zu diesem oder jenem Menschen, jetzt und an diesem Ort. Moralische Verpflichtungen, so heißt es immer, seien sozial, kontextuell, relational und historisch. Doch wie soll man dann jenen helfen, deren soziale und historische Beziehungen vollkommen zerstört worden sind? Das Leben der Menschen wird heute mit einer ganzen Reihe neuer Verhältnisse konfrontiert – über Kontinente sich ausdehnende Hungersnöte, ökologische Katastrophen und Völkermord –, die Opfer schaffen, die keinerlei soziale Beziehungen mehr haben, die imstande wären, für Rettung zu sorgen, und daraus folgt, dass eine Ethik der universalen moralischen Verpflichtung unter Fremden notwendig geworden ist, damit das Leben auf unserem Planeten eine Zukunft hat. Zweifellos wird eine solche Ethik der Verpflichtung, was unseren moralischen Willen betrifft, stets an zweiter Stelle rangieren, den Aufmerksamkeiten untergeordnet, mit denen wir einen Bruder, eine Schwester, einen Mitbürger, einen Glaubensbruder oder eine Arbeitskollegin großzügig unterstützen. Doch nur mit Hilfe dieser schwachen, unbeständigen Ethik, dieses unpersönlichen Engagements für Fremde werden Opfer auf der ganzen Welt hinter dem Zaun jemanden finden, der ihnen zu essen gibt. Für diese leise moralische Sprache und die neue Erfahrung des weltweiten Opferseins, auf die sie einzugehen versucht, ist das Fernsehen das Medium der Wahl.

III

Das Fernsehen ist darüber hinaus zum Instrument einer neuen Art der Politik geworden. Seit 1945 haben Wohlstand und Idealismus zum Entstehen einer Vielzahl nichtstaatlicher Wohlfahrtsorganisationen und Interessengruppen geführt – Amnesty International, Care, Save the Children, Christian Aid, Oxfam, Ärzte ohne Grenzen und andere –, die das Fernsehen als zentralen Bestandteil ihrer Kampagnen nutzen, um für bedrohte Menschen und deren Lebensräume auf der ganzen Welt Gewissen und Geld zu mobilisieren. Im Rahmen dieser Politik wird eher die Welt und weniger die Nation als politischer Raum aufgefasst, eher die menschliche Gattung und nicht so sehr die besondere Staatsangehörigkeit, die rassische, religiöse oder ethnische Gruppe als Gegenstand begriffen. Es handelt sich um eine Art »Gattungspolitik«, die bestrebt ist, die menschliche Spezies vor sich selbst zu retten, ähnlich wie es Organisationen wie Greenpeace und World Wildlife um die Rettung von Natur und Tierwelt vor dem Raubtier Mensch geht. Diese Organisationen suchen die bilateralen staatlichen Beziehungen zwischen Völkern zu umgehen und direkte politische Kontakte zum Beispiel zwischen Förderern von Amnesty International und einzelnen Gefangenen, US-amerikanischen Familien und lateinamerikanischen Pflegekindern oder den ehrenamtlichen Mitarbeitern von Entwicklungshilfeorganisationen und ihren bäuerlichen Klienten herzustellen. Und schließlich hat diese Politik versucht, weltweit eine öffentliche Meinung herzustellen, um über die Rechte derjenigen zu wachen, denen die Mittel fehlen, sich selbst zu schützen. Durch den Einsatz des Massenmediums Fernsehen ist es vielen dieser Organisationen gelungen, den Regierungen mehr Aufmerksamkeit hinsichtlich der hohen Imagekosten abzutrotzen, die die fortgesetzte Ausübung innenpolitischer Repression nach sich zieht. Auch sind diese Organisationen bemüht, diese Kosten – wo immer sie können – zu erhöhen, indem sie die westlichen Länder davon überzeugen, Kreditvereinbarungen, Waffenverträge und Entwicklungshilfepakete mit bestimmten Mindeststandards auf dem Gebiet der Menschenrechte zu verknüpfen. Die Folge ist: Was in den Gefängnissen von Kigali, Kabul, Peking und Johannesburg geschieht, sehen inzwischen Fernsehzuschauer auf der ganzen Welt. In einer Zeit, da die Politik der Nationalstaaten, die Parteiideologien und die Bürgerrechtsbewegung allesamt Anzeichen der Erschöpfung, der Desillusionierung und der Ausweglosigkeit zeigen, hat sich diese Politik als robuste mobilisierende Kraft erwiesen, die Engagement zu wecken und Geld zu sammeln vermag. Ihre Popularität verdankt sie zum großen Teil dem Umstand, dass es sich um eine Art Antipolitik handelt, sowie der Tatsache, dass sie sämtliche Argumente zurückweist, die politische Ideologen ersinnen, um zu rechtfertigen, dass Menschen Schaden zugefügt wird. Auch handelt es sich insofern um eine Antipolitik, als sie sich weigert, zwischen Opfern zu unterscheiden. Beispielsweise weigert sich Amnesty International, einen Unterschied zwischen politischen Gefangenen aus dem rechten oder linken Lager zu machen, zwischen Folterungen, die im Namen der sozialistischen Revolution, und Folterungen, die im Namen der Freiheit nach US-amerikanischem Vorbild begangen werden.

Das Fernsehen eignet sich besonders gut für die Darstellung dieser Politik, weil es politische Absichten und deren

Folgen miteinander konfrontieren kann: Durch wenige Schnitte kann es die Kluft der Abstraktion aufzeigen, die die Rede des Politikers über die Verteidigung der Freiheit von den niedergemetzelten Leibern im Urwald trennt. In den besten Momenten ist die Moralität des Fernsehens die Moralität des Kriegsberichterstatters, des Veteranen, der die immergleichen Rechtfertigungen für die Ausübung von Gewalt kennt, wie sie von der Linken wie der Rechten vorgebracht wurden, und der schließlich gelernt hat, nur noch den Opfern Aufmerksamkeit zu schenken. Der britische Kriegsfotograf Don McCullin formulierte diese Ethik in der Einleitung zu einem Bildband mit seinen Fotos aus Biafra, Bangladesh und Vietnam.

> Was meine politische Einstellung ist? Sicherlich nehme ich Partei für die Unterprivilegierten. Ich könnte nicht behaupten, politisch jemals neutral gewesen zu sein. Ob ich rechts oder links bin, kann ich ebenfalls nicht sagen. Mir ist, als ob ich in meinem beruflichen Werdegang gefangen sei, meiner Unfähigkeit, Tatsachen zurückzuhalten, und meiner völligen Verwirrung, wenn man mich mit politischer Theorie konfrontiert: Ihre Bedeutung erscheint mir derart gering, dass ich nicht einmal mehr zur Wahl gehe. Ich habe mich bemüht, Augenzeuge zu sein, ein unabhängiger Betrachter, mit dem Ergebnis, dass ich über die Fakten dessen, was ich gesehen habe, nicht hinausgelange. Ich habe zu viel Leid und Elend erlebt. Tief in mir fühle ich mich eins mit den Opfern. Und dies halte ich für eine moralisch integre Haltung.

Das gute Gewissen des Fernsehens kann in ähnlicher Weise umschrieben werden: Es schenkt eher den Opfern Aufmerksamkeit als der Schwärmerei politischer Rhetorik; es weigert sich, zwischen »guten« und »schlechten« Toten zu unterscheiden (wenngleich dies in der Berichterstattung der US-amerikanischen Medien über den Vietnam-Krieg bekanntermaßen nicht geschah); es will Zeuge sein, Überbringer der schlechten Nachricht für das zuschauende Gewissen der Welt. Dies ist der moralische Internationalismus der achtziger und neunziger Jahre, und es trennen ihn Welten vom optimistischen Internationalismus der sechziger Jahre. Wer 1967 geäußert hätte, er weigere sich, zwischen den Menschenrechtsverletzungen der Amerikaner und der Nordvietnamesen zu unterscheiden, über den wäre die Rechte und die Linke in gleichem Maße hergefallen. Inzwischen sind dem Sieg der Nordvietnamesen jedoch weitere Kriege zur Ausweitung des eigenen Territoriums gefolgt, und eine moralische Position, die politische Ideologien danach beurteilt, wie viele Opfer sie hinterlassen hat, hat sich das Recht erworben, dass man ihrer Stimme im Lärm der Selbstgerechtigkeit Gehör schenkt.

Es gibt Moden auf dem Gebiet der Moral, ebenso wie es Moden auf dem Gebiet der Kleidung gibt. Das Fernsehen folgte während des Vietnamkrieges moralischen Moden: Es schuf sie nicht. Nur Fernsehmacher glauben, das Fernsehen habe verhindert, dass die USA den Krieg gewannen. Wenn die vorherrschende Ethik des Fernsehens heute darin besteht, dass es keine gute Sache mehr gibt – sondern nur noch Opfer von Ideologien –, dann ist es nicht auszuschließen, dass das Medium nicht auch der nächsten moralischen Mode erliegen wird. Es besteht sogar die Gefahr, dass der gesunde Zynismus des Fernsehens gegenüber »einer guten Sache« in eine oberflächliche Form der Misanthropie umschlägt. Die Ethik des Opferseins ruft nur dann Empathie hervor, wenn die Opfer offensichtlich schuldlos sind. Doch in den modernen Bürgerkriegen – Libanon in den achtziger Jahren, Bosnien und Ruanda in den neunziger Jahren –, in denen die Unterscheidung zwischen Zivilist und Kombattant häufig verwischt und der Nachbar seinen Nachbarn tötet, fällt es schwer, zwischen Unschuldigen und Schuldigen zu unterscheiden. Völker, die als Täter begannen – beispielsweise die Serben –, wurden schließlich zu Opfern. Völker, die zunächst Opfer waren – die Kroaten und Muslime –, wurden zu Tätern. Die Suche nach schuldlosen Opfern ist in solchen Fällen zwecklos. Die zwischen dem Schutt verstreuten Leichen lassen jedes Bemühen, mehr zu verstehen, überflüssig erscheinen: Die Menschen sind in einer Spirale der Gewalt gefangen, wobei jeder Einzelne gute Gründe hat, den anderen zu töten, und alle Gründe gleich verrückt sind. Die fernsehgerechte Aufbereitung der Leichen fördert ein Nachlassen des Bemühens zu verstehen.

Dort, wo es der Empathie nicht gelingt, das schuldlose Opfer ausfindig zu machen, findet das Gewissen Trost in oberflächlicher Menschenverachtung. Denn die Reaktion – »die sind ja alle verrückt geworden« – reproduziert jene beruhigende imperiale Zweiteilung der Welt in Tugendhaftigkeit, Mäßigung und Vernunft, die vermeintlich im Westen existieren, und dem Fanatismus und der Unvernunft des Ostens. Hier geht die Menschenfeindlichkeit allmählich in ein Vergessen all jener Kriegsanlässe über – Vietnam, der Falkland-Krieg, die Invasion auf Grenada, die Operation Wüstensturm –, als sich dieselben Geister, die noch die Fanatiker des Ostens verspotten, selbst zu einer begeisterten Kriegszustimmung hinreißen ließen.

Wer den modernen Krieg verstehen will, darf nicht nur die Welt der Opfer betreten, sondern auch die der Bewaffneten, Folterer und Apologeten des Terrors. Solche Menschen lassen die Idee, wonach Menschen heilige, mit Rechten ausgestattete Wesen sind, nur für sich selbst gelten. Was ihre Feinde und deren Opfer betrifft, so haben sie sich eine überzeugende Argumentation zurechtgezimmert, um sich die Opfer nicht als Menschen vorstellen zu müssen. Das Grauen der Welt liegt nicht nur in den Leichnamen, nicht nur in den Folgen, sondern auch in den Absichten, im Bewusstsein der

Mörder. Angesichts der starken Überzeugungskraft der Ideologien des Tötens ist die Versuchung, Zuflucht in moralischer Empörung zu suchen, sehr groß. Trotzdem ist Empörung ein schlechter Ersatz für Nachdenken. Fernsehbilder als moralische Vermittlungsinstanz zwischen gewalttätigen Menschen auf der einen und den Zuschauern, nach deren Aufmerksamkeit sie gieren, auf der anderen Seite sind besser geeignet, die Folgen zu zeigen, als die Absichten zu erkunden; sie zeigen uns eher die Leichen, als uns zu erklären, warum sich Gewalttätigkeit an bestimmten Orten sehr bezahlt macht. Die Folge ist, dass den Fernsehnachrichten eine gewisse Verantwortung zukommt für jene allgemeine Misanthropie, jene reizbare Resignation angesichts des kriminellen Wahnsinns von Fanatikern und Attentätern, die eine der gefährlichen kulturellen Stimmungen unserer Zeit rechtfertigt – nämlich das Gefühl, die Welt sei viel zu verrückt geworden, als dass es sich noch lohne, ernsthaft über sie nachzudenken.

IV

Bisher habe ich folgendermaßen argumentiert: Die über das Fernsehen medial vermittelte moralische Empathie hat eine Geschichte – die Entstehung des moralischen Universalismus im Gewissen des Westens; dieser Universalismus befand sich stets im Konflikt mit der Ahnung, dass den nächsten Angehörigen gegenüber Fremden ein moralischer Vorrang einzuräumen sei; die Abwandlung des moralischen Universalismus im 20. Jahrhundert hat die Gestalt einer antiideologischen und antipolitischen Ethik angenommen, die Partei für die Opfer ergreift; die mit dieser Ethik einhergehende moralische Gefahr ist die Misanthropie; ein Risiko und eine Verführung, die dadurch noch verstärkt werden, dass das Fernsehbild Folgen zeigt, anstatt Absichten deutlich zu machen.

Es ist Zeit, stärker die Fernsehnachrichten selbst in den Blickpunkt zu rücken, und hier vor allem den Einfluss, den das System der Programmplanung auf das moralisch unterlegte Verhältnis der Fernsehzuschauer zu den dargestellten Ereignissen hat. Wenn man sagt, Fernsehen sei als passives Erlebnis zu verstehen, dann meinen wir damit unter anderem, dass wir uns des Wesens der visuellen Autorität, der wir uns beugen, nicht bewusst sind. Fernsehnachrichten sind ein sehr junges Genre: die halbstündigen Nachrichtensendungen, die wir ganz selbstverständlich anschauen, sind kaum mehr als dreißig Jahre alt, und doch haben sich uns ihre Codes unterschwellig eingeprägt. Mit zunehmender Vertrautheit wird diese Symbolsprache jedoch immer deutlicher erkennbar und somit zu einem Thema mit gesellschaftlicher Relevanz. Nachrichten sind ähnlich wie der Roman oder das Drama eine literarische Gattung: Sie stellen ein System visueller Autorität dar, eine zwingende Anordnung von Bildern mit einer festen zeitlichen Abfolge. Viele Konventionen des Genres wurden aus Zeitung und Rundfunk übernommen: dass Inlandsnachrichten wichtiger sind als Auslandsnachrichten; dass Nachrichten davon handeln, was in der »Nation« und »der Welt« innerhalb eines Tages geschah; dass die Nachricht von gestern – die Hungersnot von gestern – keinen Neuigkeitswert mehr hat; dass einige Nachrichten gute Nachrichten sein müssen, das heißt, dass die Sendungen einen gewissen Auftrag haben, gute Laune in eine freudlose Welt zu bringen. Zu diesen bestehenden Konventionen hat das Fernsehen zwei neue eigene hinzugefügt: dass die Nachrichten, um überhaupt Nachrichtenwert zu besitzen, in ein fünfzehn-, dreißig- oder sechzigminütiges Sendeformat passen müssen. Einige Konsequenzen dieser

Konventionen sind nur allzu bekannt: Der Inhalt des gesamten Scripts der halbstündigen Abendnachrichten des Fernsehsenders CBS passt auf drei Viertel der Titelseite der *New York Times*. Das wahllose Durcheinander der Abendnachrichten – in denen Wirbelstürme über Pennsylvania, Scharfschützen in Bosnien, streikende Lehrer in Manchester, ein Ausflug der englischen Königsfamilie in Suffolk und die Herzoperation eines Säuglings in einem kalifornischen Krankenhaus zusammengewürfelt werden – wird von den zeitlichen Zwängen des Mediums diktiert. Trotzdem wird dieses Durcheinander von Ereignissen dem Zuschauer so präsentiert, als ob es sich um die Darstellung der Verworrenheit der Welt »da draußen« handle. Diese Inkohärenz wird durch die zunehmende Bedeutung von *human interest storys*, und zwar in allen Medien, noch verstärkt. Die Zunahme dieser Art Nachrichten mag früher als populistisches Gegengewicht zum Übergewicht der offiziellen Regierungsinformationen aufgefasst worden sein. Doch hat diese populistische Neudefinition des Nachrichtenwerts, die das Ungewöhnliche, das Bizarre und das Unterhaltende einschließt, die Kohärenz der Gattung selbst zerstört, so dass sich der nachdenkliche Zuschauer zumindest einmal am Abend fragt: »Warum zeigt man mir das? Wieso ist das eine Nachricht wert?«

Der den Fernsehnachrichten zu Grunde liegende Mythos lautet: Nachrichten liefern ein Bild dessen, was in einem gegebenen Zeitraum, normalerweise in der Zeit seit der letzten Nachrichtensendung, im »Land« und in »der Welt« geschehen ist. Millionen Menschen suchen auf den Bildschirmen nach Anzeichen für ihre kollektive Identität als nationale Gemeinschaft und als Bürger einer Weltgemeinde. Die Medien spielen heute bei der Bildung der »imaginären Gemeinschaft« der Nation und der globalen Welt, des Mythos, wonach Millionen gesonderter »Ichs« eine gemeinsame Identität in einem »Wir« finden, die entscheidende Rolle. Das Imaginäre daran ist, dass »uns« all die dargestellten Nachrichten irgendwie zustoßen. Die Nachrichtenredakteure fungieren als eine Art Bauchredner dieses »Wir« und servieren uns ein Informationsmenü, das sich durch das, was »wir« wissen müssen, legitimiert; tatsächlich aber ist das, was wir erfahren, das, was sich in die visuellen und chronologischen Beschränkungen des Genres einfügen lässt. In diesem zirkulären Vorgang werden Nachrichten als System von Autorität bestätigt, als nationale Einrichtung einer privilegierten Rolle als Identitätslieferant und Pulsnehmer der Nation.

Die Fernsehnachrichten sind jedoch nicht nur ein System von Autorität, sondern auch die Stätte des gesellschaftlichen Wettstreits zwischen Interessengruppen und Einzelpersonen, die ihre Selbstdarstellung in den Augen des zuschauenden »Wir« zu beeinflussen trachten. Der Kampf um die Repräsentation ist ebenso wichtig geworden wie der Kampf um die Macht; mehr noch, er ist das privilegierte Mittel, mit dem verschiedene Interessen um die Macht selbst ringen. Was man einst, im 19. Jahrhundert, als die Schlacht um die öffentliche Meinung bezeichnete, die mit der vergleichsweise eingeschränkten, lediglich von den Angehörigen der Mittel- und Oberschicht gelesenen Presse gleichzusetzen war, ist heute zum Kampf um die Ausstrahlung einer Abendnachricht für ein riesiges und sozial heterogenes Publikum geworden. Da man heute Meinungsumfragen durchführt, um die Reaktion des Einzelnen auf diesen Kampf zu ermitteln, und da diese Meinungsumfragen von denjenigen, die über Macht verfügen, aufmerksam verfolgt werden, ist der Kampf um eine wohlwollende Medienberichterstattung zum entscheidenden Schlachtfeld bei Wahlen, Streiks und Wohltätigkeitskampagnen geworden. Dabei werden die Beweggründe für das Senden einer Nachricht zunehmend einer genauen Prüfung durch die Öffentlichkeit unterzogen. Den Medienverantwortlichen werden von allen Seiten der politischen Arena Vorwürfe, parteilich zu sein, entgegengeschleudert, während sich diese angesichts des Drucks, fair und unparteiisch zu berichten, völlig auf die Journalisten verlassen, was jedoch nur allzu oft bedeutet, dass oberflächlich und ohne Engagement berichtet wird.

Durch diese Konzentration auf die politische *Ausrichtung* als dem Ursprung einer medialen Verzerrung des »Wir«-Gefühls bleibt der Verzerrungseffekt durch die Gattung Nachricht selbst unbemerkt. Nachrichten sind mythische Erzählungen einer gesellschaftlichen Identität, fabriziert aus Waren, die auf einem internationalen Markt gehandelt werden. Die Abendnachrichten lassen sich als Markt verstehen, auf dem entsetzende und schreckliche Bilder um Neunzigsekunden-Sendeplätze miteinander konkurrieren. Es gibt einen Markt für Bilder des Schreckens, genauso wie es einen Markt für Getreide oder Schweinehälften gibt, und es gibt diejenigen, die sich auf die Herstellung und den Vertrieb solcher Bilder spezialisiert haben. Die moralische Intuition könnte einen vermuten lassen, dass ein solcher Handel mit Bildern im Grunde unmoralisch sei. Es gibt viele Güter, mit denen man nicht handeln sollte, nicht einmal in einer kapitalistischen Kultur – Güter wie etwa Gerechtigkeit und politische Ämter –, auch wenn dies häufig geschieht. Viele Gesellschaften haben versucht, den Handel mit Bildern erniedrigender Sexualität zu verbieten, doch wenige haben versucht, das Geschäft mit Bildern menschlichen Leids einzuschränken. Um den Handel mit Bildern des Leids zu verbieten, müsste man aber nicht nur die beunruhigende und beiläufige Berichterstattung über Gräueltaten verbieten, sondern auch viele Meisterwerke der abendländischen Kunst, einschließlich Goyas *Schrecken des Krieges* und Picassos *Guernica*. Solange die Kultur selbst ein Prozess des Marktaustausches zwischen Herstellern und Abnehmern von Fernsehbildern ist und solange wir es für falsch erachten, dass irgendjemand das Recht hat, den Inhalt dieser Bilder zu bestimmen, solange wird sich unsere Kultur der moralischen Doppeldeutigkeit stellen müssen, die damit einhergeht, dass man das Leid anderer Menschen zur Ware macht. Etwas an der tiefen Ambivalenz im Inneren – am Unbehagen, das uns beim Betrachten der Bilder des Schreckens im Fernsehen befällt, entstammt dem Wissen, dass wir Bilder über das Leiden anderer Menschen aufnehmen, dass jedoch unsere Moralbeziehungen zu ihnen als Konsumbeziehungen vermittelt werden. Die Scham darüber, ihre Leiden gleichsam voyeuristisch zu betrachten, weist daher bestimmte unveränderliche Eigenschaften auf, die in der Natur der Aneignung der Repräsentation selbst liegen.

Bestimmte Anteile unserer Scham jedoch sind empfänglich für Einflüsse von außen. Der hektische Wettstreit, die Abendnachrichten zu füllen, schafft einen Nebel von Tragödien und Verbrechen – eine Minute Afghanistan, in der nächsten Bosnien, dann Ruanda oder ein blutverschmiertes Zugwrack in Kansas – und führt im Endeffekt zu einer einzigen trivialen Ware des Schreckens. Alles am Zeitregime der Gattung Fernsehnachricht spricht gegen die moralische Minimalforderung einer Anteilnahme am Leiden anderer: dass man mit ihnen Zeit verbringt, genug Zeit, um den Panzer aus Selbstbezogenheit und Entfremdung zu durchbrechen, der uns von ihren moralischen Welten trennt. Ein moralisch wertvolles Leben ist ein ständiges Ringen darum zu sehen – ein Kampf gegen den Wunsch, das, was man mit eigenen Augen gesehen und mit eigenen Ohren gehört hat, zu leugnen. Das Ringen, den eigenen Sinnen zu vertrauen, steht im Zentrum dieses Prozesses, in dessen Verlauf man sich vom Voyeurismus weg zu einer Haltung des Engagements bewegt. Selbst Augenzeugen der

Barbarei mussten trotz der Zeugenschaft ihrer Sinne feststellen, wie sie innerlich in Fantasiewelten flohen, darauf hoffend, dass das, was sie sahen, ein Albtraum war, aus dem sie schließlich erwachen würden.

Goyas *Schrecken des Krieges* und Picassos *Guernica* stellen sich diesem Bedürfnis, der Zeugenschaft unserer Blicke auszuweichen, indem sie das Grauen in ästhetische Formen gießen, die den Betrachter dazu zwingen, es so zu betrachten, als sähen sie es zum ersten Mal. Es gibt keinen Grund, anzunehmen, dass den Nachrichtenmedien die gleiche Fähigkeit der Darstellung fehlte, das Wirkliche wahrhaft wirklich zu machen, den Blick dazu zu zwingen zu sehen, und das Gewissen, anzuerkennen, was es gesehen hat. Aber der allabendliche Rhythmus der Nachrichten verhindert diese Art des Sehens. Mit der Vermischung so unterschiedlicher Geschichten und der vollständigen Durchsetzung des Diktats der Zeit verhindern die Nachrichten, dass man sich mit dem befasst, was man gesehen hat. Schließlich sieht man nur die Nachrichten, die Persönlichkeiten, die Regeln von Auslese und Nichtbeachtung, ihre autoritative Stimme. Am Ende ist das Thema der Nachrichten die Nachricht selbst: Was sie darstellt, wird zum Mittel der Versicherung eigener Autorität. Durch ihre Anbetung des Selbst, ihre Schnelligkeit, die enormen Möglichkeiten der Nachrichtenbeschaffung sowie die Fähigkeit, »live« zu senden, verwandeln die Nachrichten alle Realität in Neunzigsekunden-Übungen ihres eigenen Repräsentationsstils.

Es ist schändlich, wenn durch den Strom der Fernsehnachrichten alle Schrecken der Welt zu gleichförmigen Waren reduziert werden. In einer Kultur, die vom schieren Ausmaß ihrer wahllosen Darstellungen überwältigt wird, muss es irgendeine Handlung geben, die dem Realen – der Augenblick, in dem ein wirklicher Körper niedergeschlagen, missbraucht oder verletzt wird – einen Ort der speziellen Aufmerksamkeit weist, eine Demarkationslinie, die anzeigt, dass man jetzt gerade etwas *sieht*. Anthropologen bezeichnen derartige Handlungen als Rituale. Zwar wird häufig behauptet, die Kultur der Moderne sei an heiligen Ritualen verarmt, doch trifft dies im Grunde nicht zu. Sicher hat sie ihre eigenen Fetische – Geld und Konsum –, aber trotz all des oberflächlichen Lärms der Kontroversen um die Moral gibt es in ihr doch auch einen allgemein anerkannten Glauben an die besondere Achtung, die dem Individuum gebührt. Die Idee der Unantastbarkeit des Einzelnen, was seinen Besitz, sein Recht und sein Leben betrifft, ist weit verbreitet, auch wenn ihr Verstoß stärkere Beachtung finden als ihre Befolgung. Ob die Welt, in der wir leben, gewalttätiger, stärker von Leid erfüllt ist, lässt sich naturgemäß schwer entscheiden. Weniger strittig scheint dagegen, dass unsere Kultur kaum in der Lage ist, menschliche Bedürfnisse um ihrer individuellen Würde willen zu befriedigen, und noch weniger im Stande, der menschlichen Erfahrung von Gewalt und Leid den ihr gebührenden Respekt entgegenzubringen.

Ein Skeptiker könnte dem entgegenhalten, dass das Fernsehpublikum, wenn es ihm nach moralischer Bestätigung verlangte, sich an die Kirchen wenden solle: Sache des Fernsehens sei schließlich die Nachricht, nicht die Frömmigkeit; die Information, nicht die Predigt. Das Heilige falle nicht in seine Domäne. Diese Antwort wäre richtig, wenn sie wahr wäre und wenn das Fernsehen auf keinem anderen Altar opferte als dem der Suche nach Information. Die Forderung, dass das Fernsehen dem Leid ein gewisses Maß an Respekt zu zollen habe, wäre ohne Belang, wenn das Medium vor gar nichts Achtung hätte. Doch während die Fernsehnachrichten öffentlich dem Ehrenkodex des Skeptikers folgen – dass nichts heilig ist –, beten sie in Wirklichkeit die Macht an. Das Fernsehen ist die Kirche der modernen Macht. Man denke nur an die Fernsehübertragungen der britischen Krönungsfeierlichkeiten im Jahr 1953, an das Begräbnis John F. Kennedys oder das Winston Churchills, an die Hochzeit von Prinz Charles und Lady Diana Spencer oder an die Amtseinführung von Staatspräsidenten. Dieses sind die geheiligten Ereignisse der modernen säkularen Kultur, und das Fernsehen hat eine eigene Rhetorik und eigene Rituale ersonnen, mit denen die Zuschauer in ein Gefühl der sakralen Bedeutung dieser Augenblicke gehüllt werden: die feierlich gesenkten Stimmen der Kommentatoren, die liebevolle Aufmerksamkeit, die den Kleidern und Roben der Macht geschenkt wird, und vor allem die unausgesprochene Andeutung, dass es sich bei dem Dargestellten um einen Ritus von nationaler Bedeutung handle.

Wenn das Fernsehen also die Macht wie etwas Heiliges zu behandeln vermag, so folgt daraus die Forderung, dass es menschlichem Leid die gleiche Achtung entgegenbringen müsse. Wenn das Fernsehen seine Programmpläne und seine Ansagen um einer Trauung oder eines Begräbnisses willen ändern kann, dann kann man auch fordern, dass es das Gleiche in einem Fall von Hungersnot oder Völkermord tut. Wenn sich das Fernsehen tatsächlich von der Herrschaft des Aktualitätswerts befreien kann, dann wird es möglich, die Angemessenheit des Nachrichtensystems als Ganzes zu überdenken. Und dann ist es nicht mehr ganz so utopisch, die Frage zu stellen, ob das Fernsehen überhaupt Nachrichten senden sollte. Die Geschehnisse der Welt in Neunzigsekunden-Häppchen aufzutischen, ist – wie Fernsehjournalisten selbst zugeben – armselig und zweitklassig im Vergleich zum Informationsgehalt einer guten Zeitung. In Augenblicken des Selbstzweifels und der Selbstprüfung wird wohl jeder gute Fernsehjournalist einräumen, dass die Öffentlichkeit, wäre sie für ihr Weltverständnis einzig und allein auf die Abendnachrichten angewiesen, äußerst schlecht informiert wäre. Vielleicht sollte man die Logik dieser Zweifel weiter treiben. Das Fernsehen kann einige Dinge sehr gut. Wirklich gute Dokumentarsendungen bringen bisweilen die Voraussetzungen für eine moralische Vision mit; sie zwingen den Zuschauer, hinzusehen, den Panzer der stereotypen Wahrnehmung abzuwerfen und fremden Welten mit all ihrem Geheimnis und all ihrer Fülle zu begegnen. Auch den besten Journalisten sind durch die Zeitformate der Nachrichten diese Möglichkeiten verstellt. Wenn die Regeln einer Gattung in derart heftigem Widerstreit zu den Bedürfnissen und Absichten derer liegt, die versuchen, das Beste aus ihnen zu machen, dann spricht sehr viel dafür, das Genre gänzlich fallen zu lassen. Wenn man die Abendnachrichten durch Magazinsendungen und Reportagen ersetzte, dann würden allmählich auch die institutionellen Voraussetzungen für einen Journalismus entstehen, der sich selbst und die schrecklichen Ereignisse, über die er berichtet, respektiert. Ein solcher Journalismus sähe sich gezwungen, die schwierigste Aufgabe des Journalistenberufs – das Auswählen – sehr ernst zu nehmen. Er müsste ebenso viele Geschichten fallen lassen, wie er andere ins Programm nimmt, und er müsste seine Vorstellung darüber ändern, was eine *story* ausmacht. Er müsste die gängigen Definitionen des Nachrichtenwerts in Frage stellen, damit er eingreifen kann, ehe aus Hunger eine Hungersnot und aus Folter ein Völkermord wird, ehe aus rassistischen Verfolgungen Massenvertreibungen und aus religiösen Konflikten Bürgerkriege werden. Mit anderen Worten: Er müsste auf dem Schauplatz des Geschehens ankommen, bevor die Rettungswagen eintreffen. Ein solcher Journalismus wäre dann eventuell in der Lage, auch andere Sachzwänge seiner Profession in Frage zu stellen: zum Beispiel die redaktionelle Faustregel, wonach ein amerikanisches oder europäisches Menschenleben – was den Nachrichtenwert betrifft – hundert asiatische oder afrikanische Menschenleben aufwiegt. Denn wie die Spendenreaktionen auf die Fernsehbilder des Schreckens zeigen, trägt das Medium mittlerweile selbst zur Entstehung eines weltumspannenden Bewusstseins bei, das immer weniger Geduld mit diesen falschen Unterscheidungen aufbringt.

Utopische Forderungen, zweifellos. Doch sollten wir uns zumindest darüber im Klaren sein, dass der Wunsch, diese Utopie möge Realität werden, moralischer Natur ist. Ob es das Fernsehen will oder nicht – es ist zur zentralen Vermittlungsstelle zwischen dem Leid von Fremden und den Gewissen jener in den wenigen verbliebenen Zonen der Sicherheit geworden. Ganz gleich, wie beflissen seine Manager behaupten, Aufgabe des Fernsehens sei es lediglich zu informieren – sie können den moralischen Konsequenzen ihrer Macht nicht entkommen. Das Fernsehen ist nicht nur zum Instrument geworden, mit dem wir einander wahrnehmen, sondern auch zum Mittel, durch das wir gegenseitig die Last unseres Schicksals tragen. Wenn jedoch der vorherrschende Darstellungsmodus, durch den es diese Beziehungen vermittelt, das gezeigte Leid enthert, dann werden die Kosten nicht nur in Scham, sondern auch in Menschenleben gemessen werden.

Der Narzissmus des kleinen Unterschieds

I

Mirkovci, im März 1993, 16 Uhr. Mirkovci ist ein Dorf im Osten Kroatiens, das durch den Krieg Serbiens gegen Kroatien zwischen September 1991 und Januar 1992 zweigeteilt wurde. Der großangelegte ethnische Krieg hat sich mittlerweile Richtung Süden, nach Bosnien verlagert, hier aber haben sich die Milizen der Serben und Kroaten um Mirkovci eingegraben, um sich des Nachts gegenseitig mit Handfeuerwaffen und gelegentlichen Salven aus Bazookas zu beschießen. Ich befinde mich im Keller eines verlassenen Bauernhauses, das der lokalen serbischen Miliz als Kommandoposten dient. Die Kroaten liegen etwa 250 Meter entfernt, irgendwo da draußen in der Dunkelheit.

Der Krieg findet zwischen Dörfern statt. Die Männer auf beiden Seiten des Frontverlaufs waren früher einmal Nachbarn. Die Serben, die Wache schieben – die meisten sind erschöpfte Reservisten mittleren Alters, die viel lieber im Bett liegen würden –, sind mit den ebenso müden Kroaten, vermutlich ebenfalls mittleren Alters im Bunker in der Nähe, zur Schule gegangen. Vor dem Krieg hatten sie dieselben Schulen besucht, in derselben Autowerkstatt gearbeitet, waren mit denselben Mädchen ausgegangen. Nach den Angaben der letzten Volkszählung in Jugoslawien von 1990 betrug der Anteil von Mischehen in der Stadt Vukovar, die etwa 30 Kilometer entfernt liegt, und den Dörfern im Umkreis rund 30 Prozent. Nahezu ein Drittel der Einwohner gaben ihre Staatsangehörigkeit mit »jugoslawisch« an, das heißt, sie waren nach eigenem Bekunden weder Kroaten noch Serben noch Muslime.

In dem Bauernhaus befinden sich ungefähr ein Dutzend Soldaten. Hin und wieder hängt sich einer das Gewehr über die Schulter und patrouilliert in einem Schützengraben, der durch die Gärten mit ihren Wäscheleinen verläuft. Die übrigen sitzen auf Feldbetten, tauschen die neuesten Nachrichten aus, rauchen, dösen und reinigen ihre Waffen. Die meisten sind Reservisten der jugoslawischen Armee, aber es gibt auch einen Paramilitär, Chobi, der ein schwarzes Barrett mit dem Spruch SERBIEN: FREIHEIT ODER TOD trägt. Über CB-Funk meldet er sich bei einem alten Freund und spottet: »Na du, Ustascha, bist du immer noch mit deinem Mädchen zusammen?« – »Warum sollte ich dir das erzählen?«, antwortet der Kroate, »du irrer Tschetnik.« Nach einigen weiteren Liebenswürdigkeiten dieser Art beenden sie das Gespräch. Offenbar reden sie jeden Abend miteinander.

Ich sitze fast die ganze Nacht mit ihnen zusammen, während sie dösen, Karten spielen, ihre Waffen reinigen. Ich möchte verstehen, wie aus Nachbarn Feinde werden, wie es geschieht, dass Menschen, die früher vieles gemeinsam hatten, schließlich nichts mehr verbindet als der Krieg. Wo immer ich dies miterlebt habe – in Afghanistan, Ruanda, Nordirland –, hat es mich verwirrt. Ich konnte der Idee, dass nationalistische Kriege durch einen Ausbruch von Hass zwischen Volksstämmen und aus uralten Feindschaften entstehen, nie viel abgewinnen. Historiker wie Samuel Huntington wollen uns zu der Annahme verleiten, dass durch die Hintergärten von Mirkovci eine Art geologische Bruchlinie verläuft, wobei die Kroaten im Bunker die Zivilisation des römisch-katholischen Westens repräsentieren und die Serben Byzanz, die orthodoxe Kirche und den kyrillischen Osten. Gewiss, so betrachten die selbstgerechten Ideologen beider Seiten den Konflikt. Doch aus der Froschperspektive, hier in Mirkovci, kann ich keine zivilisatorischen Verwerfungslinien erkennen, keine tektonischen Platten, die auseinander gebrochen sind. Solcherlei Metaphern setzen nämlich als gegeben voraus, was erst erklärt werden muss: aufgrund welcher Vorgänge Nachbarn, denen früher allein schon die Vorstellung, sie gehörten zu gegensätzlichen Kulturen, fremd war, allmählich in diesen Kategorien denken – und hassen; warum sie Leute diffamieren und dämonisieren, die sie früher ihre Freunde nannten; kurz, auf welche Weise die Saat des Misstrauens gesät wird, Korn um Korn, auf dem Boden eines gemeinsamen Lebens.

Auf dem Feldbett neben mir sitzt, im Kampfanzug gegen die Wand gelehnt, ein untersetzter, gepflegter Mann mittleren Alters mit intelligenten, listigen Augen und einem dichten, vornehmen Schnurrbart. Mit einer gewissen gespielten Naivität wage ich zu behaupten, dass ich Serben und Kroaten nicht auseinander halten kann. »Was bringt Sie dazu zu glauben, dass Serben und Kroaten so verschieden sind?«

Er sieht mich finster an und zieht aus der kakifarbenen Jacke ein Päckchen Zigaretten. »Sehen Sie das hier? Das sind serbische Zigaretten. Die da drüben« – er deutet mit der Hand zum Fenster hinaus, »rauchen kroatische Zigaretten.«

»Aber beides sind Zigaretten, stimmt's?«

»Ihr Ausländer versteht überhaupt nichts.« Er zuckt die Achseln und fängt wieder an, seine Zastovo-Maschinenpistole zu reinigen.

Aber da ihn meine Frage beschäftigt, wirft er ein paar Minuten später seine Waffe auf das Feldbett, das zwischen uns steht, und sagt: »Also, ich erkläre Ihnen das mal. Die Kroaten halten sich für etwas Besseres. Die wollen feine Herren sein. Halten sich für schicke Europäer. Aber ich will Ihnen mal etwas verraten: Wir sind bloß Dreck vom Balkan.«

Zuerst sagt er, Kroaten und Serben hätten nichts gemein. Sie würden sich in allem unterscheiden, bis hin zu den Zigaretten. Eine Minute später will er mir weismachen, das wahre Problem mit den Kroaten sei, dass sie sich für »etwas Besseres« halten. Schließlich kommt er zu dem Schluss: In Wirklichkeit sind wir alle gleich.

Es stimmt schon, in seinen Äußerungen kommen Feindschaft und Gegensätze zwischen Kulturen zum Ausdruck, aber sie sind Teil eines mehrdeutigen Dialogs zwischen Mythos und Erfahrung, zwischen Fantasie und Wirklichkeit. Es hat den Anschein, als ob der nationalistische Mythos – Serben und Kroaten sind radikal verschiedene Völker, die nichts miteinander verbindet – der Lebenserfahrung dieses Mannes widerspreche, die besagt, dass ihn in Wirklichkeit wenig von seinen kroatischen Nachbarn unterscheidet. Die beiden Ebenen des Bewusstseins – die politische und die persönliche – existieren nebeneinander, stellen sich aber nicht gegenseitig in Frage. Irgendwo in dem Mann gibt es einen Hauch des Zweifels, der vielleicht bewirkt, dass er Fragen stellt, die herrschenden Auffassungen sogar zurückweist; doch es gibt keine Zeitungen, keinen Rundfunk, keine andere Sprache, in der er diese Bedenken formulieren könnte, um zu entdecken, dass andere Menschen genauso unschlüssig sind wie er. Also flottieren die Widersprüche frei in seinem Kopf herum. Wenn er nachts Wache geht, wartet er, angespannt und unruhig, auf die nächste Salve aus den Granatwerfern. Mag sein, dass sich die innere Anspannung ein wenig löst, wenn man ein paar Salven abfeuert. Vielleicht flucht er, zum Teufel mit alldem. Man bezahlt mich nicht, um nachzudenken. Machen wir das Ganze nicht komplizierter, als es ist. Zumindest eines erreicht Gewalt: dass die Verhältnisse übersichtlich zu sein scheinen.

Die nationale Identität des Mannes hat nichts Zeitloses an sich. Es handelt sich nicht um irgendeine uranfängliche, von der Geschichte und der Tradition geformte Essenz, die latent in ihm schlummert und nur darauf wartet, ihn in den Krieg zu führen. Für diesen Mann ist Identität in erster Linie ein relationaler Begriff: Serbe ist derjenige, der kein Kroate ist. Kroate ist derjenige, der kein Serbe ist. Aber wenn der Begriff »Unterschied« oder »Differenz« einen relationalen Charakter hat, so ist er eine inhaltsleere Fügung: Wir sind, was wir nicht sind. Der adrette serbische Soldat kann mir nicht sagen, wofür er kämpft – außer dafür zu überleben. Dieser Überlebenswunsch kann jedoch nicht ganz erklären, warum er hier ist, denn er ist sich ja völlig bewusst, dass sein Überleben bis vor einigen Jahren noch überhaupt nicht in Frage stand. Wie es so weit kommen konnte und warum er jetzt in einer Gemeinschaft der Angst lebt, vereint im Hass gegen eine andere Gemeinschaft der Angst, das ist ihm letztlich genauso ein Rätsel wie mir.

Nationalistische Ideologien versuchen, diese Leere in ihm zu füllen; versuchen, dem Fußsoldaten einen Grund zu geben, zu kämpfen und zu sterben. Aber was immer dieser eine Serbe im Radio gehört oder in der Lokalzeitung auch gelesen hat, es kann doch nicht seine Identität ersetzen, die von seinen persönlichen Erfahrungen geprägt wurde. Seine nationale und die persönliche Identität kommen nicht zur Deckung. Allenfalls sind die paramilitärischen Soldaten mit ihren schwarzen Barretts wahre Gläubige, doch die gewöhnlichen Leute – die Fußsoldaten des ethnischen Krieges, so wie er – erkennen undeutlich, manchmal mit Schrecken, die Kluft zwischen dem, was sie mit eigenen Augen sehen, und dem, was ihnen andere weismachen wollen.

Der Nationalismus »bringt« nicht einfach eine präexistente Identität »zum Ausdruck«; er »konstituiert« eine neue. Es wäre verkehrt, im Hinblick auf die Geschichte in diesem Teil der Welt zu behaupten, die Antagonismen zwischen den Volksgruppen würden, ähnlich der Magma unter einem Vulkan, nur darauf warten, dass sich eine tektonische Platte verschiebt, sich eine Erdspalte auftut. Es stellt sogar einen Missbrauch der Begrifflichkeit der Anthropologie dar, Serben und Kroaten überhaupt als ethnische Gruppen zu bezeichnen: Sie sprechen mehr oder weniger die gleiche Sprache, sie gehören zum gleichen Stamm, den Slawen im Süden des Balkans. Es gibt Unterschiede zwischen ihnen, vor allem bezüglich der Familiennamen, doch sind diese Abweichungen für Außenstehende kaum zu erkennen. Grob gesagt: Man kann Serben und Kroaten nicht auseinander halten. Selbst wenn wir uns dazu hinreißen lassen, sie als ethnische Gruppen zu bezeichnen, so ist das Serbe-Sein dieses Mannes vor seinem Abstieg in die Hölle des Krieges nicht zu vergleichen mit der Art des Serbe-Seins, zu dem er sich nach dem Krieg bekannte. Vor dem Krieg empfand er sich vielleicht mehr als Jugoslawe, Café-Besitzer oder Ehemann und weniger als Serbe. Nun, da er in diesem Bauernhaus-Bunker hockt, gibt es, nur 250 Meter entfernt, Männer, die ihn töten wollen. Für sie ist er nichts weiter als ein Serbe, kein Nachbar mehr, kein Freund, kein Jugoslawe, kein ehemaliger Mannschaftskamerad im Fußballverein. Und weil er für seine Feinde nichts weiter als ein Serbe ist, ist er nun auch in seiner eigenen Einschätzung nichts anderes.

Jeder Nationalismus stellt eine Fiktion dar; er verlangt, dass man bereitwillig jeden Zweifel fahren lässt. An nationalistische Dichtungen glauben heißt, bestimmte Wahrheiten vergessen. Im Fall des serbischen Soldaten bedeutet das zu vergessen, dass er einst Nachbar, Bruder und Freund der Männer im nächsten Schützengraben war. Doch wie »konstituiert« der Nationalismus Identität? Auf welche Weise formt er die Identität dieses besonderen Mannes um? Wir müssen eine Geschichte finden, die erklären kann, auf welche Weise Gemeinschaften der Angst aus Gemeinschaften des Interesses entstehen können, eine Erzählung, die vom

Fall der Staatsmacht und dem Aufstieg nationalistischer Paranoia handelt, und zwar auf der zwischenmenschlichen Ebene, an Orten wie Mirkovci.

II

In der Zeit zwischen 1945 bis 1991 lebten die Nachbarn gemeinsam in einem Staat namens Jugoslawien. Es gab Unterschiede zwischen Serben und Kroaten – die einen waren orthodoxe, die anderen katholische Christen – und viel böses Blut zwischen ihnen, die lebendige Erinnerung daran, wie die kroatische Ustascha die ethnische Minderheit der Serben in Kroatien während des Zweiten Weltkriegs verfolgte. Es gab einen Staat mit Tito als Präsidenten, der sich an der Macht hielt, indem er Einschüchterungen mit Appellen an die »Brüderlichkeit und Einigkeit« der ethnischen Gruppen verband. Die Geschichte der interethnischen Kriege zwischen 1941 und 1945 wurde systematisch verdrängt, und Tito setzte alles daran zu verhindern, dass eine der Volksgruppen die Institutionen des Bundesstaates Jugoslawien dominierte, wenngleich am Ende die Serben die meisten Führungspositionen in der Jugoslawischen Nationalarmee bekleideten. Diese Strategie des »Teilens und Herrschens«, gepaart mit der Aufforderung zur »Brüderlichkeit und Einheit« genoss in der Bevölkerung eine gewisse Legitimität. Viele Jugoslawen glaubten in den sechziger und siebziger Jahren aufrichtig, den Hass zwischen den Volksgruppen überwunden zu haben. In den Fällen, in denen die Unterschiede zwischen den ethnischen Gruppen hervorgehoben wurden – zum Beispiel von kroatischen Nationalisten –, wurden sie unterdrückt. In den neunziger Jahren begann dann die durch den Zweiten Weltkrieg traumatisierte Generation allmählich auszusterben, und mit ihr versickerten die Gifte der Vergangenheit. In einem Dorf wie Mirkovci bedeutete »Brüderlichkeit und Einheit« einfach, dass viele Mischehen eingegangen wurden und dass Serben und Kroaten, obwohl sie in verschiedene Kirchen gingen, in den örtlichen Institutionen zusammenarbeiteten. Die wichtigste dieser Einrichtungen war das Polizeirevier. Wenn man ein Problem hatte, einem beispielsweise das Autoradio gestohlen worden war, fragte die Polizei nicht als Erstes nach der Nationalität. Zwar waren die Ermittlungsverfahren nicht immer besonders effizient, aber wenigstens war man keiner ethnischen Justiz unterworfen.

Dann starb Tito, im Mai 1980. Staaten, deren Legitimität auf dem Charisma einer Einzelperson beruhen, *müssen* auseinander brechen, wenn diese Person stirbt. Tito war der letzte »Habsburger«, der letzte Herrscher im Süden der Balkanhalbinsel, der über genügend Legitimität und Schläue verfügte, so dass die Politik des »Teilens und Herrschens« aufging. Nach seinem Tod verlagerte sich die Macht – fort vom Zentrum, hin zu den kommunistischen Eliten in den Republiken. Doch spürten diese Eliten, dass die Legitimität ihrer Autorität unterhöhlt worden war. Nachdem Tito nicht mehr da war, waren sie kaum mehr als korrupte Netzwerke ethnischer Patronage. Mit dem Zusammenbruch des Kommunismus im Jahr 1989 schlich sich ein Anflug von Panik in ihre Suche nach Legitimität. Nach 1989 versuchten die kommunistischen Parteien in ganz Osteuropa, sich in sozialdemokratische Wahlmaschinen umzuwandeln. Es war mehr ein Schauspiel, aber so unaufrichtig es auch war, trug es doch zur Schaffung dessen bei, was die Wählerschaft in diesen Gesellschaften wollte, nämlich ein »normales« (d.h. pluralistisches) politisches System. Den gleichen Weg schlugen auch die ehemaligen Kommunisten in Ostdeutschland, in Ungarn, der Ukraine und in Polen ein; sie akzeptierten die volkstümliche Sprache der Demokratie und wandten sich an den einzelnen Bürger als Wähler. Die Frage lautet: Warum hat sich diese Vision einer liberalen Zivilgesellschaft, die in Jugoslawien möglich war, nicht durchgesetzt? Warum waren die jugoslawischen Eliten nicht einmal in der Lage, so zu tun, als strebten sie demokratische Verhältnisse an? Der Reiz der Option des politischen Liberalismus hätte eigentlich viel größer sein müssen. Tito hatte den Jugoslawen gestattet, ins Ausland zu reisen; bei ihrer Rückkehr hatten sie eine gewisse Vorstellung davon gewonnen, wie es in einer Demokratie zugeht. Jugoslawien war eine der liberalsten Zivilgesellschaften in Osteuropa, es gab oppositionelle Zeitschriften, philosophische Diskussionszirkel wie den Belgrader Kreis, eine lebendige Café-Kultur, mit Kunst, Theater und Kino. Im Rückblick wird deutlich, dass die relative Freiheit dieser Zivilgesellschaft in Wirklichkeit die Ursache ihrer Schwäche war. Die Opposition gab es, weil sie geduldet wurde; tief im Inneren war ihr bewusst, dass sie das Produkt Titos berechnender Zugeständnisse war. Ihr Widerstand war kultureller, nicht politischer Natur. Sie forderte das Regime nie im Namen einer explizit demokratischen Vision heraus. Die Illusion, die Verhältnisse unter Tito seien besser als anderswo in Osteuropa, vereinnahmte die Opposition und verhinderte, dass sie die Menschen als Staatsbürger aktivierte. In der nahen Tschechoslowakei lehrte die sehr viel härtere Repression durch die Polizei die oppositionellen Kräfte, vom Regime nichts zu erwarten; lehrte sie, dass kulturelle Freiheiten der Art, wie sie die Jugoslawen genossen, wenig bedeuteten, es sei denn, dass man zugleich auch in den Genuss einer Teilhabe an der politischen Macht kam. Die jugoslawische Opposition kam nie, wie Timothy Garton Ash es ausdrückt, in den »Genuss widriger Umstände«. Die oppositionellen Kräfte wurden durch Titos vergleichsweise großes Entgegenkommen eher geschwächt. Man fand keine überzeugende Rhetorik mit ethnisch übergreifender Anziehungskraft, die das Schlagwort von der »Brüderlichkeit und Einheit« hätte ersetzen können. Um 1990 bezeichnete sich mehr als ein Viertel der jugoslawischen Bevölkerung als »Jugoslawen«. Dies war die Wählerschaft, die die Opposition in den verschiedenen Republiken zur Verteidigung einer multiethnischen Politik womöglich hätte mobilisieren können. Doch zu diesem Zeitpunkt hatte das kommunistische System die Politik in den Republiken bereits so sehr »balkanisiert«, und zwar in allen Teilrepubliken, dass die oppositionellen Bürgerrechtsbewegungen nicht zueinander finden und eine gemeinsame Verteidigungsstrategie für die Werte der Zivilgesellschaft gegen den ethnischen Nationalismus entwickeln konnten, der das Land auseinander riss. Unterdessen brach der Kommunismus allmählich in sich zusammen, und die Helden der Stunde waren diejenigen, die unter dem Kommunismus gelitten hatten – im Fall Jugoslawiens Nationalisten wie etwa Franjo Tudjman in Kroatien.

Mitte der achtziger Jahre erkannte die kommunistische Elite, deren Angehörige nach Titos Tod noch in Amt und Würden waren, dass der Tod des Diktators und der innere Zerfall des Kommunismus verlangte, eine neue Sprache der Popularität zu erfinden, um die Bevölkerung auf ihre Seite zu ziehen. Selbst in einem Einparteienstaat benötigte man zur Mobilisierung der Öffentlichkeit Schlagworte mit einem emotional gefärbten Unterton. Dass die Serben im bergigen Kosovo im Südwesten der Halbinsel langsam auf den Status einer ethnischen Minderheit herabgesetzt wurden, lieferte dem Serbenführer Milosevic genau die Textvorlage für den Aufschrei zur nationalen Sammlung. Die Bevölkerung dort bestand zu 90 Prozent aus Albanern, und diese verlangten die Unabhängigkeit beziehungsweise die Angliederung an das benachbarte Albanien. Die Serben hätten ihren Minderheitenstatus vielleicht akzeptiert, wenn das Kosovo in ihrer

Vorstellungswelt nicht einen solch zentralen Platz einge-
nommen hätte: Denn dort standen ihre ältesten und schöns-
ten mittelalterlichen Kirchen, und das Amselfeld war die
Stätte jener schicksalhaften Schlacht gegen die Türken im
Jahr 1389, die zu einer fünf Jahrhunderte dauernden türkischen imperialen Besatzung führte. Bis in die achtziger Jahre
des 19. Jahrhunderts nahmen die meisten Serben von den
Lebensverhältnissen ihrer Landsleute im rückständigen Kosovo überhaupt keine Notiz. Doch die 600-Jahr-Feier der
Schlacht auf dem Amselfeld lieferte Milosevic den Anlass
zu behaupten, dass das Kosovo nach wie vor zum Kernland
der serbischen Nation gehöre, wobei er geflissentlich die
Tatsache verschwieg, dass in Wirklichkeit nur noch wenige
Serben dort lebten.

Es ist zweifelhaft, ob sich Milosevic für die Lebensverhältnisse der Serben im Kosovo tatsächlich interessierte. Für ihn
war nationalistische Demagogie eine Art Sprachspiel, eine
rhetorische Strategie, um die Wahlen unter den unsicheren Verhältnissen während des posttitoistischen Erbfolge-
krieges überstehen zu können. Wie es scheint, war er selbst
überrascht, als er erkannte, dass er eher zufällig das Er-
folgsrezept entdeckt hatte. Während eines Treffens mit
Kosovo-Serben, die gegen die Forderungen der ethnischen
Albaner nach Unabhängigkeit beziehungsweise Autonomie
demonstrierten, bemerkte Milosevic, offenbar aus dem
Stegreif, dass »sie euch niemals wieder schlagen werden«.
Da es die ethnischen Albaner und nicht die Serben waren,
die von Milosevics Polizei geprügelt worden waren, stellte
diese Bemerkung eine merkwürdige Umkehrung des realen
Sachverhalts dar; aber sie zapfte das tiefe Reservoir serbischen Selbstmitleids an: die Serben als Opfernation, die
ihre Freiheit gegen die Türken verteidigt und gegen die Ös-
terreicher gekämpft hatten, die von den Ustascha verfolgt
und von Tito – einem Kroaten – daran gehindert worden

waren, das föderale Jugoslawien zu beherrschen, und die nun im eigenen Kernland von einer muslimischen Mehrheit unterdrückt wurden. Dieses explosive Gemisch aus echten Missständen und selbstmitleidigem Verfolgungswahn entzündete sich durch Milosevics Äußerung und durch sein folgendes Programm, die Autonomie des Kosovo zu annullieren und das Gebiet wieder in der serbischen Republik aufgehen zu lassen. Zudem fielen in der Mitte der achtziger Jahre serbisches Selbstmitleid und die enttäuschten Träume von historischer Größe mit einer sich ausweitenden ökonomischen Krise zusammen. Der nationalistische Traum von der Wiedervereinigung der Serben in einem einzigen Staat lieferte einer kommunistischen Elite nicht nur eine Sprache der Wählermobilisierung, sondern auch eine willkommene Ablenkung. Es handelte sich um eine fantastische, wirklichkeitsfremde Politik, die die Bevölkerung von den wirklichen Problemen ablenkte, zum Beispiel den zunehmenden wirtschaftlichen Schwierigkeiten Serbiens und der schwer behebbaren Rückständigkeit des südlichen Balkans. Auch in anderer Hinsicht war das Projekt Großserbien ungeheuerlich. Denn wegen der Zerstreuung der serbischen Bevölkerung innerhalb aneinander grenzender Republiken konnte das Vorhaben zur Wiedervereinigung der Serben (oder irgendeiner anderen Volksgruppe) nur durch eine erzwungene Umsiedlung der Bevölkerung, durch eine ethnische Säuberung erreicht werden.

Welche Folgen die territoriale Vergrößerung Serbiens haben würde, war für die Eliten der Nachbarrepubliken offensichtlich. Die einzelnen jugoslawischen Republiken begannen ihren jeweils eigenen Staat zu fordern, und während sie dies taten, begannen sich die ethnischen Minderheiten in allen Republiken zu fragen: Und wer schützt uns? Das war die Frage, die sich inzwischen auch mein serbischer Soldat stellte. Und während sich Kroatien 1990 auf eine vollstänge Unabhängigkeit zubewegte, sah er, wie die neue kroatische Regierung die Serben aus dem örtlichen Polizeirevier entließ. Es bestand nun die Aussicht darauf, dass man zwischen den Volksgruppen gerechte Verhältnisse schaffen würde; aber sosehr es die kroatischen Nationalisten auch bestritten, sie hatten dennoch vor, den Serben in Kroatien den Status der Gründernation eines föderativen Staates zu entziehen und die Serben zu einer ethnischen Minderheit zu degradieren, die der Herrschaft der ethnischen Mehrheit unterworfen war. Bezeichnete sich das neue Kroatien denn nicht selbst in seiner neuen Verfassung als Staat des kroatischen Volkes? Was aber sollte dann mit den Menschen geschehen, die in Kroatien lebten, aber keine Kroaten waren?

Die sich allmählich durchsetzende Erkenntnis dessen, was hier geplant wurde, markiert den Wendepunkt in dieser Geschichte. Wechselseitige Anpassung zwischen ethnischen Gruppen ist in allen Gesellschaften von einem Gleichgewicht der Kräfte abhängig. Eine ethnische Minderheit wird mit einer ethnischen Mehrheit solange in Frieden zusammenleben, solange diese Mehrheit ihr Übergewicht nicht dazu missbraucht, die staatlichen Institutionen in Instrumente der ethnischen Klientelwirtschaft und der ethnischen Justiz zu verwandeln. Im Fall Jugoslawiens stand die liberale Alternative – in der keine Volksgruppe als solche kollektive Macht oder Privilegien besitzt und in der jeder Einzelne die gleichen Rechte hat – nicht zur Verfügung. Die nationale Unabhängigkeit der Kroaten bedeutete für die Serben in Kroatien ihre Unterordnung als ethnische Minorität. Es war die Angst, dominiert zu werden, die sich im Bewusstsein der Serben als Paranoia durchsetzte. Der serbische Soldat hatte in seiner serbischen Zeitung vermutlich etwas über die Gräueltaten gelesen, die die Kroaten während des Zweiten Weltkriegs an den Serben, nur 70 Kilometer entfernt im Konzentrationslager Jasenovac, verübt hatten. Davon hatte er wohl schon gehört, jetzt aber schenkte er dieser Sache Aufmerksamkeit. Allmählich mündeten die Geschichten über Gräueltaten in einen kollektiven Mythos des Selbstmitleids, der sich langsam in der Selbstbeschreibung des adretten serbischen Reservisten einzunisten begann. Zum ersten Mal dachte er: Ich kann meinen Nachbarn nicht trauen, und wenn ich's mir recht überlege, sind wir eigentlich schon immer verschieden gewesen. Seit seiner Taufe hatte er keinen serbisch-orthodoxen Gottesdienst mehr besucht, doch nun erinnerte er sich daran, dass »wir« ja orthodox und »sie« katholisch sind. Und während ihm der serbische Rundfunk aus Belgrad und Milosevics Fernsehsender den Satz einbläuten, Serben könnten nur in ihrer eigenen Nation sicher leben, dachte er, dass diese Leute Recht hatten. Ende der neunziger Jahre zeigte der titoistische Staat ringsum erkennbare Zeichen des Zerfalls. In den Stadträten seiner Heimatregion hatten kroatische Seilschaften, die der Partei von Franjo Tudjman treu ergeben waren, die Macht übernommen, und unter den Krajina-Serben, wie man die serbische Minorität in Kroatien nannte, kursierten Gerüchte, die Kroaten würden Waffen horten und sich nachts im Geheimen auf den Tag vorbereiten, an dem sie ihre volle Unabhängigkeit erklärten, und Belgrad Vergeltung üben, indem es seine Panzer ins Land schicken würde. Zu diesem Zeitpunkt tauchten plötzlich ortsansässige serbische Kriegsherren – meist ehemalige Polizisten und Armeesoldaten – auf, die ihm sagten: Tito ist tot, die Kroaten übernehmen die Macht, und du hast niemanden außer uns, der dich beschützen kann. Schon bald arbeitete er für diese Kriegsherren, verbrachte die Nächte in einem verlassenen Bauernhaus und verwickelte sich in Scharmützel mit jenen Männern, die er einst seine Freunde nannte. Binnen drei Jahren wurde er vierhundert Jahre zurückversetzt, in die Welt des ausgehenden Feudalismus, in die Zeit vor der Entstehung der europäischen Nationalstaaten. Binnen drei Jahren wurde er aus der Zivilisation – in der Toleranz und Anpassung zwischen den Volksgruppen herrschte – vertrieben und in eine Hobbes'sche Welt des Krieges zwischen rivalisierenden ethnischen Gruppen versetzt.

Man beachte hier die verursachende Reihenfolge: Zuerst kam der Zusammenbruch des Staates, in dem die verschiedenen Volksgruppen ihren Platz hatten, dann die Hobbes'sche Angst und erst zum Schluss der nationalistische Verfolgungswahn, gefolgt von Kriegshandlungen. Erst kommt der Zerfall des Staates, dann die nationalistische Paranoia. Nationalistische Gefühle an der Basis, im gemeinen Volk, sind eine sekundäre Folge des Zerfalls des politischen Systems, eine Reaktion auf den Zusammenbruch der staatlichen Ordnung und der bestehenden Anpassung zwischen Volksgruppen. Der Nationalismus bringt Gemeinschaften der Angst hervor, Gruppen, die von der Überzeugung zusammengehalten werden, ihre Sicherheit beruhe darauf, dass sie zusammenstehen. Menschen werden »nationalistisch«, wenn sie Angst haben, sobald die einzige Antwort auf die Frage: »Und wer schützt mich?« lautet: »Dein eigenes Volk«.

Ich habe hier versucht, eine Geschichte zu erzählen, die Oben und Unten – die Elite und das Volk – durch eine gemeinsame Erzählung verbindet. Wenn das Phänomen der Hobbes'schen Angst erklärlich macht, warum Nachbarn zu Feinden werden, wodurch lässt sich dann die vorangehende Verschiebung der Identitäten erklären, die früher durchlässig waren und die sich nun voneinander abschotten? Wie ist es zu erklären, dass sich Menschen auf einmal als Serben und Kroaten definieren und dabei alle anderen Formen der Identitätsbildung ausschließen? Fünfzig Jahre lang rangierte die Selbstdefinition als Serbe oder Kroate hinter der Jugoslawe zu sein; manchmal rangierte sie auch an dritter oder vierter Stelle gegenüber der Identität als Arbeiter, Mutter oder irgendeiner der anderen Identitäten, die das Spektrum der Zugehörigkeit bilden. Der Nationalismus leugnet, dass es möglich ist, sich mehreren Gruppen zugehörig zu fühlen. Er beharrt auf dem Primat der nationalen Zugehörigkeit, der wichtiger sei als alle anderen Treuepflichten. Wie gelingt ihm das? An dieser Stelle ist ein kurzer Abstecher in die Theorie erforderlich, um mit größerer Sorgfalt über das Thema der Differenz selbst nachdenken und fragen zu können, wie sich Unterscheidungsmerkmale, die immer vergleichenden und relationalen Charakter haben, mit einer solchen Plötzlichkeit wandeln können.

III

Die Verwandlung von Brüdern in Feinde hat die Vorstellungskraft des Menschen, mindestens seit der Genesis, verwirrt. In der Schöpfungsgeschichte beginnt die Erzählung der Menschheit nicht mit einem Mord zwischen Fremden, sondern zwischen Brüdern. Gerade weil der Unterschied zwischen ihnen so klein ist, bleiben die Wurzeln des Verbrechens so geheimnisvoll. Der eine Bruder hütet Schafe; der andere bestellt den Acker. Beide bringen Gott ein Opfer dar: Der eine findet Gefallen vor dem Herrn; der andere nicht. Wir erfahren nicht, warum Gott seinen Segen so einseitig verteilt. Er lässt den enttäuschten Bruder bloß wissen, dass er mit seinem Los zufrieden sein müsse und die unergründliche Neigung der Vorsehung nicht anfechten dürfe.

Wiederum, aus nicht bekannten Gründen, weigert sich der ältere Bruder, sich Gottes Urteil zu unterwerfen. Verzehrt vom Zorn über Gottes Ungerechtigkeit und vom Neid auf das unerklärliche Glück seines jüngeren Bruders, lockt er diesen auf ein Feld. Dort angekommen, tötet er den Bruder mit bloßen Händen oder vielleicht mit einer Waffe. Gott sieht selbstverständlich zu. Als er Kain zur Rede stellt, leugnet dieser sein Verbrechen – und zugleich seine menschliche Verbundenheit:

»Soll ich meines Bruders Hüter sein?«

Es ist bedeutsam, dass Kain wegen seines Verbrechens nicht vernichtet wird, sondern als Außenseiter gebrandmarkt und in das Land östlich von Eden verbannt wird. Dort wird er zum Kulturheroen, doch da seine Herrschaft auf Mord gründet, entwickeln sich Verbrechen und Gegenverbrechen gemäß einer Unheil bringenden, düsteren Logik der Rache. »Kain soll siebenmal gerächt werden, aber Lamech siebenundsiebzigmal.« Und eben diese Logik empört Gott so sehr, dass er beschließt, die Erde zu überfluten und nur Noah und seine Herde zu retten.

In ihrer hervorragenden Studie bezeichnet die Bibelwissenschaftlerin Regina Schwartz genau, was an dieser Geschichte wahrhaft geheimnisvoll ist: das fast völlige Fehlen der Gnade Gottes. Warum kann er nicht sowohl Kain als auch Abel segnen? Warum muss der eine auserwählt und der andere ausgeschlossen werden? Warum muss einer, wenn sie doch gleich sind, ausgestoßen werden? Dies sei, so Schwartz, die Logik der monotheistischen Glaubenssysteme. Der Mangel, so schreibt sie, ist in die Bibel als Prinzip des Einsseins (ein Land, ein Volk, eine Nation) eingeschrieben und wird im monotheistischen Denken (eine Gottheit) zur Forderung nach einem exklusiven Bündnis unter Androhung gewaltsamer Ausgrenzung. Eine Nation unter Gott: Die Antriebskräfte der nationalistisch geprägten Ausschließung scheinen sich – obgleich wir die Mechanismen nicht genau kennen – aus dieser Idee herzuleiten, nämlich dass nur *ein* Volk auserwählt, nur *ein* Bruder Wohlwollen finden kann, während alle anderen unter dem Kainsmal leiden müssen. Mehr noch: Auserwählung und Gewalt gehen Hand in Hand, weil die in der Auserwählung wirkende Selbstgerechtigkeit stets von der furchtbaren Angst überschattet wird, dass man selber auch mit dem Kainsmal hätte geschlagen werden können. Besser, man heftet es anderen an – auf dass man es nicht selbst auf die Stirn gebrannt bekommt.

Doch geht es in der Geschichte von Kain und Abel nicht nur darum, dass die Gnade Gottes ein so rares Gut ist, um die menschliche Überzeugung – oder den Schrecken –, dass Gottes Gunst, wenn sie denn schon auf unerforschliche Weise gewährt wird, auf ebenso rätselhafte Weise vorenthalten werden kann. Auf der einfachsten Ebene handelt sie auch von Brüdern – vom Paradox, dass Brüder einander manchmal leidenschaftlicher hassen, als Fremde es zu tun vermögen; dass Leidenschaften der Nähe, einmal aufgerührt, heftiger sind als diejenigen, die ein vollständiger und grundlegender Unterschied provoziert. In den kurzen Versen der Genesis erkennen eng verwandte Menschen am Ende nicht, dass sie vom gleichen Fleisch sind. In einfachster Weise scheint die Kains-Erzählung auszudrücken, dass kein Krieg grausamer ist als der Bürgerkrieg, kein Hassgefühl unergründlicher als jenes zwischen engsten Verwandten.

IV

Am Ende des Ersten Weltkriegs wandte Sigmund Freud in einer Stimmung melancholischer Misanthropie seine Aufmerksamkeit dem Phänomen der Aggression zwischen Gruppen zu, vor allem einem Paradox, das er in seiner klinischen Praxis immer wieder beobachtet hatte. Im Jahr 1917 schrieb er einen Artikel mit dem Titel »Das Tabu der Virginität« und bemerkte darin en passant, »daß gerade die kleinen Unterschiede bei sonstiger Ähnlichkeit die Gefühle von Fremdheit und Feindseligkeit zwischen [den Menschen] begründen.« Und er fährt fort: »Es wäre verlockend, dieser Idee nachzugehen und aus diesem ›Narzißmus der kleinen Unterschiede‹ die Feindseligkeit abzuleiten, die wir in allen menschlichen Beziehungen erfolgreich gegen die Gefühle von Zusammengehörigkeit streiten und das Gebot der allgemeinen Menschenliebe überwältigen sehen.«

Offenbar sind die Eigenschaften, die Menschen verbinden, für das Verständnis der eigenen Identität nicht so bedeutsam wie die marginalen »kleineren« Elemente, die sie voneinander trennen. Was Marx einmal als »Gattungswesen« bezeichnete – unsere Identität als Angehörige der menschlichen Rasse – zählt dabei vergleichsweise wenig. Männer und Frauen verbindet ein gemeinsames genetisches Erbe, bis auf ein oder zwei Chromosomen, und dennoch springt stets der Unterschied und nicht die Gemeinsamkeit ins Auge, und zwar so sehr, dass unbestreitbar identische Merkmale – zum Beispiel das kognitive Vermögen – trotz aller gegenteiliger Beweise als verschieden betrachtet werden. Als besonders verwirrend empfand Freud, dass der Vorgang der Unterscheidung in so hohem Maße mit Angst besetzt ist. Warum beruht die Identität des Mannes auf der Konstituierung der Frau als Objekt – nicht nur der Begierde, sondern auch der Angst? »Vielleicht ist diese Scheu darin begründet, dass das Weib anders ist als der Mann«, schrieb Freud, »ewig unverständlich und geheimnisvoll, fremdartig und darum feindselig erscheint. Der Mann fürchtet, vom Weibe geschwächt, mit dessen Weiblichkeit angesteckt zu werden und sich dann untüchtig zu zeigen.« Fremdartig und darum feindselig – warum eigentlich soll ein kleiner Unterschied fremdartig *und darum* bedrohlich sein?

Als sich Freud fünf Jahre später in seinem Aufsatz »Mas-

senpsychologie und Ich-Analyse« erneut dem Thema des
»Narzissmus der kleinen Unterschiede« zuwandte, verlagerte er seine Analyse von den Unterschieden zwischen den Geschlechtern hin zu denen zwischen Gruppen. Sogar in einem
intimen Verhältnis – »Ehebeziehung, Freundschaft, Eltern-
und Kindschaft« – konkurrierten Gefühle der Feindschaft
und des Misstrauens mit Gefühlen mitmenschlicher Verbundenheit, so Freud. Aber auch hier reichen die »Gattungs-
identität« und selbst lange bestehende emotionale Bindun-
gen nicht aus, die feindseligen Gefühle vollkommen zu
überwinden. Das gleiche Phänomen konnte man auch zwischen Gesellschaften und Nationen beobachten. Je enger die
Beziehung zwischen sozialen Gruppen, desto größer die
Feindschaft zwischen ihnen.

> Von zwei benachbarten Städten wird jede zur mißgünstigen
> Konkurrentin der anderen; jedes Kantönli sieht geringschät-
> zig auf das andere herab. Nächstverwandte Völkerstämme
> stoßen einander ab, der Süddeutsche mag den Norddeut-
> schen nicht leiden, der Engländer sagt dem Schotten alles
> Böse nach, der Spanier verachtet den Portugiesen. Daß bei
> größeren Differenzen sich eine schwer zu überwindende Ab-
> neigung ergibt, des Galliers gegen den Germanen, des Ariers
> gegen den Semiten, des Weißen gegen den Farbigen, hat auf-
> gehört, uns zu verwundern.

Als Freud seine Analyse um die Differenz Nation und Volk
erweiterte, schien er dabei die Unterscheidung zwischen großem und kleinem Unterschied zu verwischen. Es ist wohl ein
Trugschluss anzunehmen, dass manche Unterscheidungsmerkmale zwischen Menschen, beispielsweise Rasse oder
Geschlecht, als solche von größerer Wichtigkeit sind als
etwa Klasse oder nationale Identität. Geschlechter- und
Rassenunterschiede nehmen sich klein aus im Vergleich zu
der beeindruckenden genetischen Gemeinsamkeit, die Män-

ner und Frauen sowie Menschen verschiedener Rassen verbindet, jedoch groß, wenn man sie als Markierungen der Macht und des sozialen Status auffasst. Kein Unterschied zwischen Menschen ist von besonders großer Bedeutung; dies gilt aber nur dann, wenn er nicht zum privilegierten Vorwand wird, die Rechtmäßigkeit der Unterdrückung zu begründen. Macht ist der Richtungspfeil, der klein in groß verwandelt.

Etwas, das von außen betrachtet wie ein kleiner Unterschied aussieht, kann wie ein großer Unterschied erscheinen, sobald man es von innen betrachtet. Bei all ihrer Ungenauigkeit hilft Freuds Unterscheidung doch zu erkennen, dass der Grad der Feindseligkeit und Intoleranz zwischen Gruppen in keinem Verhältnis zum Ausmaß ihrer tatsächlichen kulturellen, historischen oder körperlichen Unterschiede steht, so wie diese ein leidenschaftsloser Außenstehender einschätzen würde. Mehr noch: Je unbedeutender diese Abweichungen den Außenstehenden auch erscheinen mögen, desto größer ihre Rolle in den Selbstbeschreibungen der Betroffenen.

Für Freud waren diese feindseligen Selbstdefinitionen eng mit »Narzissmus« verknüpft:

In den unverhüllt hervortretenden Abneigungen und Abstoßungen gegen nahe stehende Fremde können wir den Ausdruck einer Selbstliebe, eines Narzißmus, erkennen, der seine Selbstbehauptung anstrebt und sich so benimmt, als ob das Vorkommen einer Abweichung von seinen individuellen Ausbildungen eine Kritik derselben und eine Aufforderung, sie umzugestalten, mit sich brächte.

Freuds Analyse lenkt unsere Aufmerksamkeit auf die paradoxe Beziehung zwischen Narzissmus und Aggression. Gerade weil die Unterschiede zwischen Gruppen so klein sind, müssen sie in aggressiver Weise zum Ausdruck gebracht werden. Je weniger substanziell die Unterschiede zwischen zwei Gruppen sind, desto mehr ringen beide darum, diese Differenzen als absolut darzustellen. Überdies richtet sich die Aggression, die erforderlich ist, um eine soziale Gruppe zusammenzuhalten, nicht nur nach außen gegen eine andere Gruppe, sondern auch nach innen, auf die Beseitigung der Unterschiede, die den Einzelnen von der Gruppe unterscheiden. Individuen, so Freud, entrichten für die Zugehörigkeit zu einer Gruppe einen seelischen Preis. Sie müssen das aggressive Verlangen unterdrücken, sich entgegen der eigenen Individualität der Gruppe unterzuordnen. Um beispielsweise seine Identität im Serbentum aufgehen zu lassen, muss der Fußsoldat die eigene Individualität *und* die Erinnerung an die Verbundenheit mit seinen ehemaligen kroatischen Freunden unterdrücken. Er muss sich eine gewisse Gewalt antun, damit ihm die Maske des Hasses passt.

Wenn man Freud ein wenig weiter interpretiert, kann man sich Nationalismus als eine Art Narzissmus vorstellen. Ein Nationalist greift sich die tatsächlichen Fakten über ein Volk – seine Sprache, Heimat, Kultur, Tradition und Geschichte – heraus und verwandelt diese in eine Erzählung, deren Ziel es ist, das Ich-Bewusstsein einer Gruppe zu erhellen, ihr zu ermöglichen, sich als eine Nation mit einem Anspruch auf Selbstbestimmung zu sehen. Anders gesagt: Der Nationalist wählt die »kleinen Unterschiede« – die als solche neutral sind – und verwandelt sie in große Unterschiede. Zu diesem Zweck werden Traditionen erfunden, eine glorreiche Vergangenheit wird für die allgemeine Aneignung verschönert und aufpoliert, und plötzlich beginnt ein Volk, das sich selber vielleicht gar nicht als Volk verstand, von sich als einer Nation zu träumen. Wenn man Nationalismus als eine Art Narzissmus betrachtet, dann enthüllt sich die ganze Projektion und Ichbezogenheit nationalistischer Rede. Der Nationalismus ist ein Zerrspiegel, in dem die Gläubigen die einfachen Merkmale ihrer ethnischen, religiösen oder territorialen Zugehörigkeit als strahlende Eigenarten und Eigenschaften erblicken. Zwar erklärt Freud nicht genau, wie dies geschieht, doch führt die systematische Überschätzung des Ichs zur systematischen Abwertung von Fremden und Außenstehenden. Insofern beruht das narzisstische Selbstgefühl auf Intoleranz und verstärkt diese noch.

Nochmals, die Tatsachen der Differenz selbst sind neutral: es gibt keinen genetischen Code, der festschriebe, dass zwischen Volksgruppen, Rassen oder Geschlechtern Hass und Feindseligkeit herrschen müsse. Unterschiede hinsichtlich Sprache, Tradition und Geschichte sind vermutlich relativ bedeutungslos, solange es irgendeine Form des politischen Ausgleichs zwischen ethnischen Gruppen gibt, irgendeinen Staat, in dem alle Angehörigen Platz haben und der garantiert, dass alle Angehörigen ihren Alltagsgeschäften nachgehen können, ohne um ihre persönliche Sicherheit fürchten zu müssen. In Zeiten des Friedens kann es geschehen, dass sich die Grenzen zwischen ethnischen Gruppen stark verwischen. Die Menschen zentrieren ihre Identität dann mehr um ihre Individualität und weniger um die Zugehörigkeit zu einer Volksgruppe. Sie definieren sich dann in erster Linie als Ehemänner oder Ehefrauen, Liebespartner oder Freunde und erst in zweiter Linie als Mitglieder einer Gruppe.

Da Identität relationalen Charakter hat, muss jede Aktivierung von Gruppenstolz in der einen Gruppe zwangsläufig den Stolz in einer anderen wecken. Zunächst kann der narzisstische Wettstreit zwischen Gruppen relativ unschuldige Formen annehmen, jedenfalls solange es einen Staat gibt, der beiden Sicherheit garantiert. So führen Prozessionen, Umzüge und Reden, die in nicht provokatorischer Absicht ein »Wir-Gefühl« zur Schau stellen, auf der anderen Seite allenfalls zur Nachahmung, dem Bedürfnis, gleichzuziehen.

Sobald diese Darbietungen des »Wir-Gefühls« jedoch die Forderung nach territorialer Eigenständigkeit und Selbstbestimmung aufgreifen, sobald sie auf tiefen Groll und alte Kränkungen setzen, beginnt der Kreislauf des Narzissmus über die wetteifernde Nachahmung hinauszugehen und sich in Feindschaft zu verwandeln.

Das Eigentümliche im Blick des Narzissten liegt darin, dass er zum Anderen aufblickt, um sich seiner Andersartigkeit zu versichern. Danach blickt der Narzisst wieder zu Boden und wendet den Blick auf sich selbst. Er lässt sich nicht *wirklich* auf den anderen ein. Narzisstische Angst drückt sich hauptsächlich in passiver Ichbezogenheit aus. Ein Narzisst ist an anderen Menschen gar nicht interessiert, es sei denn, sie liefern ihm ein Spiegelbild seiner selbst. Alles, was anders ist, weist der Narzisst zurück, wenn es ihn nicht in seiner Meinung über sich selbst bestätigt.

Im ursprünglichen griechischen Mythos repräsentiert Narziss den Archetyp der passiven Selbstbezogenheit. Blind gegenüber der Welt starrt er sein Spiegelbild im Wasser an und verzehrt sich dabei immer mehr. Freud erklärt nicht, warum diese in sich selbst befangene Gestalt plötzlich aus ihrem Schlaf erwacht und diejenigen angreift, die in ihre Traumwelt eindringen. Doch indem er die Selbstbezogenheit mit der Fähigkeit zur Aggression verknüpft, ermöglicht er uns, die Verbindung von Narzissmus und nationalistischer Intoleranz zu erkennen. Intolerante Menschen sind durchaus nicht daran interessiert, etwas über diejenigen zu erfahren, die sie, wie sie selbst sagen, verachten. Freuds Gedanken helfen, diese Form des Dogmatismus als narzisstisch motivierte Form der Verteidigung und die Intoleranz als selbstreferenzielles System zu erkennen, in der der Narzisst die äußere Welt nur dazu nutzt, dass sie seine fundamentalen Überzeugungen bestätigt. Und eben diese narzisstische Investition in Intoleranz macht ihn auf so beispiellose Weise für rationale Argumente unzugänglich. In jenem serbischen Bunker hörte ich Reservisten sagen, sie könnten es nicht leiden, die gleiche Luft zu atmen wie Kroaten, könnten es nicht leiden, im selben Raum mit ihnen zusammen zu sein. An den Kroaten sei irgendeine bedrohliche Unreinheit. Und dies von Männern, die vor zwei Jahren nicht einmal im Traum daran gedacht hätten, dass die Luft, die sie atmeten, der einen oder anderen Gruppe gehörte.

V

Aber ich greife meinem Thema vor, denn diese Art der narzisstischen Unzugänglichkeit entsteht erst zu einem späteren Zeitpunkt, dann nämlich, wenn sich zwei Gruppen bereits gegenseitig zu Feinden umgedeutet haben. In den ersten Phasen herrschen eher ambivalente Empfindungen vor, Konflikte innerhalb des eigentlichen Konflikts – das Gefühl, anders zu sein, gegen das Gefühl des Wiedererkennens –, genau das Stadium, als der serbische Soldat mir sagte, Serben und Kroaten seien in Wahrheit alle gleich. Es ist nicht das Gefühl des radikalen Unterschieds, der zu Konflikten mit anderen führt, sondern die Weigerung, den anderen auch nur für die Dauer eines Augenblicks anzuerkennen. Noch bevor anderen Gewalt angetan wird, muss dem Selbst Gewalt angetan werden. Bevor man seinen Nachbarn zum Feind erklärt, muss erst das lebende Gewebe der Verbundenheit und gegenseitigen Anerkennung zerstört werden.

Keinerlei Verstümmelung des Selbst ist notwendig, wenn man nationale Identitäten als gegebene Größen, als archaische Entitäten auffasst, denen man lediglich ein Quantum Angst einflößen muss, damit sie zum Leben erweckt werden.

In seinem Buch *Der Kampf der Kulturen* zeigt sich Samuel Huntington gar nicht überrascht von der Gewalttätigkeit, die Jugoslawien überwältigte. Es zeuge von einer liberalen »laizistischen Verblendung«, so seine These, zu glauben, die Unterschiede zwischen Volksgruppen seien von geringer Bedeutung. Art und Ausmaß der ethnischen Zugehörigkeit beruhe vielmehr auf religiösen oder konfessionellen Unterschieden, beispielsweise Katholiken contra Orthodoxe. »Die Menschheitsgeschichte zeigt seit Jahrtausenden, dass Religion kein ›kleiner Unterschied‹ ist, sondern vielmehr der wahrscheinlich tiefgreifendste Unterschied, den es zwischen Menschen geben kann«, stellt Huntington fest. Die Häufigkeit, Intensität und Gewaltsamkeit dieser Bruchlinienkriege werden durch den Glauben an verschiedene Götter wie durch ein Brennglas vergrößert.

Es zeugt jedoch wohl kaum von »laizistischer Verblendung«, darauf hinzuweisen, dass zumindest 50 Jahre säkularer Herrschaft der Kommunisten im Verein mit der noch wirkungsvolleren Säkularisierung wirtschaftlicher Modernisierung den Einfluss der organisierten Religiosität in erheblichem Maße untergraben hat. Sicher spielen Priester und Reliquien bei der Wiederbelebung des Nationalismus sowohl in Serbien als auch in Kroatien eine gewisse Rolle, doch von ganz unten betrachtet, wird nur allzu deutlich, wie abgetragen die Symbole religiöser Differenz eigentlich waren. Gewiss, manche ethnische paramilitärische Kämpfer zogen mit orthodoxen oder katholischen Kreuzen als persönlichem Schmuck in den Krieg. Gewiss legten es die Schützen auf beiden Seiten darauf an, die Kirchen, Minarette, Moscheen und Friedhöfe der gegnerischen Seite ins Visier zu nehmen. Auffälliger ist jedoch die Unglaubwürdigkeit, ja das Oberflächliche, der ganze Schwindel ihrer religiösen Überzeugung. Die Milizionäre, mit denen ich sprach, sagten, sie verteidigten ihre Familien; dass sie ihren Glauben verteidigten, sagten sie kein einziges Mal. Huntington deutet die Gewalttätigkeit auf dem Balkan als Beleg dafür, dass religiöse Unterschiede »höherwertig« und grundsätzlicher Natur seien. Man kann das Argument jedoch auch vom Kopf auf die Füße stellen: Eben weil die religiösen Unterschiede immer mehr verschwanden, lösten sie eine derart übertriebene Abwehrhaltung aus. Nicht weil die Religion tiefe, sondern weil sie nur falsche Gefühle weckte, trug sie dazu bei, den Sturm gewalttätiger Selbstgerechtigkeit zu entfesseln.

Genau diese Paradoxien machen die Tragödie in Jugoslawien so verwirrend, und zwar selbst für diejenigen, die sie durchlebten. Fast jeder – mit Ausnahme einer Minderheit gläubiger Nationalisten – bringt seine Verwunderung darüber zum Ausdruck, in welch erstaunlich schnellem Tempo das fünfzig Jahre während Nebeneinander der Volksgruppen zerstört wurde, vielleicht sogar für immer. Gruppen von Überlebenden kauern in den Trümmern dessen, was einst ein gemeinsames Leben war, und fragen sich: Wie haben wir es nur fertig gebracht, uns selbst das Dach über dem Kopf anzuzünden? Im Grunde handelt es sich dabei um eine Art metaphysische Verwunderung: Wenn wir doch alle Menschen sind, scheinen diese Leute zu sagen – wie konnten wir uns dann so etwas antun?

Selbstverständlich braucht man ihre Verwunderung nicht für bare Münze zu nehmen. Fremden gegenüber stellt Verwunderung ein wohlfeiles Bekenntnis der Menschenliebe dar, es schließt keineswegs die schlichte Brutalität der Nachbarsfamilie gegenüber aus. Der englische Schriftsteller G.K. Chesterton schrieb einmal ein kurzes Gedicht, in dem von »den Villen und Kapellen, in denen / ich ohne große Mühe lernte / meinen Mitmenschen zu lieben / und meinen unmittelbaren Nachbarn zu hassen« die Rede ist. Ein abstrakter Humanismus kann ganz unbeschwert neben der Verachtung realer Menschen existieren. Um vor sich selbst zu bestehen, ist es, zumindest in diesem Jahrhundert, notwendig, an moralische Universalien zu glauben; um sich zu schützen, kann es andererseits nötig sein, zu hassen und diesen Hass mit ausgeprägten Formen des moralischen Partikularismus zu rechtfertigen. Der Konflikt zwischen diesem partikularen und diesem universalen Anspruch wird gewöhnlich durch den Entschluss gelöst zu unterscheiden, dass die Menschheit als solche in den Genuss moralischer Berücksichtigung kommt, der Nachbar jedoch nicht einmal verdient, ein Mensch genannt zu werden. Lange bevor der erste Schuss in Jugoslawien fiel, bereiteten die Massenmedien in Kroatien wie in Serbien die Bevölkerung darauf vor, sich die gegnerische Seite als Gesindel, Ungeziefer, Hunde und anderes ominöses Getier vorzustellen. Doch auch hier gilt: Diese »Enthumanisierung« verlangt nach einer besonders eifrigen Schaffung narzisstischer Fiktionen. Kroaten und Serben sehen gleich aus, gehen auf zwei Beinen und zeichnen sich durch unübersehbare gemeinsame menschliche Eigenschaften aus. Wie bringt nun das Fantasma der »Enthumanisierung« den Beweis gemeinsamen Menschseins zum Verschwinden? Hat das Morden erst einmal begonnen, lässt sich das Werk der Entmenschlichung problemlos vollenden: die Tatsache, dass die andere Seite die eigenen Leute getötet hat, definiert sie als nichtmenschlich und rechtfertigt im Gegenzug das eigene unmenschliche Verhalten. Das Rätsel ist älter: Wie erreicht man es, die anderen zu entmenschlichen, *bevor* die ersten Schüsse fallen? Es ist die Angst, die die kleinen Unterschiede in große verwandelt und aus der Kluft zwischen Volksgruppen eine grundsätzliche Unterscheidung zwischen Gattungen, zwischen menschlich und nichtmenschlich macht. Und nicht nur die Angst, sondern auch die Schuld. Wenn man mit anderen durch ein gemeinsames Leben verbunden war und anfängt, vor ihnen Angst zu haben, weil sie plötzlich Macht und Einfluss über einen haben, dann muss man die Last der glücklichen Erinnerung abstreifen, dann muss man *ihnen* die Schuld zuweisen, die eigene Schuld an der Zerstörung eines gemeinsamen Lebens.

Mag sein, dass der Gedanke des »Narzissmus des kleinen Unterschieds« nicht *erklärt*, warum die Gemeinschaften der Angst sich langsam hassen. Es handelt sich dabei schließlich nicht um eine erklärende Theorie, sondern nur um eine sprachliche Wendung mit einem gewissen heuristischen Nutzen. Sein Vorzug besteht darin, dass er die Feindseligkeit zwischen Volksgruppen nicht als selbstverständlich betrachtet; er akzeptiert nicht, dass voneinander abweichende Lebensgeschichten oder Ursprünge schicksalhaft sind und zwangsläufig zu Blutvergießen führen. Er lenkt unsere Aufmerksamkeit vielmehr auf die projizierenden und fantasmatischen Eigenschaften ethnischer Identitäten, auf das besonders Nichtauthentische daran. Er weist darauf hin, dass gerade das Nichtauthentische dieser Identitäten die heftigen Abwehrreaktionen auslöst. Er ermöglicht uns ein Verständnis ihres dynamischen Charakters. Denn bisweilen wird ethnische Zugehörigkeit so beschrieben, als ob es sich um eine Art Haut handle, um ein unabänderliches Schicksal. In Wirklichkeit ist das Entscheidende an der ethnischen Zugehörigkeit ihre Formbarkeit. Sie ist keine Haut, sondern eine Maske, die ständig übermalt wird.

Der nützlichste Aspekt des Freudschen Gedankens ist die Erkenntnis, dass, wenn die äußeren Unterschiede zwischen Gruppen kleiner werden, die symbolischen Differenzen stärker in den Vordergrund treten. Je weniger man sich von allen anderen unterscheidet, desto wichtiger wird es, die Maske des Andersseins zu tragen. Kroaten und Serben fuhren die gleichen Autos; sie arbeiteten in den gleichen deutschen Fabriken als Gastarbeiter; sie wollten die gleichen pittoresken Schweizer Landhäuser am Stadtrand und die gleichen Gemüsesorten in den gleichen Gärten hinter ihren Häusern anbauen. Die Modernisierung – um dieses monströse Wort zu verwenden – hat ihr Leben miteinander verknüpft. Wahrscheinlich haben sie mehr miteinander gemeinsam als ihre bäuerlichen Großväter, vor allem, weil ihre Großeltern gläubig waren und es durchaus sein kann, dass diesem Glauben Uneinigkeit und Spannungen entsprangen. Aber die Enkel sind schon seit Jahren nicht mehr in die Kirche gegangen. Durch die Lebensverhältnisse in der Moderne – durch das alltägliche Leben, wie sie es zumindest seit den sechziger Jahren führten – haben sich die Unterschiede zwischen ihnen stetig verringert. Doch der Nationalismus hat die imaginären Unterschiede zwischen ihnen in einen Abgrund verwandelt, der nur mit Gewehrkugeln gefüllt werden kann. Auf beiden Seiten der Barrikaden kämpfen junge Männer darum, ethnische Unterschiede aufrechtzuerhalten. Beide Parteien tragen dazu die gleichen internationalen Uniformen: eng sitzende Kampfanzüge, Designer-Sonnenbrillen und Stirnbänder – ein Outfit, das durch die Filmgestalt *Rambo* populär geworden ist.

Treffen meine Überlegungen zu, darf man wohl nicht davon ausgehen, dass die Steigerung der Reallöhne, die ganze Modernisierung, Homogenisierung und Säkularisierung, die allmähliche Begradigung regionaler Entwicklungsgefälle verlässlich dazu führen, dass sich die Spannungen und die Intoleranz zwischen sozialen Gruppen verringern. Tatsächlich kann der Modernisierungsprozess – vielleicht auch nur als Übergangserscheinung – die Beziehungen zwischen Volksgruppen verschlechtern und zu zunehmender Intoleranz führen. Die Modernisierung verteilt ihre Beute, um die es sich streiten lässt, und wenn auch alle Einkommen steigen, nicht aber die wirtschaftliche Ungleichheit zwischen den ethnischen Gruppen gemindert wird, kann sie ihren Wettbewerb sogar noch verschärfen. Selbst wenn sie allen Gruppen zugute kommt, kann sie sie doch ins Getto ihrer fantasierten Identitäten zurücktreiben. Die Verringerung »objektiver« Unterschiede zwischen konkurrierenden Gruppen führt nicht notwendigerweise und schon gar nicht von allein zu einer Verringerung »subjektiven« Misstrauens. Und tatsächlich kann die Intoleranz sogar zunehmen, wenn sich die Gruppen »objektiv« einander annähern. Dies erklärt auch, warum nationale Erneuerungsbewegungen nicht nur in armen oder peripheren Staaten entstehen und warum wachsender Wohlstand nationalistisches Unbehagen nicht zum Schweigen bringen kann.

Die Globalisierung schleift die oberflächlichen Unterschiede unserer Identitäten ab. Sie wirft uns zurück auf die starre Verteidigung der Tiefenschichten unserer Identität – Sprache, Mentalität, Mythos und Fantasie –, die bislang verschont geblieben sind. Während sie uns einander näher bringt, uns alle zu Nachbarn macht, die unterschiedlichen Gebräuche auflöst, die uns trennten, haben wir nichts Besseres zu tun, als uns an die kleinen Unterschiede zu klammern. Fünfzig Jahre lang sprachen Jugoslawen eine gemeinsame Sprache, Serbokroatisch, mit einer kyrillischen und einer lateinischen Orthografie und unbedeutenden regionalen Abweichungen hinsichtlich Dialekt, Schreibweise und Aussprache. Auf dem Weg in den Krieg wurde dieses gemeinsame Spracherbe zerbrochen: Allmählich bestanden Sprachwissenschaftler in Zagreb und Belgrad nun darauf, dass es zwei Sprachen gäbe, nicht eine, und säuberten jede Sprache von den Einflüssen der anderen. Bei den seltenen Anlässen der Begegnung zwischen Zagreber und Belgrader Intellektuellen zieht man es inzwischen vor, Englisch miteinander zu sprechen.

Nach dieser Lesart ist Nationalismus ganz anders, als Huntington uns zu vermitteln versucht, nämlich kein Ausbruch uralter historischer Rivalitäten und Antagonismen.

Vielmehr handelt es sich um ein modernes Sprachspiel, erfunden – wie Ernest Gellner einmal schrieb – als Antwort auf die Entwurzelungen der Moderne, auf die Herausforderungen der alten Identitäten. Es verwandelt Identität in Narzissmus. Der Nationalismus ist eine Rhetorik, die Gegebenheiten des Unterschieds aufnimmt und sie in eine Erzählung verwandelt, die den Wunsch nach politischer Selbstbestimmung rechtfertigt. Während er einem politischen Vorhaben Legitimität verleiht – dem Erreichen staatlicher Eigenständigkeit –, verherrlicht er die Eigenart. Er macht Nachbarn zu Fremden und die durchlässigen Ränder der Individualität zu unpassierbaren Grenzgebieten.

Das soll nicht heißen, dass Nationalismus grundsätzlich eine Politik der Fantasie darstellt. Obwohl es sich bei der Identität, die er bekräftigt, möglicherweise um ein zweifelhaftes Gemisch aus erfundenen Traditionen und modernem Verfolgungswahn handelt, kann die betreffende Identität doch auch tatsächlich bedroht sein. Der Nationalismus befasst sich nur nicht mit dem Zentralproblem der Beziehungen zwischen Volksgruppen – dem Ungleichgewicht der Macht –, sondern beharrt darauf, dass Menschen sich erst dann zu Hause fühlen, wenn sie über das Recht zur Selbstbestimmung verfügen. Darüber hinaus meint die nationalistische Sprache, dass Menschen für sich selbst sprechen wollen, anstatt dass andere für sie sprechen. Dort, wo ethnische Minderheiten echter Tyrannei unterworfen worden sind, wo Sprache und Kultur wirklich unterdrückt werden, sind nationale Erneuerungsbewegungen, ja nationalistisch motivierte Volkserhebungen ebenso unvermeidlich wie legitim.

Fragwürdig am Nationalismus ist also nicht der Wunsch nach Selbstbestimmung, sondern besonders die falsche Erkenntnis, dass man nur zu Hause sein, nur von Menschen verstanden werden kann, die so sind wie man selbst. Am Nationalismus ist nicht der Wunsch verkehrt, Herr im eigenen Haus zu sein, sondern die Überzeugung, dass nur Menschen wie man selbst es verdienen, sich darin aufzuhalten.

Dieser Impuls ethnischer Spaltung lässt sich auch in etablierten und gefestigten Nationalstaaten beobachten. Bevölkerungsgruppen, die sich früher mit den Bedingungen der Assimilation zufrieden gaben, wie sie die Mehrheitskultur vorgab, wollen heute nicht mehr zulassen, dass man in ihrem Namen spricht. Der eine möchte nicht mehr, dass man seine Zustimmung als selbstverständlich betrachtet; die andere nicht mehr, dass man ihre Vorlieben verallgemeinert. Schwarze lassen es nicht mehr zu, dass Weiße in ihrem Namen sprechen; Frauen wollen ihre eigenen Angelegenheiten vertreten; in Kanada und Australien fordern Aborigines-Gruppen das Recht auf Selbstbestimmung. Es gibt ziemlich viel Aufregung über diese Vorgänge, viele Befürchtungen über die ethnische Zersplitterung multiethnischer Gesellschaften, vor allem unter den alten Eliten, die es als ihr selbstverständliches Recht ansahen, im Namen von Minderheiten zu sprechen und zu handeln. Anstatt als Fragmentierung sollten wir uns diesen Prozess als Demokratisierung vorstellen: als die angstbesetzte und zugleich doch positive Logik der Ermächtigung. Das Problem ist allerdings zu erkennen, wer da eigentlich ermächtigt wird – die Einzelnen in diesen Gruppen oder lediglich deren Sprecher und Führer. Ermächtigung, die *individualisiert*, die es einzelnen Angehörigen von Minderheitengruppen erlaubt, ihre Erfahrungen zu artikulieren und Achtung seitens der Mehrheitsgruppe zu sichern, ist eine Sache, Ermächtigung, die lediglich die Macht und den Einfluss der Gruppen auf das Individuum festigt und Einzelne im Zustand der Opferseins einschließt, eine ganz andere.

Das Problem am Nationalismus im Ausland und an der Identitätspolitik im Inland ist der *Autismus*, um einmal Hans Magnus Enzensbergers nützlichen Ausdruck zu verwenden: das pathologische Verhalten sozialer Gruppen, die so sehr im Zirkel ihrer Selbstgerechtigkeit gefangen sind oder so sehr befangen durch die eigenen Mythen oder Gewaltrituale, dass sie nicht zuhören, nicht hören, nicht lernen können von jemandem, der anders, außerhalb von ihnen ist. Was sowohl das nationalistische Bewusstsein in anderen Ländern und manche Formen des ethnischen Bewusstseins im eigenen Land verbindet, ist die These, es sei sinnlos, Fremden Gehör zu schenken, da man außer in der eigenen Gruppe ohnehin von niemandem verstanden wird. Geleugnet wird so die Möglichkeit der Anteilnahme, dass das Verstehen in der Lage ist, unter der Glocke einer separaten Identität hervorzutreten. Überall auf der Welt braucht der soziale Friede, soll er denn fortbestehen, genau diesen erkennenden Glaubensakt: Wenn es um politisches Verständnis geht, ist Unterschiedlichkeit immer zweitrangig, ist gegenseitiges Verständnis immer möglich. Sobald diese Überzeugung – dieser grundlegende Glaube an die Möglichkeit der Verständigung zwischen Menschen – verloren geht, verkommt Politik zu einem Beispiel ethnischer Vetternwirtschaft korrupter Patronage und positiver Diskriminierung aller Art. Ein Gemeinwesen, das in ethnische Clans zerbricht, die sich untereinander nur noch in der Sprache kollektiver Drohungen und Ultimaten verständigen, steht am Rande eines Bürgerkriegs. Einen solchen Zusammenbruch kann nicht Vertrauen allein verhindern, sondern jener Individualismus, der nur unter Bedingungen des Vertrauens überdauern kann: dann, wenn sich die Einzelnen ausreichend frei von Angst fühlen, wenn sie sich, um ihre Interessen wahrzunehmen, nicht ausschließlich auf die eigene ethnische, religiöse oder Stammesgruppe verlassen müssen.

VI

Freud selbst stellte den Zusammenhang zwischen Nationalismus, Narzissmus und Intoleranz in seinem 1929 erschienenen Aufsatz *Das Unbehagen in der Kultur* her. Darin bemerkt er: »Es ist immer möglich, eine größere Menge von Menschen in Liebe aneinander zu binden, wenn nur andere für die Äußerung der Aggression übrig bleiben.« Mit unverhohlener Ironie schreibt er weiter, dass sich sein Volk, die Juden, »in dieser Weise anerkennenswerte Verdienste um die Kulturen seiner Wirtsvölker erworben« habe, indem sie diesen Völkern ein geeignetes Ziel für all ihre unterdrückten feindseligen Gefühle böten. Diese Betrachtung über den Zusammenhang von Narzissmus und Intoleranz schrieb Freud am Vorabend der Machtergreifung Hitlers nieder. Im folgenden Jahrzehnt wurden er und seine Familie selbst ins Exil vertrieben. Es kann kein Zufall sein, dass gerade ein österreichischer Jude solch eine präzise Vorahnung im Hinblick auf den Narzissmus und die kleinen Unterschiede hatte. Keine Gruppe identifizierte sich stärker mit der deutschen *Kultur* als die Juden; keine nationale Minderheit wurde erfolgreicher assimiliert. Nichts davon rettete Freud oder die österreichischen Juden. Gleichgültig, wie eifrig sie sich assimilierten, egal, wie sorgfältig sie die Unterschiede beseitigten, die sie von ihren Mitbürgern trennten – der schlichte Sachverhalt, jüdisch zu sein, blieb doch bestehen; diesen einfachen, sicherlich unbedeutenden Umstand (unbedeutend für die vielen Juden, für die das Jüdischsein eine rudimentäre Identität darstellte, eine unter vielen) verwandelte Hitler in eine große »biologische« Barriere zwischen zwei Rassen und Kulturen. Während die Assimilierung die bedeutenden Elemente dieser Unterschiedlichkeit einebnete, gewannen ihre winzigen Überreste eine zunehmend neurotische Bedeutung bei jenen, deren Selbstbild, wie das Hitlers, durch die Assimilierung der Juden bedroht wurde. (Es sei darauf hingewiesen, dass die Assimilation die Antisemiten bedrohte, die Juden jedoch dahingehend täuschte, die kulturelle mit der politischen Assimilierung zu verwechseln. In den Konzerthallen, an den Universitäten und in gebildeten akademischen Kreisen waren sie willkommen. Jedoch erkannten sie nicht, dass sich aus der Zugehörigkeit zu einer Kultur noch keine politische Zugehörigkeit ableiten ließ.) In erstaunlich kurzer Zeit gelang es Hitler, Assimilierung als eine Form von Befleckung umzudeuten; danach war es dann leicht, sich die absolute Trennung von Ariern und Juden als einen Akt der Reinigung vorzustellen. Die Sprache der Reinheit und des Säuberns, die bis heute nachhallt, ist vielleicht die gefährlichste aller Sprachen des Narzissmus. Der Unterschied zwischen Reinlichkeit und Schmutz wird zur grundsätzlichen Unterscheidung zwischen Menschlichem und Nichtmenschlichem, zwischen dem, was man schätzt, und dem, was man verachtet. Was als Narzissmus des kleinen Unterschieds anfängt, kann durchaus als absolute sittliche Verworfenheit enden.

Machen wir hier einen kleinen Einschnitt und ziehen wir einige Schlussfolgerungen aus Freuds Argumentation. Wenn Intoleranz und Narzissmus eng verknüpft sind, dann könnte ein unmittelbar nahe liegender und praktischer Schluss lauten: Wir zeigen uns wahrscheinlich nur dann tolerant gegenüber den Eigenarten anderer, wenn wir lernen, die eigenen etwas weniger zu lieben. Die Überwindung stereotyper Vorstellungen von anderen Menschen dürfte nur dann gelingen, wenn wir zugleich auch die fantasmatischen Elemente des eigenen Selbstgefühls überwinden. Die Wurzel der Intoleranz liegt in unserer Neigung, die eigenen Identitäten zu überschätzen; mit »überschätzen« meine ich, darauf zu bestehen, dass wir nichts gemein haben, dass uns nichts verbindet. Im Kern dieses Beharrens lauert die Idee der Reinheit, das Bild einer Grenze, die niemals überschritten werden kann.

VII

Die Genforschung zeigt, dass es hinsichtlich der Verteilung der Intelligenz, des kognitiven oder des moralischen Vermögens zwischen rassischen, ethnischen oder Geschlechtergruppen keine signifikanten Unterschiede gibt. Die bedeutsamsten Unterschiede bestehen zwischen Einzelnen *innerhalb* dieser Gruppen. Das Paradox der Intoleranz liegt in seiner gewohnheitsmäßigen Fixierung der Unterschiede zwischen Gruppen, die die individuellen Unterschiede außer Acht lässt. Mehr noch: Bei den meisten Formen der Intoleranz wird die Individualität der verachteten Person fast vollständig ignoriert. Intolerante Menschen interessieren sich nicht für die Einzelnen der verachteten Gruppe; vielmehr begreifen sie »die« kaum einmal als besondere Einzelne. Was zählt, ist die Errichtung einer Ur-Grenze zwischen »denen« und »uns«. Individualität würde hier das Bild nur verkomplizieren, ja, es schwerer machen, die Vorurteile aufrechtzuerhalten, da gerade auf der individuellen Ebene die Anteilnahme den ursprünglichen Gegensatz zwischen Gruppen unterläuft. Aus dieser Perspektive stellt sich Intoleranz als willentliche Weigerung dar, den Blick auf die Unterschiede zwischen Individuen zu richten, sowie das abartige Beharren auf der Unterordnung der Identität des Individuums unter die der Gruppe. Wenn intolerante Gruppen nicht in der Lage sind, diejenigen, die sie verachten, als Einzelne wahrzunehmen, so vielleicht deshalb, weil intolerante Gruppen entweder unfähig oder nicht bereit sind, sich selbst als solche wahrzunehmen. Der Narzissmus des kleinen Unterschieds bildet die Brücke zu einer kollektiven Fantasie, der bedrohten oder angstvollen Individuen die Last des Für-sich-selbst-Denkens oder gar das Denken von sich selbst als Einzelne abnimmt. Toleranz hängt entscheidend von der Individualisierung ab, dass man sich und andere »sieht« – oder, anders ausgedrückt, sich auf den wirklich »wichtigen« Unterschied eigener Individualität konzentriert, und den »kleinen« Unterschied der Gemeinschaft in seiner Bedeutung relativiert. Meine Erlebnisse in dem serbischen Bauernhaus jener Nacht waren deshalb so bedrückend, weil der ethnische Krieg die Fähigkeit dieser Männer, als Einzelne zu argumentieren und nachzudenken, beinahe ausgelöscht hatte. Ich sage »beinahe«, weil man an ihrer Verwirrung ablesen konnte, dass sie darum rangen, zwischen dem, was sie empfanden, und dem, was ihnen ein nationalistisches Drehbuch zu sagen vorgab, einen Raum zu öffnen.

VIII

Mag sein, dass es etwas selbstgefällig klingt, so über die serbischen Reservisten zu sprechen, zu behaupten, sie befänden sich im Würgegriff einer mörderischen Erzählung, gegen die ich und andere Leute gefeit seien. Tatsächlich empfinde ich die Nacht in jenem Bauernhaus deshalb als so beklemmend, weil es mir so schwer fiel – zumindest gegenüber diesen Menschen –, die nicht-gewaltsame Erzählung *meiner* politischen Überzeugungen zu verteidigen. Denn der Glaube des Liberalismus basiert nicht weniger auf einer Erzählung als der nationalistische. Den »selbstverständlichen« liberalen Grundsätzen – wonach alle Menschen gleich sind, ihre Person unverletzlich sein soll und sie einklagbare Rechte haben aufgrund der einfachen Tatsache ihres Menschseins – liegt eine Vorstellung zugrunde, die jene Männer in dem Bauernhaus vollkommen töricht gefunden hätten: nämlich dass die Unterschiede zwischen Menschen tatsächlich klein, dass im Grunde alle Menschen gleich *sind*.

Hierbei handelt es sich insofern um eine Fiktion, als sie im Namen einer moralischen Übereinkunft vorsätzlich bestimmte Ausschnitte der empirischen Wirklichkeit ausblendet. Wenn zum Beispiel ein Angeklagter vor Gericht erscheint, dann wird vom Richter und den Geschworenen erwartet, dass sie seine sichtbaren Identitäten – als Mann, Frau, schwarz, weiß, reich, arm – außer Acht lassen und sie so betrachten, als handle es sich um einfache, gleiche Einheiten ein und derselben unteilbaren Menschlichkeit. Alle Institutionen liberaler Rechtsstaaten hängen in ihrem Fortbestand von diesem komplexen und historisch neuen Gedankenexperiment ab. Komplex ist es deshalb, weil es so abstrakt ist: Denn es verlangt von uns, dass wir eindeutige Fakten leugnen und darunter irgendeine elementare Essenz erblicken, die wir Menschen mutmaßlich gemeinsam haben. Und historisch neu ist es deshalb, weil keine andere Gesellschaft je so hartnäckig versucht hat, über Unterschiede zu Gunsten von Gemeinsamkeiten hinwegzusehen, wobei auch wir selbst erst in diesem Jahrhundert damit begonnen haben.

Durch diesen historisch neuen Vorgang der Abstraktion wird eine bedeutende Aussage über Identität getroffen. Er behauptet nämlich: Wir sind zuallererst juristische Personen, zuallererst Staatsbürger, die das Recht auf eine Vielzahl rechtsstaatlicher Verfahrensweisen und Schutzbestimmungen haben; von untergeordneter Bedeutung sind hingegen alle Unterschiede, gegen die man sich, sollten sie Vorteile gewähren, energisch verwahren sollte. Natürlich kommt es auf Grund unserer »kleinen« Unterschiede auch weiterhin zu Bevorzugungen und Benachteiligungen, und die Kluft zwischen rechtlicher und sozialer Gleichheit ist nach wie vor groß. Aber wir sind – und die Institutionen unserer Gesellschaft beruhen in ihrer Legitimität auf eben dieser Überzeugung – formal der Idee verpflichtet, dass Unterschiede keine Rolle spielen sollten. Ohne diesen Vorgang der Abstraktion und ohne die Institutionen, die ihn in die Praxis umsetzen, *wären* wir eine Stammesgesellschaft.

Um das Einzigartige an unserer Lebensweise zu begreifen, lohnt es, einen Blick zurück zu werfen – darauf, wie wir zu dieser, die Institutionen tragenden Fiktion gelangt sind. Die ersten Schritte auf dem Weg, sich dieses abstrakte, mit Rechten ausgestatteten Wesen vorzustellen, reichen bis in die Religionskriege im 16. Jahrhundert zurück. Das Problem damals war einfach und sehr modern: Nun, da die konfessionelle Einheit des Christentums zerbrochen war, da keine gemeinsame Glaubenslehre die Menschen mehr verband – wie konnte man sie da überzeugen, einander zu vertrauen und in Frieden miteinander zu leben? Wie konnte man sie überzeugen, damit aufzuhören, einander im Namen letzter Wahrheiten zu verfolgen? Die Spaltung des Christentums gab den Bemühungen, die Grundlage der gesellschaftlichen Einheit zu verstehen, einen gewaltigen Aufschwung. Aber wenn ein Unterschied – in diesem Fall der religiöse – die Einheit eines Gemeinwesens zerstört hatte – wodurch konnte man es dann noch zusammenhalten? Die Antwort kam zögernd: durch wirtschaftliche Interessen und die Verpflichtung eines jeden, sich an bestimmte, wohl zu erwägende Regeln zu halten, die für den Schutz und die Rettung des Lebens aller erforderlich waren. In den Schriften von Thomas Hobbes, John Locke und Adam Smith nahm die Theorie der Gesellschaft als einer Ordnung freier Individuen Gestalt an, die sich verbanden, um einander Sicherheit, Freiheit und Wohlstand zu gewähren. Ein wichtiger und häufig übersehener entscheidender Punkt war hier, dass die Philosophen des bürgerlichen Liberalismus bestimmte Grundannahmen radikal vereinfachten, es schlicht als selbstverständlich betrachteten, dass die einzig erkennbar freien Individuen weiße, christliche und besitzende Männer waren. In diesem Sinne handelte es sich auch bei dieser Theorie um eine Fiktion, denn sie »erfand« ja eine Gemeinschaft, und zwar nicht unter Bezugnahme auf die Bevölkerung der damaligen Zeit, die Frauen, Kinder, Nichtweiße und Nichtchristen eingeschlossen hätte, sondern durch einen Prozess der unausgesprochenen, nicht näher untersuchten Ausschließung. Zunächst versuchte die Lehre des Liberalismus nur einen Unterschied einzuschließen: den zwischen verschiedenen Glaubensbekenntnissen. Aber selbst hier war das Spektrum des akzeptablen Unterschieds sehr schmal. Dass ein politisches Gemeinwesen zusammenhalten könne, in dem auch Atheisten oder Muslime lebten, hielt John Locke zum Beispiel für undenkbar. Wie könnte man sich bei solchen Menschen, fragte er, darauf verlassen, dass sie die Eide befolgten, die die meisten Menschen auf die Bibel schworen? Die Lehre der religiösen Toleranz, die er in den neunziger Jahren des 17. Jahrhunderts entwickelte, bezog sich daher auf christliche Gläubige, auf jene, die von der gemeinsamen Voraussetzung der christlichen Offenbarung ausgingen, und zwar auch dann, wenn sie später in Fragen der Lehre verschiedener Auffassung sein würden.

Als sich die Gründungsväter der neuen Vereinigten Staaten von Amerika daran machten, ein neues Gemeinwesen zu planen, arbeiteten sie in ähnlicher Weise mit ebenso eingeschränkten Annahmen hinsichtlich der Differenz. Ihre Gemeinschaft blieb auf weiße, besitzende christliche Männer beschränkt, und das in einer Gesellschaft, in der es Sklaven gab. Diese Blindheit wird den Gründungsvätern häufig entgegengehalten, vor allem dem Liberalen Thomas Jefferson, der selbst Sklaven besaß. Gewiss war es Blindheit, und doch vielleicht auch eine notwendige Blindheit. Die Idee des Liberalismus wäre vielleicht niemals konzipiert worden, hätte sie von Anbeginn alle Gruppen einschließen müssen – Frauen, Schwarze, die Besitzlosen, Nichtchristen und Jugendliche. Man hätte das Gedankenexperiment des Liberalismus als unsinniges und sogar gefährliches Hirngespinst abgetan, wäre die politische Gemeinschaft dazu verpflichtet gewesen, alle sichtbaren Unterschiede zwischen den Menschen am Ende des 18. Jahrhunderts einzuschließen.

Hätte der Entwurf der liberalen Theoretiker nicht den stabilisierenden Einfluss gemeinsamer ethnischer, religiöser und geschlechtlicher Ursprünge vorausgesetzt, so wären sie nicht zu der Überzeugung gelangt, dass solche Gemeinwesen als Systeme individueller Rechte und Interessen überhaupt zusammenhalten könnten. Der Zivilvertrag, den sie für möglich hielten, war nur im Kontext dieser gemeinsamen Annahmen vorstellbar.

Im ausgehenden 20. Jahrhundert sind wir die Erben dieser universalisierenden Sprache, einer, die sich an alle Menschen mit gleichen Rechten wendet und die doch niemals alle Menschen einbeziehen *sollte*. Zu argumentieren, der Liberalismus sei eine Form der organisierten Heuchelei, verfehlt den entscheidenden Punkt. Denn ohne eine solche imaginative Heuchelei hätten sich die Philosophen des Liberalismus womöglich nie eine Gesellschaft gleicher Individuen vorstellen können. Und eben deshalb dachten die Gründungsväter auch nicht länger über das Moment der Uneinigkeit nach, das aus der Festschreibung der Rechte des Einzelnen unter Umständen hervorgehen konnte. Vielmehr unterstellten sie, dass jedes Individuum in seiner Weise in der homogenen Gruppenidentität der Klasse, der Rasse und des Geschlechts verankert wäre, so dass von der individualisierenden Tendenz der Rechtssprache für den gesell-schaftlichen Zusammenhalt keine Bedrohung mehr aus-gehen würde.

Sobald man mit dem Experiment des Liberalismus begon-nen hatte, wurde seine Sprache der Grundrechte jedoch von allen gesellschaftlichen Gruppen aufgegriffen, die von ihren Bestimmungen ausgeschlossen waren. Anstatt den Libera-lismus als ein heuchlerisches System abzutun, muss man hier zu Recht den dynamischen Einfluss hervorheben, den der Vorwurf der Heuchelei auf den Liberalismus selbst hat-te. Denn kaum, dass seine Begrifflichkeit in die Sprache der Moral Eingang gefunden hatte, konnte man diese Bestim-mungen in vernichtender Weise gegen den Liberalismus selbst richten. Und kaum, dass die Sprache des Rechts in der amerikanischen Verfassung und der französischen Er-klärung der Menschen- und Bürgerrechte verankert war, fand sie eine so vielseitige Verwendung, die ihre Schöpfer erstaunt hätte. So stellte Mary Wollstonecraft die nahe lie-gende Frage, warum das Wort *Mensch* nur auf die Hälfte der menschlichen Rasse zuträfe und weshalb man die Mitglied-schaft in der politischen Gemeinschaft rechtmäßig Wesen vorenthalte, deren Unterschiedlichkeit, was Vernunft, Ge-fühl und moralische Intuition betraf, so außerordentlich ge-ring war. Der Streit darüber, ob Frauen dem freiheitlichen Gemeinwesen angehören sollten, tobte während des ganzen 19. Jahrhunderts und wurde schließlich – zu Gunsten der Zugehörigkeit – nach dem Ersten Weltkrieg beigelegt.

Nach den Frauen die Besitzlosen: Die Wahlberechtigung der Arbeiterklasse sowie die Abschaffung der Besitzanfor-derungen beim passiven Wahlrecht dominieren die politi-sche Geschichte des 19. Jahrhunderts. Wie schon im Fall der Frauen, wurde auch hier argumentiert, dass das politi-sche Gemeinwesen nicht überleben könne, wenn unter-schiedliche Klassen wählen könnten, ja die Stabilität der

Gesellschaft vielmehr darauf beruhe, Unterschiede einzuschränken und so ihrer Fähigkeit vorzubeugen, die Gesellschaft zu mobilisieren und folglich zu destabilisieren. Auch hier lautete, wie schon im Fall der Frauen, die abschließende Entgegnung, dass die politische Gemeinschaft nur dann überleben könne, *wenn* man gesellschaftliche Unterschiede einschließe und beteilige.

Diese Zulassung hatte die Wirkung, gesellschaftliche Unterschiede zu verringern, das heißt, Individuum und Gruppe zu trennen und dem Einzelnen das Bild von sich als einer mit Rechten versehenen Person zu vermitteln, ausgestattet mit persönlichen Ansprüchen an den Staat und gelegentlich auch an Gruppen und Kollektive, wie die Gewerkschaften, die für ihre Aufnahme in die Gesellschaft gekämpft hatten. In dem Maße, wie Einzelpersonen politische Rechte erhielten, verlor sich die Macht und der Einfluss kollektiver Identitäten wie Klasse und Geschlecht. Auf diese Weise führte die Eingliederung Einzelner in das liberale Gemeinwesen dazu, den Einfluss anderer Formen der Differenz zu verringern, und so ihre Fähigkeit, Identitäten festzulegen und die Gesellschaft zu teilen.

In der nächsten Schlacht, die erst nach 1945 begann, geht es um die Eingliederung und Befreiung der verschiedenen Rassen. In der westlichen Sprache der Bürgerrechte, sowie im antikolonialen Kampf um Selbstbestimmung lautete die moralische Forderung, dass die Rede der universalen Menschenrechte, sollte sie sich nicht selbst widersprechen, keine Rasse ausschließen darf. Angefangen bei Mahatma Gandhi, der in der englischen Rechtstradition ausgebildet worden war, bis hin zu Martin Luther King, der in der Sprache des radikalen christlichen Egalitarismus aufwuchs, forderten Führer, die zwar in einer liberalen Gesellschaft erzogen, aber dennoch aus ihr ausgeschlossen waren, nur etwas, was diese aus guten Gründen nicht verweigern konnte –

nämlich die Anwendung ihrer Moralbestimmungen auf sie selbst.

Die Idee des Liberalismus mag vierhundert Jahre alt sein, doch erst in den letzten vierzig Jahren, das heißt seit der bürgerlichen Emanzipation der nichtweißen Völker, hat das Experiment richtig begonnen – ein Gemeinwesen auf der Grundlage gleicher Rechte zu errichten, unter Einschluss aller vorhandenen Unterschiede zwischen Menschen. Damit will ich nicht behaupten, dass es nicht auch in der Vergangenheit multiethnische, multikulturelle Gesellschaften gegeben hätte – es hat sie gegeben –, sondern vielmehr, dass es sich dabei nicht um rechtsstaatliche Demokratien handelte. Denn sie beruhten nicht auf den Prämissen der Zivilgesellschaft, auf der Idee, dass nicht eine gemeinsame Religion, Rasse, ethnische Zugehörigkeit, Sprache oder Kultur eine Gesellschaft zusammenhält, sondern vielmehr die normative Bindung an den Grundsatz der Rechtsstaatlichkeit sowie die Idee, dass alle Menschen gleich und mit Rechten ausgestattet sind.

Eine Auswirkung des explosionsartigen Auftretens ethnischer Kriege in den neunziger Jahren besteht darin, in den liberalen Gesellschaften das Bewusstsein dafür geweckt zu haben, vor welcher großen Aufgabe sie eigentlich stehen. Dass sie zum ersten Mal in vier Jahrhunderten tatsächlich ihren Ausgangsvoraussetzungen gerecht werden oder aber im Bürgerkrieg auseinander brechen werden. Während die bürgerliche Ordnung traditionell auf einer Reihe von Ausschließungen beruhte, werden nun alle eingeschlossen, wobei die Frage drängender denn je ist, ob eine genuin »zivile« Gesellschaft von Individuen gedeihen kann, die sich auf die Vorherrschaft einer Mehrheit – im Hinblick auf Kultur, Sprache, Religion und Moral – stützt. Zwischen 1945 und 1989 bezogen die liberalen Gesellschaften einen großen Teil ihres sozialen Zusammenhalts aus der Existenz eines äußeren Feindes. Dies ist nicht mehr der Fall. Heute haben wir nur noch Locke und Jefferson und die Worte, die sie uns hinterlassen haben, um uns nach ihnen zu richten.

Erst heute beginnen wir uns wirklich nach diesen Worten zu *richten*, an die wir unserem eigenen Bekunden nach glauben. Erst Religion, dann Klasse und Besitz, dann Geschlecht, dann Rasse und nun Alter – sie alle wurden im Zuge der Entwicklung als Gründe, jemanden von der Mitgliedschaft in einer liberalen Gesellschaft auszuschließen, geächtet. An der Schwelle zum Zeitalter der multikulturellen, multiethnischen Gesellschaft müssen wir uns erneut mit der liberalen Fiktion auseinandersetzen: Behandeln wir X als einen mit Rechten ausgestatteten Gleichen oder als Mitglied einer Gruppe? Wir wissen, was zu tun ist. Unsere moralische Sprache erlaubt uns keine Ausreden mehr.

Gewiss, niemand wird dem Ideal in allen Belangen gerecht werden. Doch ohne diese Fiktion – dass die Ähnlichkeit zwischen Menschen wesentlich ist und die Unterschiede zweitrangig sind – sind wir verloren. Diese Unterschiede aus Gründen politischer Abwägung, des sittlichen Verhaltens und der Rechtsstaatlichkeit zu ignorieren, bedeutet nicht, dass man lügen soll. Aber wir sind aufgefordert, unter die Oberfläche zu blicken, und dies verpflichtet uns zugleich zu einem beispiellosen, täglichen Einsatz unserer moralischen Erfindungskraft. Und eben diese Übung in Fantasie – diese Entscheidung, den Blick eher auf die Gleichheit als auf die Differenz zu richten – erhält die Institutionen des liberalen Rechtsstaats am Leben.

Diese Fiktion beruht zudem auf einer besonderen Erkenntnislehre, die bis zu den Wurzeln der Toleranz als einer gesellschaftlichen Praxis reicht. Die entscheidende Aufgabe, wenn man Toleranz lehrt, besteht darin, anderen Menschen dabei zu helfen, dass sie sich als Einzelne betrachten und anschließend andere als solche wahrnehmen; das heißt, die niemals unterrichtete, niemals untersuchte Verschmelzung von persönlicher und Gruppenidentität zu problematisieren, auf der jede nationalistische Intoleranz beruht. Denn nationalistische Intoleranz verlangt, dass man einen Abstraktionsprozess vornimmt, der die realen Einzelnen ihrer ganzen Besonderheit beraubt und zu Trägern von Eigenschaften einer Gruppe macht, die man hasst.

Ich kehre damit zu meinem Ausgangspunkt zurück: Bei Intoleranz handelt es sich um eine Art gespaltenes Bewusstsein, bei dem ein abstrakter, begrifflicher, ideologischer Hass über die konkreten, realen und individuellen Augenblicke der Identifikation siegt. Mein serbischer Freund steht kurz davor, seine Feinde als Einzelpersonen zu erkennen, aber nur, um wenig später erneut der nationalistischen Fantasie zu erliegen, wonach sie radikal anders seien als er. Es gibt in ihm ein Bewusstsein, eine Angst, eine Unsicherheit, die zu etwas Anständigem und Menschlichem angefacht werden könnte, wenn er eine Zeitung lesen oder eine Fernsehsendung anschauen könnte, die ihn nicht mit Hass und Lügen vergiftet. Hätte er Zugang zu einem öffentlichen Diskurs – einer Zeitung, dem Hörfunk, Fernsehsendungen, politischen Reden –, der sich an ihn als ein vernunftbegabtes Wesen wendet, so hätte er vielleicht die Chance, selbst zu einem solchen zu werden. Insoweit Einzelne überhaupt je lernen können, eigenständig zu denken – und so zu wirklichen Einzelnen zu werden –, können sie sich, einer nach dem anderen, aus der fatalen Dynamik des Narzissmus des kleinen Unterschieds befreien. In diesem Sinne ist die Aufgabe der liberalen Gesellschaft nicht nur, die noble Vorstellung von der menschlichen Universalität zu lehren, sondern auch, Individuen zu schaffen, die über eine hinreichend robuste Identität verfügen, um dieser Vorstellung gemäß zu leben.

Die Verführungskraft
moralischer Empörung

Donnerstag, 13. Juli 1995. Das Flugzeug des UNO-General-
sekretärs Boutros-Ghali fliegt von Kairo Richtung Süden.
Wir befinden uns in einem kleinen, engen Privat-Jet, in dem
ein dichtes Gedränge von Gepäck und Menschen herrscht –
sein siebenköpfiges Team und drei Journalisten. Man hat
mich zu einem Briefing gebeten. Boutros-Ghali, ein lebhaf-
ter, drahtiger Mann, etwas blass, in den Siebzigern, sitzt
allein an einem Fenster und blickt hinaus auf die sudanesi-
sche Wüste. Er möchte sich mit mir über Afrika unterhalten.
Ich möchte über Bosnien reden.

Soeben haben die Serben Srebrenica erobert. Die nieder-
ländischen Blauhelme hat man als Geiseln genommen.
Frauen und Kinder sind, nachdem sie die Gefechtslinien
überquert haben, in Tuzla eingetroffen. Einheiten der bosnischen Serben haben alle muslimischen Männer im Alter
zwischen fünfzehn und fünfundfünfzig festgenommen und
verschleppt; wohin, weiß niemand. Eine Demütigung für
die Mission der Vereinten Nationen. Warum bricht der
Generalsekretär seine Reise nicht einfach ab, frage ich,
und fliegt zum Hauptquartier der UNO zurück?

Weil es dann, antwortet er, in allen afrikanischen Ländern
heißen wird, der Generalsekretär habe seine Aufmerksamkeit einem Dorf in Europa geschenkt, während in Afrika ein
Völkermord stattfindet – in Ruanda sind eine Million Menschen umgekommen. »Sre*brii*niska« spricht er den Namen
des Dorfes aus, mit schnarrend-tiefem levantinischem Akzent.

Einst hatte er gelobt, die »Schutzzone«, den »sicheren Hafen« zu verteidigen, aber die Niederländer, mit ihren Bodentruppen, hatten ein Veto gegen die Durchführung weiterer Luftangriffe eingelegt. Nun errichtet das Büro des Hohen Flüchtlingskommissars der Vereinten Nationen in Tuzla eine Zeltstadt, fliegt Lebensmittel ein und verlegt Wasserleitungen – wodurch sich die UNO faktisch einmal mehr an einer ethnischen Säuberung in Ost-Bosnien beteiligt.

Man würde mindestens 40 000 Soldaten benötigen, um die Schutzzonen mit einer glaubwürdigen Verteidigungstruppe zu versehen. Die UNO-Mitgliedsstaaten stellen jedoch lediglich 7000 zur Verfügung. Ich kann nicht erkennen, ob der Generalsekretär glaubt, dass man mit so wenigen Mitteln überhaupt irgendetwas verteidigen kann.

Warum bezeichnet man sie als Schutzzonen, wenn sie nie geschützt waren? Warum bezeichnet man UNPROFOR als Schutztruppe, wenn sie sich nicht einmal selbst schützen kann?

Und warum dieses Bestehen auf Neutralität, wenn völlig klar ist, wer Täter und wer Opfer ist, wenn diese Neutralität täglich aufs Neue die Glaubwürdigkeit der Vereinten Nationen untergräbt?

»Weil wir nicht in der Lage sind, auf einer Seite zu intervenieren. Das gestattet unser Mandat nicht«, sagt er mit Nachdruck.

Ich frage mich, was für ein Alibi das wohl ist. Ein UNO-Generalsekretär verfügt zwar über wenig Macht, dafür aber über viel moralische Autorität. Ich bin mitgekommen, um herauszufinden, welchen Gebrauch er davon macht, und ganz zufällig sollte es die Woche sein, in der diese Autorität vollständig in Misskredit gerät, in der Bosnien Gefahr läuft, das zu werden, was Abessinien für den Völkerbund war: das auswärtige Feld, auf der die Ehre unwiederbringlich verloren geht.

Nichts von Boutros-Ghalis robuster gute Laune deutet darauf hin, dass er die gegenwärtige Situation ebenso schlimm einschätzt wie ich. Er hat schon schlimmere Wochen erlebt. Seine moralische Autorität beurteilt er gelassen – sie ist per definitionem ein kurzlebiges Gut. Sehen Sie, sagte er, wir sind Vermittler. Solche Leute mag niemand. In allen Konflikten passt es den Kriegsparteien, uns die Schuld für eigenes Versagen zu geben. Wenn die UNO in Bosnien gescheitert ist, das will er wohl damit sagen, dann deshalb, weil niemand – weder die Muslime noch die Serben noch die Großmächte – ihr erlaubt hat, den Job zu erledigen, den sie auszuführen imstande ist; wenn die UNO noch vor Ort ist, dann deshalb, weil die Großmächte glauben, dass die Alternativen schlimmer wären.

Der Generalsekretär tippt auf eine blaue Aktenmappe, die vor ihm auf dem Tisch liegt. Darin liegen Telegramme aus Zagreb, Belgrad, New York. Soeben hat er mit dem Sonderbeauftragten in Bosnien, Yasushi Akashi, und dem UNO-Vermittler Thorvald Stoltenberg telefoniert. Der Generalsekretär ist auf dem Laufenden.

Er sagt: »Wenn wir nicht da gewesen wären, wäre alles nur noch schlimmer gekommen.« Der Krieg hat sich noch nicht bis Mazedonien oder ins Kosovo ausgebreitet, außerdem habe man 2,8 Millionen Flüchtlinge mit Essen, Kleidung und Unterkunft versorgt. »Wir machen unsere Arbeit unter einem ungeheuer großen emotionalen Druck«, sagt er, »vor allem seitens der Medien. Niemand begreift, wie lange es dauert, bis die Menschen zur Vernunft kommen.« Denken Sie daran, wie lange es dauerte, erinnert er mich, bis die Israelis und die PLO schließlich miteinander in Friedensverhandlungen eintraten.

Das alles ist richtig, doch ändert es nichts an der Tatsache, dass man den Einwohnern eines Dorfes in Europa Versprechungen gemacht hat, die man niemals hätte machen dürfen, weil diejenigen, die sie gaben, wussten, dass man sie nicht würde einhalten können.

Mag sein, dass es nicht besonders wichtig ist, ob dieser Gedanke dem Generalsekretär den Schlaf raubt, aber ich bin neugierig und möchte erfahren, ob er meine Einschätzung teilt. Selbstverständlich gibt er nichts preis. Ein Mann in seiner Stellung kann sich keine Stimmungen leisten. Es macht keinen Sinn, ihn danach zu fragen, in was für einer Gemütsverfassung er sich gerade befindet. So etwas behält er für sich. Man kann nur vermuten, dass ihn jahrelange diplomatische Tätigkeit und das Leben als wohlhabendes Mitglied Ägyptens koptischer Minderheit Selbstbeherrschung und Unabhängigkeit gelehrt haben. Er ist ein Mann, der sich hinter starken Mauern verschanzt. Doch plötzlich bekennt er unerwartet: »Wo wir auch arbeiten, kämpfen wir gegen die Kultur des Todes.«

Das Scheitern in Jugoslawien, das soll der Satz wohl ausdrücken, ist relativ. Wenn Sie glauben, dass wir in Jugoslawien gescheitert sind, so scheint er zu sagen, dann sehen Sie sich doch einmal die Länder an, in denen wir nicht intervenieren konnten: Die Kultur des Todes sucht auch Afghanistan, Tschetschenien, Sri Lanka, Sierra Leone und Liberia heim, und wir unternehmen nichts. Diese Konflikte nennt er die »verwaisten Konflikte« – solche, die der Westen auf Grund seiner selektiven und schwankenden Wahrnehmung zufällig zu Gunsten jenes Dorfes in Europa ignoriert.

Ob ich denn etwa glaube, Srebrenica oder Sarajewo seien die ersten Orte, an denen die Vereinten Nationen gescheitert wären?, fragt mich Boutros-Ghali. Er erinnert mich an das Schicksal Beiruts. Er hatte Freunde dort – kultivierte und tolerante Leute, die den gleichen multikulturellen Illusionen nachhingen wie die Einwohner von Sarajewo. Der Westen war's zufrieden, zuzusehen, wie sich die Stadt selber in Stücke riss. Das ist jetzt zwanzig Jahre her. Warum sollte man annehmen, dass so etwas nicht wieder geschieht? Er möchte, dass ich darin keinen Zynismus sehe, wirklich nicht, sondern nur eine nüchterne Betrachtung der Verhältnisse, wie sie nun einmal sind. Außerdem gebe es Orte, die schlimmer als Sarajewo seien, schlimmer als Srebrenica, und einige von ihnen werde er mir nun zeigen.

Freitag, 14. Juli: Nyarubuye, Ruanda. Nacheinander tauchen vier Hubschrauber der Vereinten Nationen über den Bananenbäumen auf und landen in einem Kreis aus verbranntem Gras in der Mitte des Anwesens einer katholischen Mission. Zwei Leibwächter, AK-47-Maschinenpistolen im Anschlag, schwärmen unter den Rotorblättern des Helikopters des Generalsekretärs aus, gefolgt von einem dritten Leibwächter, der Boutros-Ghalis schusssichere Weste in einem Mantel eingewickelt unterm Arm trägt. Dicht gedrängt stehen vor einem niedrigen Backsteingebäude mehrere Grüppchen von Dorfbewohnern, die Gesichter grau von dem Staub, den die Helikopter aufgewirbelt haben. Einige halten Transparente mit Aufschriften in Englisch hoch. Auf einem steht: WO WAR DIE UNO, BEVOR DER VÖLKERMORD BEGANN? Der Generalsekretär steigt aus dem Hubschrauber und geht mit gesenktem Kopf an den Menschen vorbei.

Im April war die Hutu-Miliz, bekannt als Interahamwe (»Wir, die wir gemeinsam angreifen«), in die katholische Missionsstation eingedrungen. Sie hatte Hutu von Tutsi getrennt und die Tutsi systematisch niedergemetzelt. Die Tutsi wurden zu Tode gehackt, während sie hinter den Bänken der Kirche oder unter den Tischen in den Klassenzimmern kauerten, sich im Sumpf im weiter unten gelegenen Tal versteckten oder auf Bäume kletterten. Als die Milizionäre des Mordens überdrüssig waren, machten sie ihre Opfer bewegungsunfähig, indem sie ihnen die Sehnen an Armen und

Beinen durchtrennten; später dann kamen sie zurück, um ihre Arbeit zu vollenden.

Als die Ruandische Patriotische Front, die Buscharmee der Tutsi, das Gebiet im Mai zurückeroberte, kehrten die Überlebenden aus ihren Verstecken in Tansania zurück. Anschließend trafen sie eine derart erstaunliche Entscheidung, dass man es zunächst kaum glauben konnte. Sie beschlossen nämlich, die Leichen – Tausende – an Ort und Stelle liegen zu lassen: zwischen den Kirchenbänken, unter den Tischen in den Klassenzimmern, draußen auf dem Hof. Die Überlebenden verwandelten die katholische Mission in Nyarubuye in das Yad Vashem des afrikanischen Völkermords.

Der Generalsekretär wird zur Tür eines langen, niedrigen Raumes geführt, der einst als Zimmer für das Bibelstudium diente. Auf dem Boden liegen Reihe um Reihe staubbedeckte Leichen in zerfetzten Kleidern. Fahles Licht fällt schräg über Oberschenkelknochen, Fußknöchel, Hüftknochen, Schultergelenke, Zähne, Schädel. Nur Haut und Knochen sind übrig. Kein Verwesungsgeruch. Die Farbe der Kleidung ist zu einem Ascheton verblasst.

Man führt Boutros-Ghali zu einer improvisierten Gedenkstätte, einer kleinen Blechhütte von der Größe einer Telefonzelle, in der irgendjemand einen Haufen aus Knochen, Fetzen von Kleidungsstücken und trockenem Gras zusammengekehrt hat. Seine Leibwächter händigen ihm einen Kranz aus, den er auf den kleinen Haufen legt. So bleibt er eine Minute lang stehen, dann wird er fotografiert. Er verneigt sich, schließt die Augen, schließlich wendet er sich ab.

Auf einer roten Sandpiste wird er zu den Latrinen geführt, dorthin, wo selbst heute noch, mehr als ein Jahr nach den Massakern, die Überlebenden Leichen bergen. Der Generalsekretär wirft einen kurzen Blick in das stinkende Dunkel, dann wendet er sich ab, um Luft zu holen. Sein Gesichtsausdruck verrät, dass er sich so tief in sich zurückzieht, wie er nur kann.

Unten an der Kirchentreppe sitzen die Überlebenden im Staub und warten auf den Generalsekretär. Es sind ungefähr hundert, sie schweigen, recken die Gesichter nach oben. Vielleicht ist ihnen nicht ganz klar, was ein Generalsekretär ist, aber sie ahnen, was er vorhat. Es ist in jeder Sprache zu verstehen – er will Buße tun. Als die Massaker begannen, war in Ruanda ein größeres Aufgebot belgischer UN-Truppen stationiert. In jener Zeit hetzten von Kigali aus gesendete Hörfunkprogramme die Interahamwe zum Völkermord auf; die UN-Polizisten hätten die Radiosender schließen können. Macheten schwingende Horden zogen durch die Straßen; die UN-Panzer hätten sie stoppen können. Aber ein derartiges Eingreifen wäre im Sprachgebrauch der UNO »jenseits des Mandats« gewesen. Im April 1994 wurden dann zehn Blauhelme gefoltert und ermordet, und die belgischen Einheiten zogen sich zurück. Zwar blieben UN-Soldaten vor Ort und schützten jene, die bei ihnen Schutz suchten, aber sie vermochten das Gemetzel außerhalb ihrer Station auch nicht zu beenden. Das ist inzwischen ein Jahr her, und die Vereinten Nationen versorgt die Interahamwe der Hutu mit Lebensmitteln und Kleidung – auf der anderen Seite der Grenze, in Zaire (seit 1997 Demokratische Republik Kongo, d.Ü.), in den Flüchtlingslagern von Goma.

In den Gesprächen mit den Überlebenden, die sich zu seinen Füßen versammelt haben, gesteht der Generalsekretär ein, dass er sein Versprechen nicht gehalten hat. Er habe an Dutzende Länder appelliert, Truppenverbände zu entsenden, um den Völkermord zu stoppen, doch alle hätten erst reagiert, als es bereits zu spät gewesen sei. Dennoch habe die »internationale Gemeinschaft« sie nicht vergessen. Er verspreche, dass die Schuldigen nicht ungestraft davonkommen

werden. Man werde sie in Zaire, Uganda und Tansania ver-
haften, und man werde sie bestrafen. Die Überlebenden hören zu, doch sie applaudieren erst, als sie in der Übersetzung
des Dolmetschers einen ganz speziellen Satz hören, nämlich:
»Sie werden bestraft werden.«

Nachdem der Hubschrauber mit dem Generalsekretär
davongeflogen ist, bleibe ich zurück und höre mir an, was
sich die Überlebenden untereinander erzählen. Immerhin ist
er gekommen, sagt einer, und hat seiner Trauer Ausdruck
verliehen. Ja, das stimme schon, sagt ein anderer, aber er
hat nicht zugehört. Er hat keinen der Überlebenden gebeten,
etwas zu sagen. Die Menschen hier kennen die Namen der
Mörder. Sie waren früher einmal Nachbarn, sogar Freunde.
Ebenso sehr wie Brot brauchen sie jetzt Gerechtigkeit, aber
sie glauben nicht, dass sie sie bekommen werden. Und die
nicht übersetzten Worte des Trostes – *Courage! Courage!
Courage!* –, die der alte Mann da ausrief, bevor er zu seinem
Hubschrauber davoneilte: Es sind irgendwelche französischen Wörter, aber niemand weiß, was sie bedeuten.

Samstag, 15. Juli: Luanda, Angola. Von Ruanda fliegt der
Privat-Jet des Generalsekretärs drei Stunden Richtung Südwesten nach Angola. Die UNO überwacht gerade einen Waffenstillstand, den sie im Jahr zuvor zwischen der Guerilla-
armee der UNITA unter Führung von Jonas Savimbi und
den Regierungstruppen unter Jose Eduardo Dos Santos vermittelt hat. In den Annalen des modernen Krieges zählt der
Bürgerkrieg Angolas bestimmt zu den grausamsten und sinn-
losesten Konflikten. Weit über eine halbe Million Menschen
sind umgekommen. Ein derartiger Bürgerkrieg konnte nicht
allein von den beteiligten Parteien aufrechterhalten werden.
Die Amerikaner und die Südafrikaner unterstützten Jona Savimbi, die Russen und die Kubaner Dos Santos. In zwanzig
Jahren immer wieder aufflammender Kampfhandlungen ha-

ben die beiden Kriegsparteien die riesige ehemalige Kolonie Portugals mit enormen Erdölvorkommen und mit ungeheuren, nicht entwickelten Möglichkeiten in ein weiteres der vielen verwüsteten Länder Afrikas verwandelt.

Vor dem Hotel Meridien Presidente, in dem der Generalsekretär wohnt, krabbelt eine kleine Gruppe Kinder mit amputierten Gliedmaßen auf dem staubigen Dorfplatz herum. Ein Kind hat sich aus einem Stuhlbein eine Krücke angefertigt; ein anderes, das keine Beine mehr hat, zieht den Körper mit den Händen hinter sich her. Die Kinder verteidigen ihr Revier. Vor dem Meridien Presidente gibt es immer Schuhe von UNO-Beamten zu putzen und Radkappen von UNO-Landrovern zu polieren.

Jetzt, da beide Seiten Angola endlich durch ihren Machtkampf zerstört haben, hat man eine Abmachung getroffen, und die Vereinten Nationen sind mit einer 7000 Mann starken Truppe eingetroffen, um dafür zu sorgen, dass sie eingehalten wird. Die UNO braucht Angola. Nach Bosnien, Somalia und Ruanda ist sie auf Erfolge angewiesen, und sie behauptet bereits, hier einen errungen zu haben. Aber kann man von »Erfolg« sprechen, wenn der Preis so hoch ist?

Durch die Vorgänge in Angola erfährt man viel darüber, was mit den Vereinten Nationen seit dem Amtsantritt von Boutros-Ghali im Jahr 1992 geschehen ist. Damals gab es weltweit rund 4000 Blauhelme, inzwischen, nur drei Jahre später, sind es mehr als 70 000. Wohin der Generalsekretär auch kommt, er befehligt eine Streitmacht, um die ihn die meisten Staatsoberhäupter der Welt beneiden würden: Panzer, Soldaten, Helikopter, Geländewagen, Satellitenschüsseln, Kolonnen von Lkws.

Zwanzig Jahre zuvor beschäftigte das Büro des Hohen Kommissars für Flüchtlingsfragen der Vereinten Nationen in Genf ein paar Rechtsanwälte, die die internationalen Flüchtlings-Konventionen revidierten und ergänzten. Inzwischen steht ihm eine weltweite schnelle Einsatzgruppe zur Verfügung, die binnen 24 Stunden auf der ganzen Welt fünfzigtausend Zelte auf einem Flugplatz aufstellen oder, wie in Zaire, rund eine Million Flüchtlinge versorgen kann. Vierzig Jahre zuvor gab es das Welternährungsprogramm noch nicht. Heute ist es imstande, die Bevölkerungen ganzer Nationen zu ernähren. Die Vereinten Nationen bilden das letzte westliche Ufer für das Treibgut gescheiterter Staaten, zurückgelassen vom abgelaufenen Wasser des Empires.

Einst überwachte die UNO einzelne Entwicklungshilfeprojekte. Heute übernimmt sie die politische und administrative Infrastruktur ganzer Nationen und baut diese von ganz unten wieder auf. In Angola wird das jüngste Laborexperiment zum Neuaufbau der schwachen Staaten durchgeführt, nach Mozambique, El Salvador, Haiti, Namibia und Kambodscha. Durch die menschenleeren, mit Abfall übersäten Alleen von Luanda rasen gut bezahlte UN-Beamte aus einem Dutzend Ländern in weißen Landrovern von einer Sitzung zur nächsten. Diese Herren der Armut sprechen im Jargon der Entwicklungshilfe: »lokale Kapazitäten« schaffen, die »indigene Initiative« stärken. Gleichwohl versteckt sich hinter diesen Begriffen eine imperiale Prämisse: Reiche Ausländer nehmen das Recht in Anspruch, jene zu regieren, die zu arm oder durch die Konflikte in ihren Ländern zu sehr belastet sind, um sich selbst regieren zu können. Wenn das Imperialismus ist – handelt es sich um eine »gutartige« Form? Ja – jedoch nur, wenn eine Aussicht auf Erfolg besteht: Wenn Angola lernt, sich selbst zu regieren und die gut bezahlten Agenten des internationalen Gewissens sich schließlich überflüssig machen werden. Nur weiß kein Mensch, ob die ganze Sache Erfolg haben wird.

Und die Anzeichen verheißen nichts Gutes. Die Verletzungen des Waffenstillstands nehmen zu. Schon haben sich hochrangige Militärs als lokale Kriegsherren etabliert. Zwar werden tagsüber die Straßen von Minen geräumt, aber häufig werden sie nachts einfach neu vermint. Nur wenige Flüchtlinge sind nach Hause zurückgekehrt. Boutros-Ghalis Lieblingswort ist *Schwung*. Er ist hier, um wieder etwas Schwung in die Sache zu bringen.

Am Ende mehrerer Gesprächsrunden bietet Präsident Dos Santos dem Generalsekretär die Boeing-707 des Präsidenten an; er könne darin nach Norden fliegen und Savimbi, den Erzfeind des Präsidenten, in seiner Bastion im Hochland, Bailundo, einen Besuch abstatten. Auf dem Weg dorthin lädt Boutros-Ghali die Presseleute in den Salon der 707 ein, der mit blauen Drehsesseln, einer Hausbar und einem Konferenztisch ausgestattet ist. Der Glanz bestätigt die Regel, dass ein Präsidenten-Jet umso luxuriöser ist, je mehr Elend in seinem Land herrscht.

Doch nicht alle denken während des Fluges zum Treffen mit Savimbi an Angola. Die britische Regierung hat eine Konferenz in London einberufen, auf der zu entscheiden ist, wie der Westen auf die Einnahme Srebrenicas militärisch reagieren soll. Die US-amerikanische Regierung spricht von »unverhältnismäßigen« Luftschlägen auf die Kommandozentralen der bosnischen Serben. Man will dem Generalsekretär die Zustimmung für Luftangriffe aus der Hand nehmen. Er widersetzt sich. Wenn er sein Vetorecht verliert, geht ihm der letzte verfügbare Hebel verloren, um die militärische und diplomatische Reaktion der UNO auf die Krise zu steuern. Ich frage ihn, ob er sich von der Wendung der Ereignisse an den Rand gedrängt fühle. »Überhaupt nicht.« Ob ihn die Konfusion erschrecke, die in den westlichen Industriestaaten herrsche? Er verzieht das Gesicht. »Die Unterschiede sind jetzt deutlicher zu erkennen.«

Ich frage, wie er reagiert, wenn er sieht, dass die Amerikaner, die Franzosen und die Briten versuchen, den Serben mit der Androhung von Luftangriffen Angst einzujagen und im gleichen Atemzug von Rückzug sprechen. Natürlich wird er in der Öffentlichkeit nicht schlecht von den Mitgliederstaaten reden, aber sein Gebaren gibt deutlich zu erkennen, dass das hektische Gerede vom Rückzug seine Geduld auf eine harte Probe stellt.

»Rückzug woraus?«, fragte er. Aus Srebrenica oder Zepa abzuziehen ist eine Sache, aus Sarajewo abzuziehen bedeutet jedoch, ganz und gar aus Bosnien abzuziehen. Und wenn man sich aus Bosnien zurückzieht, soll man sich dann auch aus Kroatien und Mazedonien zurückziehen? Und wenn man sich zurückzieht, wer bringt die Kriegsparteien dann an den Verhandlungstisch? »Ich suche nach den Antworten auf diese Fragen«, sagt er und tippt auf die blaue Jugoslawien-Akte.

Der Präsidenten-Jet landet in Huambo, die diplomatische Gruppe steigt in Beechcrafts um, und nach einem 30-minütigen Flug landen wir auf der Landepiste aus rotem Sand der Bastion Savimbis in Bailundo. Als das Flugzeug aufsetzt, spähen jugendliche Guerillakämpfer, blitzende Patronengürtel um den Leib geschlungen, aus Lehmhütten, die zwischen Bananenbäumen stehen. Hinter unserer Beechcraft legt sich der Staub, und ein großer, breiter Mann, gekleidet im weißen Jackett mit schwarzem Hemd wie ein Nachtklub-Türsteher, einen Gehstock mit Adlerknauf in der Hand, kommt herüber und umarmt den Generalsekretär. Das ist Savimbi. Gemeinsam fahren sie in einem schwarzen Mercedes davon. Auf dem Armaturenbrett ist ein Savimbi-Totem angeklebt: ein großer, braunweiß gestreifter Hund aus Plastik. Der Kopf nickt, rauf und runter, während sich die Limousine von der Landebahn entfernt.

Später, beim Fototermin, der in einem erbärmlichen erdbeerrosa gestrichenen Souterrainzimmer in einer schmalen Reihe schäbiger Gebäude stattfindet, die als Zentrum von Bailundo fungieren, tätschelt Boutros-Ghali Savimbi die Hand und nennt ihn »meinen lieben alten Freund«. Eine merkwürdige Formulierung, denn die UN-Resolutionen zum Bürgerkrieg in Angola haben einen großen Teil der Schuld für das Blutbad, das Angola nach 1992 überschwemmte, mitten auf den Schultern des lieben alten Freundes platziert.

Später frage ich Boutros-Ghali, warum er die Schultern Savimbis mit dem Mantel seiner Zustimmung bedeckt. Er wirft mir einen spöttischen Blick zu, als wolle er sagen, dass meine Skrupel nicht zur Sache gehörten: Die Welt wird größtenteils von Männern regiert, die Blut an den Händen haben. Außerdem hat sich der Zeitplan des Friedensprozesses in Angola verzögert. Ein Massaker zu diesem Zeitpunkt kann den Wahnsinn von neuem auslösen. Es gibt Leute in Savimbis Lager, die in den Busch zurückkehren und kämpfen wollen. Die Belohnung, die es für eine Mithilfe beim Friedensprozess gibt, muss ganz deutlich werden. Savimbi muss seine Streicheleinheiten bekommen.

Später, auf der Pressekonferenz, nachdem die Streicheleinheiten verteilt sind, fällt Boutros-Ghalis Blick auf ein Transparent an der Rückwand des Raumes mit der Aufschrift WAHRER FRIEDEN WOHNT IN DEN HERZEN DER MENSCHEN. Es *gibt* Frieden in den Herzen der Menschen, schnurrt der Generalsekretär und legt den Arm um Savimbi. Die Journalisten hinten im Raum verdrehen die Augen. Als Boutros-Ghali wieder im Flugzeug ist, zuckt er die Achseln und lächelt wissend. Man muss den Leuten Mut machen. Man muss in ihnen den Glauben wecken, ganz gewiss, dass Frieden in ihren Herzen wohnt.

16. Juli, Sonntag: Gbadolite, Zaire. Nach dem Abflug aus Angola überquert Boutros-Ghalis Flugzeug Zentralafrika und landet im Herzen der äquatorialen Urwälder Zaires. Präsident Mobutu wünscht eine Unterredung unter vier Augen.

Aber der Präsident, so sagt man uns, nehme noch an einer Messe teil. Also stehen wir uns im Gästehaus, einem Bungalow auf einem schwer bewachten Gelände mitten im Urwald, die Beine in den Bauch. Boutros-Ghali geht auf und ab, blickt auf die Uhr, streicht mit den Händen über Mobutus Sammlung afrikanischer Goldfigürchen auf ihren kühlweißen Marmorsockeln. In der Ecke steht ein gewaltiger Farbfernseher, CNN bringt eine Nachrichtenzusammenfassung: Man hat Zepa angegriffen, der Bunker des ukrainischen UN-Kontingents ist umzingelt. Boutros-Ghali schaut zu, verzieht keine Miene. Dann steht er auf – und zum ersten und einzigen Mal erlebe ich, dass er die Fassung verliert – und sagt: »Das ist die Globalisierung«, als habe er plötzlich erkannt, wie irrwitzig es ist, einen CNN-Bericht über die Eroberung irgendeines europäischen Dorfes zu sehen, hier, mitten im Dschungel von Zaire.

Zehn Minuten verstreichen. Dann zwanzig Minuten. »Warum lässt man uns warten?«, frage ich einen der Berater des Generalsekretärs. Weil, flüstert er, Mobutu der König ist.

Draußen fährt schließlich eine überlange Cadillac-Limousine vor. Sie braust mit dem Generalsekretär davon – wir im Bus hinterher. An den Lehmhütten von Mobutus Untertanen vorbei, geht es hinauf zu seiner auf einem Berggipfel gelegenen Villa aus Marmor. Auf einer Granitesplanade vor dem Haus plätschern Springbrunnen, man fordert uns auf, das durchgehende 180-Grad-Panorama dampfenden Urwaldes zu bewundern, der sich vor uns erstreckt. Plötzlich erscheint Mobuto höchstpersönlich, im cremefarbenen Anzug, der ein wenig straff sitzt. Er lehnt sich auf seinen Gehstock mit Silberknauf. Die Frauen in der Gruppe des Generalsekretärs begrüßt er einzeln mit einem leisen: »*Enchanté, Madame*« und streift jede ihrer Hände leicht mit seinen Lippen. Drinnen dürfen wir die glänzenden grauen Marmorböden bewundern, die Gobelins, das Louis-Quatorze-Mobiliar, den Grundig-Fernsehapparat, die funkelnden Kronleuchter, die Großflaschen Whisky auf den Serviertischen. Man munkelt, Boutros-Ghali versuche, Mobutu davon zu überzeugen, die ruandischen Hutu-Flüchtlinge, die zu Hunderttausenden nach Zaire geflohen sind, nicht auszuweisen.

Als man uns fünfundvierzig Minuten später wieder hineinbittet, nimmt Mobutu zwei große Männer in Anzügen zur Seite und sagt, während er Boutros-Ghalis Arm drückt, diese Männer, seine Minister, könnten bezeugen, was er versprochen habe. Plötzlich kommt ihm ein amüsanter Gedanke. Er könne sie immer noch erschießen lassen, und in diesem Falle könne sich niemand mehr an das Versprechen erinnern. Dann aber sagt er, breit grinsend, zum Generalsekretär, »würden Sie Schwierigkeiten wegen der Menschenrechte machen«. Die Mienen der Minister erstarren zu Höflings-Grimassen, Boutros-Ghali ringt sich ein mattes Lächeln ab.

Das ist sein Job, denke ich, und wenn man Generalsekretär ist, kalkuliert man folgendermaßen: Mobutu ist schlimm, aber Zaire ohne Mobutu wäre noch schlimmer; dreißig Jahre lang hat sich der Diktator an der Macht gehalten, weil man in Washington, Moskau, Paris und London in ähnlicher Weise kalkulierte. Der Diktator nimmt die Unterstützung der ausländischen Mächte als gegeben hin; das macht ihn ein bisschen sorglos, was das Einhalten seiner Versprechen betrifft. Drei Wochen, nachdem er dem Generalsekretär versprochen hat, die Füchtlinge in den Flüchtlingslagern nicht zu vertreiben, beginnen seine Truppen, genau dies zu tun; man sieht sie in den Abendnachrichten, wie sie durch die Lager schreiten und die Frauen und Kindern unter Einsatz ihrer Peitschen davonjagen.

Montag, 17. Juli: Bujumbura, Burundi. Wir sind inzwischen seit fünf Tagen unterwegs, und der Einzige, der nicht erschöpft wirkt, ist der lebhafte, energische 72-Jährige, um den sich alles dreht. Ich sehe nie, dass er sich entspannt – ich habe nie gesehen, dass er seine Krawatte lockerte –, und an diesem Morgen tritt er, etwas nach vorn geneigt, mit Schwung aus dem Fahrstuhl. Die Leute in seiner Entourage sind langsam mit ihren Kräften am Ende: Man kann sie in den Fluren des Hôtel Source du Nil bis weit nach Mitternacht in ihren Schlafröcken sehen, wie sie Telegramme auf sein Zimmer bringen, Telefonate aus New York empfangen, ihre Betten sind übersät mit Papieren. Er verlangt ihnen alles ab. Sein amerikanischer Sicherheitsbeamter, ein ehemaliger Polizist aus Darien, Connecticut, erinnert sich noch an seine Zeit unter Pérez de Cuéllar oder Waldheim, als man auf den Reisen noch Zeit zum Sightseeing hatte. »Bei ihm hier ist das anders«, seufzt er, »wenn der sich den Terminplan ansieht und dabei einen Besuch im Zoo entdeckt, fliegt der Besuch raus. Und rein kommt eine weitere Besprechung.«

Burundi ist eines dieser kleinen, unscheinbaren Länder, die die Aufmerksamkeit der internationalen Gemeinschaft deshalb verdienen, weil sie einen Hang zur Selbstzerstörung haben. Boutros-Ghali ist nach Bujumbura geflogen, einer kleinen Stadt am Ufer des Tanganjika-Sees; er will versuchen, die politische Elite Burundis durch Gespräche zur Vernunft zu bringen. Die Tutsi-Minderheit, die seit langem an der Macht ist und die Armee kontrolliert, ist durch die Installation einer Mehrparteiendemokratie gezwungen worden, die Macht mit der Hutu-Mehrheit zu teilen. Schließlich, 1993, kam ein Hutu als Präsident an die Macht – aber nur, um sogleich einem Attentat zum Opfer zu fallen. Bei den darauf folgenden Massakern sind angeblich Hunderttausende, Hutu wie Tutsi, umgekommen.

Um den Zerfall des Staates Burundi zu stoppen, hatte der

Generalsekretär einen Sonderbeauftragten ernannt: Ahmed Ould Abdallah, einen unermüdlichen 55-jährigen mauretanischen Diplomaten mit dem gebieterischen Wesen eines Stammesfürsten aus der Sahara. Im April 1994, am Abend, als das Flugzeug mit den Staatspräsidenten von Ruanda und Burundi über dem Flughafen von Kigali abgeschossen wurde, verbreitete Abdallah über Rundfunk und Fernsehen einen Aufruf, um zu verhindern, dass Falschmeldungen zu einem Blutbad führten. Er saß die ganze Nacht mit dem Stabschef des Heeres zusammen, rief die örtlichen Kommandeure an und befahl ihnen, in den Kasernen zu bleiben. Für die meisten Beobachter ist es allein Abdallah zu verdanken, dass Burundi nicht auch dem genozidalen Wahnsinn anheim fiel, der schon den Nachbarn Ruanda heimgesucht hatte.

In Burundi gibt es keine Blauhelme, und Abdallah will auch keine haben. »Was wir hier brauchen, sind Psychiater«, sagt er. »Ich treffe die Politiker täglich. Alle haben Angst voreinander. Wenn ich ihnen die Hand gebe, sind sie schweißnass. Unter ihnen ist keiner, der den anderen nicht um einer Stunde der politischen Macht willen umbringen würde.«

Er gibt sich keinen Illusionen hin. Zwei Jahre voller hektischer Betriebsamkeit haben wahrscheinlich nicht mehr bewirkt, als ein unsicheres Gleiten in den Abgrund zu verlangsamen. Drei Tage zuvor war die Schwester eines Tutsi-Angehörigen seines Stabes von einer Hutu-Miliz auf einer Fernstraße im Süden der Stadt zusammen mit ihrem Mann, einem Armee-Offizier, aus dem Hinterhalt überfallen worden. Der Mann wurde verstümmelt. Der Frau, im achten Monat schwanger, der Bauch aufgeschlitzt.

Die Banden, die so etwas tun, werden in der Regel von lokalen Politikern bezahlt. Abdallah hat ihre Telefonnummern. Aus seiner schwer bewachten Residenz mit Blick auf den Tanganjika-See ruft er sie immer wieder an. »Man muss diese Leute auf Trab halten, sonst machen sie Dummheiten.« Immer wieder sagt er den Politikern das Gleiche: Übernehmt die Verantwortung für das, was geschieht; benehmt euch wie Erwachsene; hört auf mit den Vergeltungsschlägen; wenn ihr das nämlich nicht tut, dann werdet ihr von dem vernichtet werden, was ihr entfesselt habt.

Ich fahre mit Abdallah in seinem gepanzerten Wagen durch die ethnisch gesäuberten Viertel von Bujumbura; ich will mit den Jugendlichen mit den Kalaschnikows und Handgranaten sprechen, die zum Preis für ein paar Bier eine Straße in Schutt und Asche legen. Er steigt aus und stellt sie zur Rede, sagt ihnen, der Kreislauf der Gewalt und Gegengewalt müsse aufhören, da sie sonst alle untergehen würden. Niemand scheint sich darüber zu wundern, dass ein UN-Gesandter in der Gefahrenzone einer kleinen Stadt in Afrika persönlich für Ordnung sorgt. Aber niemand sonst verfügt hier über so viel Glaubwürdigkeit. Es ist ein Experiment: präventive Diplomatie als ein Weg, die Spirale der Gewalt zwischen den Volksgruppen zu beenden. Die UNO könnte das auch anderswo bewerkstelligen, doch fehlen ihr die Leute mit der notwendigen Zähigkeit und dem erforderlichen Charisma. Abdallah wird Burundi bald verlassen.

Man lädt mich ein, mir selbst ein Bild davon zu machen, wie präventive Diplomatie funktioniert. Boutros-Ghali sitzt am Kopfende eines Spieltisches in seinem Hotel und hört den Führern der Hutu und Tutsi aufmerksam zu, die sich in zwei Reihen gegenübersitzen. Die Hutu bleiben bei ihrer Auffassung, dass die von Tutsi kontrollierte Armee einen Vernichtungsfeldzug führe; die Tutsi erwidern, dass auf Grund der nächtlichen Angriffe von Hutu-Extremisten jeder Dialog über die Verfassung unmöglich geworden sei. Die Atmosphäre im Zimmer ist zum Zerreißen gespannt: Vorwürfe, Gegenvorwürfe, böse Blicke und Verachtung.

Boutros-Ghali schweigt, bis alle ausgeredet haben. Dann

sagt er, er schäme sich ihretwegen, Afrikaner zu sein. »Sie scheinen zu glauben«, fährt er fort und fixiert die beiden Augenreihen, deren Blicke sich nicht treffen, »dass die internationale Gemeinschaft Sie retten werde. Da täuschen Sie sich. Sie sollten an Beirut denken.« Viele gute Freunde von ihm seien dort umgekommen, hätten sich durch die gleiche Annahme täuschen lassen. Die internationale Gemeinschaft habe überhaupt nichts dagegen, wenn sie sich bis auf den letzten Mann gegenseitig massakrierten. Die Spendergemeinschaft sei erschöpft. Sie sei es leid, Gesellschaften zu retten, die offenbar unfähig sind, sich selbst zu retten. Schließlich haut er mit der flachen Hand auf den Spieltisch: »Sie sind volljährig – *majeurs et vaccinés*«, sagte er. »Gott hilft denen, die sich selbst helfen. Der Feind – das ist nicht die andere Seite, sondern Angst und Feigheit. Sie müssen den Mut haben, Kompromisse zu akzeptieren. Dafür ist die politische Klasse da. Sie müssen Ihre Verantwortung annehmen. Tun Sie das nicht, wird niemand Sie retten.« Dann nimmt er seine Unterlagen und eilt mit schnellen Schritten davon.

Später am Abend, im Hôtel Source du Nil, frage ich ihn, ob er bei solchen Unterredungen hinter verschlossener Tür immer eine so deutliche Sprache spreche.

»Wenn's sein muss, ja.« Es sei nichts Persönliches. Der Zorn sei ein routiniertes Kabinettstückchen, dazu geschaffen, eine verängstigte ortsansässige Elite zur Raison zu bringen.

Kann das funktionieren?

»Wir sind nur die Ärzte«, sagte er. »Wenn der Patient die Medizin nicht einnehmen will – was soll man da machen?«

Die Metapher ist nicht ganz korrekt. Die Patienten hier weigern sich nicht, die Arznei einzunehmen. Sie stecken das Krankenhaus in Brand. Gibt es einen Punkt, ab dem man sie sich selbst überlassen sollte – einen Zeitpunkt, ab dem selbst der Generalsekretär der Versuchung der moralischen Empörung erliegt?

Wohin er auch geht, überall scheint er der Gefangene der Erwartungen zu sein, die diese bettelarmen Länder an die Vereinten Nationen stellen, sowie jener übertriebenen Rechtsfiktion: die internationale Gemeinschaft. Die Erwartungen bestätigen die Bedeutung seiner Organisation: Sie sind ihr wahres Mandat, ihr *raison d'être*. Und doch versucht er auf die eine oder andere Weise ganz bewusst, die Erwartungen herunterzuschrauben, die unausweichliche Enttäuschung einzudämmen und die Menschen dazu zu bringen, die eigenen Fähigkeiten von neuem zu entdecken.

Ich frage ihn, ob er müde sei.

»Nicht im Geringsten. Ich spiele Ihnen kein Theater vor.«

Kürzlich habe er gesagt, es sei das Verdienst der seit fünfzig Jahren bestehenden Vereinten Nationen, ein arbeitsfähiges System von Beziehungen zwischen Staaten geschaffen zu haben. Ich erwidere, dass ich nach den fünf Tagen, die ich mit ihm unterwegs sei, kein arbeitsfähiges internationales System erkennen könne, sondern bloß eine Art Dschungel, dessen Wuchern man durch verzweifelte Improvisationsbemühungen in Schach hält.

Er schüttelt den Kopf. So schlimm ist es nicht. Es gibt mehr Gründe, die zu Hoffnung Anlass geben. Er hat den Mut noch nicht verloren. »Wir bringen Hoffnung in die internationale Gemeinschaft.« Und damit geht er nach oben, um einen weiteren Milizen-Führer zu treffen, an dessen Händen Blut klebt, ein weiteres Telefongespräch von Akashi in Zagreb oder dem Sekretariat in New York entgegenzunehmen.

Es wird Nacht, das Hôtel Source du Nil ist ganz in Dunkel gehüllt. Das Wasser im Swimmingpool ist spiegelglatt. Auf den Fluren, auf denen die Mitarbeiter hin und her geeilt sind, ist es still geworden, doch kurz darauf wird diese Stille

von einer Salve Gewehrfeuer und der scharfen, markerschüt-
ternden Detonation einer Granate durchbrochen. Die ethnischen Säuberungen gehen weiter, keine 800 Meter von dem
Ort entfernt, an dem der Generalsekretär schläft. Bevor ich
das Licht lösche, schalte ich CNN an. Nicht bestätigten Mel-
dungen aus Zepa zufolge, haben Soldaten der bosnischen
Serben Zivilisten aus ihren Verstecken in einem Wald am
Stadtrand gelockt, in einer Reihe aufgestellt und erschossen.
Es heißt, die Serben hätten blaue Helme getragen.

II

Wenn ich heute zurückblicke, erkenne ich, dass ich auf der
Reise durch Afrika mit Boutros-Ghali Zeuge eines Augenblicks wurde, in dem der liberale Internationalismus mit
seinem Latein am Ende war. Mit den doppelten Katastrophen von Srebrenica und Ruanda ging eine kurze, hoff-
nungsvolle Ära zu Ende, die sich 1989 abzuzeichnen begann.
So wurde eine historische Gelegenheit verspielt. Um herauszufinden, was damals möglich war, müssen wir zu einem
vergleichbaren historischen Wendepunkt zurückkehren.
Das Jahr Null 1945 führte in rascher Folge zur Gründung
der UNO, zur Etablierung der NATO, zum Marshallplan für
den Wiederaufbau Europas, zur Verkündung der Allgemeinen Menschenrechte im Jahr 1948 und zur Revision der
Genfer Konventionen und des Kriegsrechts. In den Jahren
unmittelbar nach dem Zusammenbruch der Sowjetunion
boten sich ähnliche Möglichkeiten. Das Veto der Sowjetunion sollte die UNO nicht mehr lähmen; sowjetische Waffen und Berater unterstützten nicht länger Regime und Aufstände auf der ganzen Welt. Statt zweier konkurrierender
Menschenrechtskulturen auf der Welt – die eine sozialis-

tisch, die andere kapitalistisch – gab es eine Reihe von Mindeststandards, zu denen sich jede Regierung, jedes Regime auf der Welt offiziell verpflichtet hatte. Es war nicht utopisch, anzunehmen, dass ein neues Zeitalter der zupackenden, pragmatischen Zusammenarbeit zwischen den Großmächten die Stellvertreterkriege eindämmen würde, die so viele Regionen Afrikas, Lateinamerikas und Asiens in tiefe Armut gestürzt hatten; man konnte die Möglichkeit ins Auge fassen, dass es in der friedlichen Periode nach Ende des Kalten Krieges zur nachhaltigen Steigerung der Hilfs- und Entwicklungshilfeetats für die Länder der Dritten Welt kommen würde.

Diese neuen Möglichkeiten gingen mit einem tief greifenden Wandel der moralischen Atmosphäre in der internationalen Politik einher. Die Aktivisten der Menschenrechts- und entwicklungspolitischen Arbeit hatten in ihren Ländern seit den frühen sechziger Jahren zunehmend an Unterstützern und neuer institutioneller Macht hinzugewonnen, um die Außenpolitik größerer Staaten beeinflussen zu können. Organisationen wie das Internationale Komitee vom Roten Kreuz, UNICEF und das UNHCR sind seither zu milliardenschweren globalen Organisationen geworden und nutzen weltweit operierende Medien, wie beispielsweise CNN, um in der Öffentlichkeit die Forderung nach humanitären Interventionen zu erheben.

Die Organisationen stürzten sich auf dieses neue Wissen über die Zustände der Welt, das den Horizont des modernen Gewissens so erweitert hatte. Die Medien brachen ein Schubladendenken auf, das unsere moralische Sorge unmittelbar auf unsere Familie, unsere Nachbarn, die Provinz oder Nation beschränkte. Seit es Nachrichten gibt, seit ihrer ersten Ausstrahlung in den sechziger Jahren sehen wir uns mit menschlichem Leiden konfrontiert, das früher außerhalb unserer Kenntnis und deshalb der Reichweite unserer

Gefühle von Schuld, Scham, Empörung und Reue lag, Gefühle, die uns dazu bewegen, uns der Probleme anderer Menschen anzunehmen. Zugleich machten uns die Beschleunigungen im Flugverkehr und in der Logistik der Großeinsätze wie nie zuvor deutlich, dass wir tatsächlich etwas gegen die Katastrophen, die wir im Fernsehen sehen, unternehmen können – und zwar schnell. Und schließlich wurde uns klar, dass wir im Westen über einen riesigen Vorrat ungenutzter Ressourcen verfügen – Getreide in Silos, Infusionsflüssigkeiten in unseren Arzneidepots, das technische Know-how unserer Ingenieure und Ärzte –, das man dazu nutzen konnte, den Schrecken der Welt zu verringern. Das alles veränderte das moderne moralische Vorstellungsvermögen. Die Grenzen moralischen Handelns sind heute globaler Natur, und wir *wissen*, dass es nur auf uns ankommt. Uns bleiben immer weniger plausible Entschuldigungen für Fatalismus und Tatenlosigkeit. Das schiere Ausmaß unserer Möglichkeiten und der Umfang unserer nicht genutzten Ressourcen klagen uns gemeinsam an.

Bald schon wurde deutlich, wie sich der Einfluss dieses einmal erwachten Gewissens auf die Außenpolitik der Nationen auswirken sollte. In rascher Folge führte die internationale Gemeinschaft eine anspruchsvolle Intervention nach der anderen durch: die UN-Operation zur Überwachung der Wahlen in Kambodscha; der Golfkrieg, um die Eroberung eines Nachbarstaates durch einen Diktator zu verhindern; die internationalen Versuche, die Kurden zu retten und ihnen eine Schutzzone unter einer US-amerikanischen Lufthoheit einzurichten; das militärische Eingreifen in Somalia, um die Kämpfe zwischen den rivalisierenden Parteien beizulegen und die Opfer der Hungersnot mit Lebensmitteln zu versorgen; die Entsendung von UN-Truppen nach Bosnien, um die Konvois mit ihren humanitären Hilfsgütern zu schützen. Auf dem Höhepunkt dieser Welle des humanitären Internationalismus verkündeten einflussreiche Persönlichkeiten wie der Franzose Bernard Kouchner, Gründer der Hilfsorganisation Médecins sans Frontières (Ärzte ohne Grenzen, d.Ü.)und früherer Minister in der Regierung Mitterand, dass das Zeitalter der absoluten nationalen Souveränität beendet sei und dass eine neue Ära der Intervention begonnen habe. Die UN-Resolutionen, die die kurdische Bevölkerung internationalem Schutz unterstellt hatten, galten als ein bedeutsamer Präzedenzfall, geschaffen, um der internationalen Gemeinschaft das Recht zu geben, in die inneren Angelegenheiten eines Staates einzugreifen, sofern die Zivilbevölkerung von einem lokalen Gewaltherrscher unterdrückt wurde.

Wie lange das alles her zu sein scheint. Jetzt, am Ende des Jahrhunderts, ähnelt der Internationalismus der neunziger Jahre weniger dem kreativen Augenblick von 1945, sondern mehr dem Scheitern des Internationalismus, wie ihn Woodrow Wilson nach dem Ersten Weltkrieg erlebte. Scheitert der moralische Internationalismus, kehrt der Isolationalismus zurück, und die Anzeichen für einen solchen Rückzug sind bereits allgegenwärtig. Seit der Ära Boutros-Ghali ist die Zahl der weltweit stationierten Friedenstruppen gesunken, die Zahl der aktiven Kriege dagegen gestiegen; die Auslandshilfeetats der großen Industrienationen stagnieren oder werden gekürzt; die Medien schließen ihre Auslandsbüros. Wir leben im globalen Dorf und sind zur Kirchturmpolitik zurückgekehrt.

Inzwischen hat der moralische Aktivismus der frühen neunziger Jahre nachgelassen, und seine historischen Konturen werden sichtbar. Er war als Versuch gedacht, Prinzipien an die Stelle der Realpolitik zu setzen, die alte imperiale Sprache der Interventionen durch eine neue Sprache der humanitären Not zu ersetzen. Doch die imperialen Ambitionen, Torheiten und Ironien suchen dieses Projekt auch weiterhin heim. Die dunklen Urwälder, über die wir mit Boutros-Ghalis Flugzeug geflogen waren – wo wir kurz in Mobutus Landsitz in Gbadolite landeten –, all dies liegt nicht weit entfernt vom realen Schauplatz der großen Erzählung über den europäischen Imperialismus, der nicht mehr weiter weiß: Joseph Conrads Novelle *Herz der Finsternis*, veröffentlicht 1899. In den neunziger Jahren fuhr der junge Conrad mit einem Dampfboot den Kongo hinauf, erfüllt von Abscheu über die sadistische Grausamkeit der belgischen Kolonialbeamten, die in der Region wirkten. Diese Beamten dienten ihm später als Vorbild für den satanischen Elfenbeinagenten Kurtz.

In *Herz der Finsternis* erkannte Conrad, dass der Imperialismus, betrachtete man ihn aus der Nähe, keine besonders angenehme Sache ist. »Was ihn rettet, ist allein die Idee.« Die räuberische Suche nach Elfenbein wurde in Kurtz' eigener Sicht durch das Vorhaben geadelt, den Wilden Kultur zu bringen. Am Ende rettete die Kultur natürlich überhaupt nichts. An der letzten Biegung des Flusses findet Kapitän Marlow Kurtz und sieht, dass von dessen zivilisatorischer Mission nichts weiter übrig geblieben ist als eine Reihe gepfählter Eingeborenenköpfe und der zerfledderte Schlussbericht an die Internationale Gesellschaft zur Unterdrückung primitiver Bräuche, auf dessen letzte Seite der delirierende Kurtz gekritzelt hatte: »Rottet alle Wilden aus!« Conrads Werk ist eine Fabel über den Imperialismus des 19. Jahrhunderts, der von Sinnlosigkeit gelähmt und von nihilistischem Zorn verzehrt wird. Er handelt aber auch von der Verführungskraft moralischer Empörung: Nachdem es Kurtz nicht gelungen war, die Wilden zu zivilisieren, richtet er schließlich die ganze Kraft seiner moralischen Desillusionierung gegen sie selbst.

Die Interventionen der liberalen Demokratien in den neunziger Jahren waren alle erklärtermaßen und bewusst nicht imperialistisch. Dennoch wurden sie von den gleichen Conrad'schen Kontinuitäten und Ironien heimgesucht. Während Conrad in *Herz der Finsternis* die imperiale Machtlosigkeit in die Metapher eines Kanonenboots fasste, das vor der Küste Afrikas vor Anker liegt und völlig sinnlos den schweigsamen Urwald bombardiert, entspricht dem heutzutage das Bild, wie NATO-Flugzeuge 1994 verlassene Artilleriestellungen der Serben bombardierten. Conrad selbst hätte kein treffenderes Bild imperialer Vergeblichkeit entwerfen können als das Schauspiel, bei dem UN-Soldaten, überwiegend Pakistani, auf die somalische Menschenmenge feuerten und dabei die Frauen und Kinder töteten, die sie laut Mandat hätten beschützen müssen. Inzwischen sind natürlich alle Spuren der Operation Somalia verwischt, genauso wie die Zeugnisse der belgischen Anwesenheit im Kongo vom Urwald überwachsen sind. Falls – wie erwartet wird – die NATO-Truppen irgendwann 1998 aus Bosnien abgezogen werden, könnte schon bald der Eindruck entstehen, sie seien vielleicht gar nicht dort gewesen. Vergangenheit und Gegenwart zerfließen zu einem einzigen Bild der Vergeblichkeit imperialer Macht.

Die seit 1989 durchgeführten Interventionen galten als maßvoll und daher als eine moralisch sinnvolle Ausübung der Macht, unbefleckt von imperialer Expansionslust. Während der Operation Wüstensturm wurden die Truppen auf dem Weg nach Bagdad angehalten: Saddam Hussein durfte an der Macht bleiben, und wir beschränkten uns auf die Errichtung eines Luftkorridors, um den Kurden zu ermöglichen, ihre Zukunft so gut sie konnten zu gestalten.

Im Fall Somalias schlossen wir die Eroberung von vornherein aus, und zwar zugunsten der so genannten Strategie des »schnellen Abzugs«. In Bosnien aber, einem Land, das während des ganzen 19. Jahrhunderts entweder von österreichischen oder türkischen Dragonern befriedet wurde, dort also glaubten wir noch im Sommer 1995, dass die bloße Androhung unseres Missfallens, dass ein Handelsembargo und der gelegentliche Abwurf einer Bombe den Einsatz unserer eigenen Dragoner unnötig machen würden. Danach glaubten wir – mit einer Naivität, die die alten Zyniker, die Österreich-Ungarn regierten, völlig lachhaft gefunden hätten –, dass wir unsere Dragoner für einige Jahre ins Land bringen und sie dann wieder abziehen könnten, um so Bosniens Frieden zu sichern. Wären wir rücksichtsloser und imperialer aufgetreten, hätten wir ein wenig effektiver sein können. Wenn General Schwarzkopf es sich gestattet hätte, zum General MacArthur eines eroberten Irak zu werden, würde die irakische Opposition im Ausland das Land jetzt vielleicht neu aufbauen; wenn die US-Marines immer noch auf den Straßen von Mogadischu patrouillieren würden, stünden die Aussichten, Somalia aus der Welt Hobbes' hinaus- und in die Welt Lockes hinein zu führen, ein wenig besser; und wenn die NATO die bosnische Regierung 1992 gegen den Aufstand der Serben mit Luftangriffen verteidigt hätte, dann wäre Europa der Anblick neuer Konzentrationslager erspart geblieben. Auf ähnliche Weise gilt: Wenn nach dem Daytoner Friedensabkommen 1995 die Regierungen des Westens unter dem Mandat der UNO die Verwaltung Bosniens übernommen hätten, zumindest solange, bis die lokalen Gruppierungen glaubwürdige Belege dafür abgeliefert hätten, dass sie ihr Land selbst regieren können, dann hätte man Bosnien auf einer sichereren Grundlage neu aufbauen können. Die Tatsache, dass eine solche Option niemals auch nur im Entferntesten in Betracht gezogen wurde, weist darauf hin, dass eine liberale Außenpolitik der Intervention möglicherweise ein Widerspruch in sich ist: Prinzipien verpflichten uns dazu, einzugreifen, und doch verbieten sie zugleich jene imperiale Rücksichtslosigkeit, die erforderlich ist, um einer militärischen Intervention zum Erfolg zu verhelfen.

Im Zeitalter des Postimperialismus haben wir den alten Methoden abgeschworen, aber Spuren unserer imperialen Arroganz bleiben sichtbar. Was sonst hätte irgendjemanden zu der Annahme veranlassen können, dass eine auswärtige Macht in Somalia einmarschieren, den Kämpfen zwischen den rivalisierenden Parteien ein Ende setzen und dann wieder abziehen könnte, und zwar binnen Monaten? In Jugoslawien hat uns nicht Ängstlichkeit dazu veranlasst, einen frühen militärischen Einsatz zu vermeiden, sondern vielmehr Überheblichkeit, die die Politstrategen zu dem Glauben verleitete, dass man gerissene und skrupellose Demagogen allein durch gestrenge Worte in die Defensive bringen könne. Wir haben unser moralisches Ansehen konsequent über- und die Entschlossenheit derer, die es auf einen ethnischen Krieg ankommen lassen wollten, konsequent unterschätzt.

Außerdem war unsere Politik nicht nur moralisch motiviert, sondern wurde gleichermaßen von einem Narzissmus angetrieben. Wir intervenierten nicht nur, um andere zu retten, sondern auch, um uns selbst, besser gesagt, das Bild, das wir von uns als den Verteidigern des universalen Anstands haben, zu retten. Wir wollten zeigen, dass der Westen »es ernst meint«. Wir glaubten, dieser imaginäre Westen, dieses narzisstische Bild von uns selbst sei im Mythos eines multiethnischen, multikonfessionellen Bosniens verkörpert. Der Wunsch, militärisch einzugreifen, hat uns möglicherweise dazu veranlasst, die Geschichte Bosniens umzuschreiben, damit es dem Ideal eines Landes entspricht, das man erlösen kann. Dennoch war es natürlich eine Ironie der Geschichte, dass ein Westeuropa, das keine Skrupel kannte, seine muslimischen Gastarbeiter-Minderheiten zu gettoisieren, in der muslimisch-christlichen Koexistenz Bosniens plötzlich genau das Bild seiner eigenen multikulturellen Illusionen wieder fand. Bosnien wurde zu einer Art Theater der Verdrängung, in dem man die politische Energien, die man sonst zur Verteidigung der multiethnischen Gesellschaft zu Hause hätte aufwenden können, stattdessen auf die Verteidigung eines mythischen Multikulturalismus weit weg umleitete. Bosnien war die letzte *bel espoir* einer Generation, die die Ökologie, den Sozialismus und die Bürgerrechte ausprobiert hatte – aber nur, um mit anzusehen, wie all diese Hoffnungen ihren romantischen Schwung einbüßten.

Zwar hatte die moralische Entrüstung der Intellektuellen tatsächlich Auswirkungen auf den Kriegsausgang in Bosnien, doch scheint es im Rückblick offensichtlich, dass der US-amerikanische Druck, der zum Abkommen von Dayton führte, eher politisch und geostrategisch als moralisch motiviert war. Die USA intervenierten, um die Präsidentschaft von Bill Clinton durch eine zeitlich geschickt gewählte Demonstration globaler Führerschaft und – was schwerer wiegt – um die NATO und das Atlantische Bündnis zu retten. Seit der Weigerung der USA, die Vance-Owen-Friedensinitiative der europäischen Mächte von Anfang 1993 zu unterstützen, haben sich Europa und die USA in der Bosnien-Frage völlig zerstritten. Der US-Präsident intervenierte in Bosnien, um seine Verbündeten bei der Stange zu halten, und zwar zu den Bedingungen der USA. Doch heute ist das Daytoner Abkommen nur noch eine ferne Erinnerung, und wenn unsere Truppen das Land verlassen, werden die Kämpfe möglicherweise wieder aufflammen. Österreich-Ungarn hätte uns lehren können, dass der Balkan schon immer das Pathos imperialer Macht entlarvt hat.

Sehr oft stützte sich der moralische Reflex liberaler Interventionen, das »Man muss etwas tun«, auf die nie recht geprüfte Annahme, dass es in unserer Macht stünde, alles zu tun. Dieser Glaube an die eigene Allmacht stand häufig zwischen Empörung und Einsicht, zwischen dem Sich-stark-Fühlen und dem Wissen um die Grenzen der Machbarkeit.

Wären wir von bescheideneren Voraussetzungen ausgegangen – dass wir stets weniger tun können, als wir gern möchten, dass wir zwar möglicherweise das Grauen beenden, jedoch nicht immer Tragödien verhindern können –, dann hätten wir vielleicht verantwortlicher gehandelt und – eventuell – Interventionsstrategien mit mehr Aussicht auf Erfolg ersonnen.

Nun, da wir die bescheidenen und unbefriedigenden Ergebnisse der meisten Interventionen kennen – auch künftig dürfte es in Bosnien zu ethnischer Gewalt auf niedrigem Niveau kommen; Saddam Hussein ist noch an der Macht; die Kriegsherren in Somalia lassen das Land weiter verbluten; die Region der Großen Seen in Afrika wird weiter von der Erbschaft des Hasses als Folge des ruandischen Völkermords zerrissen –, gilt es, eine weitere Conrad'sche Parallele zu betrachten, und zwar das Thema der moralischen Entrüstung. Es wäre übertrieben zu sagen, dass die Parole »Vernichtet die Wilden!« heute für viele die uneingestandene Schlussfolgerung darstellt, die sie aus dem Scheitern des Westens ziehen. Doch lockt bereits ein verwandter Gedanke: »Sollen sich die Wilden doch selbst ausrotten«.

Das, was der Generalsekretär in Burundi und Ruanda formulierte, zielte nur um Haaresbreite an einer solchen Desillusionierung und einem solchen Abscheu vorbei. Ähnlich desillusioniert empfindet man auch anderenorts in den Gefahrenzonen der sich entwickelnden Welt. In den Bürgerkriegen, die Sierra Leone und Liberia verwüstet haben, in dem zwanzigjährigen Krieg, der Afghanistan zugrunde gerichtet hat, fühlt sich die schrumpfende Gruppe der Helfer, die alles daran setzt, den Verwundeten und Vertriebenen zu helfen, nicht selten so wie die Conrad'schen Posten im kongolesischen Urwald, so dass sie den Sinn ihrer Mission aus den Augen verlieren. Moralischer Abscheu ist mehr als nur eine Verführung; er ist eine objektive Reaktion auf wiederkehrende Ereignisse, auf das immer gleiche Unvermögen der Eliten und Gesellschaften, sich selbst zu helfen. Die Erschöpfung des Mitleids auf Seiten der Staaten und der privaten Spender, die die Entwicklungshilfe finanzieren, ist vielleicht mehr als bloß Müdigkeit. Vielleicht verbirgt sich dahinter eine virulente Aversion gegenüber der Unfähigkeit von Gesellschaften, die ja deshalb Hilfsleistungen erhalten, damit sie alles daransetzen, sich selbst zu helfen.

Diese Wiederkehr der Desillusionierung wird durch den Zusammenbruch der moralischen Erzählungen gefördert, die uns überhaupt erst die Kraft zum Engagement verleihen. Mit moralischer Erzählung meine ich hier die Geschichten, die wir einander erzählen, um uns ferne Orte und Länder zu vergegenwärtigen und um zu erklären, warum wir uns in ihre prekäre Lage einmischen sollten. Es ist ein Trugschluss, anzunehmen, dass die globalen Medien diese Erzählungen des Engagements zwangsläufig erzeugten. Es liegt nichts *in* den Bildern der Barbarei oder des Leidens, das automatisch Anteilnahme oder Engagement hervorriefe. Manche Bilder, einige Orte lösen bei uns das Verlangen aus, uns zu engagieren; andere nicht. Unser moralisches Engagement in fernen Orten ist bekanntlich selektiv und parteiisch. Es ist wahrscheinlicher, dass wir Menschen helfen, die so aussehen wie wir, als Menschen, die anders aussehen; wahrscheinlicher, dass wir Menschen helfen, deren Lebensgeschichte oder Notlage wir verstehen können, als Menschen, deren Situation wir nicht ermessen können. Ob wir uns engagieren, hängt entscheidend davon ab, welche Erzählung uns die Vermittler – die Schriftsteller, Journalisten, Politiker, Augenzeugen – liefern, die uns die Schrecken der Welt zugänglich machen. Hier kann man beobachten, dass die vorrätigen Erzählungen in zwei Kategorien gehören. Die Geschichte der Globalisierung lehrt uns, dass die Welt zusammenrückt und dass Länder, die wir nicht besonders zur Kenntnis nahmen – zum Beispiel die Wirtschaften der so genannten Tigerstaaten Asiens –, rasend schnell zu unseren Konkurrenten werden. Diese Erzählung gibt uns Gründe, damit wir uns mit diesen Ländern befassen und sie genau betrachten, und wenn nur als potenzielle Rivalen. Die zweite Erzählung erzählt die Geschichte vom Chaos. Der vielleicht bekannteste Beitrag zu diesem Thema ist Robert Kaplans Artikel »The Coming Anarchy«. Aus den Erfahrungen, die er auf seinen Reisen nach Westafrika und in den Kaukasus machte, lässt Kaplan ein Bild entstehen, in dem große Zonen der Welt der Anarchie und Formen des Krieges ausgeliefert sind, die so chaotisch sind, dass es zuviel der Ehre wäre, wenn man sie Bürgerkriege nennen würde. Es sind Kriege des Zerfalls, ausgefochten zwischen Splitterparteien und Banden, deren Ziele sich nicht einmal als politisch bezeichnen lassen. Die Gruppen kämpfen um Drogen, um Territorien, um ihr Überleben, doch führen diese kriegerischen Auseinandersetzungen zu nichts anderem als zu einem noch größeren Chaos.

Verknüpft man diese beiden Erzählungen – die von der Globalisierung und die vom Chaos –, dann zeigt sich, dass sie kein Bild der Welt zeichnen, das einen Sinn ergibt. Bestenfalls bieten sie ein zersplittertes Bild: Tokio, Singapur, Taipeh, Paris, London, Rom, New York, Los Angeles werden durch globale Handelswirtschaft rund um die Uhr zusammengeschlossen. Doch riesige Teile der Welt – Zentralafrika, Teile Lateinamerikas, Zentralasien – fallen nach und nach völlig aus der Weltwirtschaft heraus und geraten in eine dunkle Zone zyklischer Gewalt.

Hier ist nicht der Ort – selbst, wenn es in meiner Macht stünde –, diese beiden Geschichten miteinander zu verbinden. Entscheidend ist, dass, wenn es keine erklärenden Erzählungen mehr gibt, die Ethik des Engagements allmählich untergraben wird. Wenn wir jenseits unserer Grenzen nur

Chaos erblicken, können wir den Verführungen der Empörung nicht mehr widerstehen. Wenn wir ein Muster in dem Chaos entdecken könnten, oder eine Möglichkeit, hier und da ein wenig Ordnung hineinzubringen, dann würden rationale Begründungen für Interventionen und für ein langfristiges ethisches Engagement wieder an Überzeugungskraft gewinnen. Wir vergessen, dass der Kalte Krieg die Welt für uns erklärlich machte. Er lieferte uns eine scheinbare Begründung für die Kriege der Dritten Welt; klärte uns über die beiden Seiten auf; legte fest, auf wessen Seite wir stehen sollten. Wir haben den Faden unserer Erzählung verloren und damit die Begründung, uns zu engagieren.

Unsere Erzählungen, auch dies muss man zugeben, enthalten Sicherheitsklauseln. Wir verlangen Opfer gänzlich frei von Schuld, und wenn sie sich nicht als hinreichend schuldlos erwiesen haben, verbergen wir unsere Enttäuschung damit, dass wir sie verantwortlich machen. Warum fordern wir eigentlich von den Opfern, sie hätten ohne Fehl und Tadel zu sein? Die kurdischen Fraktionen haben sich innerhalb der Sicherheitszone, die ihnen die USA durch den Luftkorridor eingerichtet hatten, weiterhin befehdet; sobald eine Gruppe keine Unterstützung aus Washington mehr bekam, wandte sie sich an Bagdad, woraufhin die liberalen Unterstützer ihrer Sache das wenig erbauliche Schauspiel miterleben durften, wie Agenten der irakischen Geheimpolizei ihre politischen Gegner unter der Aufsicht ihrer Landsleute innerhalb der Enklave internierten. Sich mit dem schlimmsten Feind des kurdischen Volkes zu verbünden, um offene Rechnungen innerhalb der kurdischen Befreiungsbewegung zu begleichen, ist sicher dazu angetan, die westlichen Freunde ausrufen zu lassen: »Sollen sie doch zum Teufel gehen«. Aber was soll ein schwaches Volk auch tun, wohl wissend, dass sich die US-amerikanische Politik seiner Sache nicht wirklich verpflichtet fühlt? Wenn es in

Bosnien wieder Krieg gibt, dann dürfte es dem Westen nicht schwer fallen, sich aus dem Land zurückzuziehen. Schließlich haben die anderen »sich die Folgen selbst zuzuschreiben«.

Den Opfern die Schuld zuzuschreiben ist eine der Versuchungen enttäuschter Hoffnung. Das Scheitern der neuen Weltordnung ist von reichlich viel exkulpatorischer moralischer Empörung begleitet, einem sich von der Verantwortung freisprechenden Gefühl, dass »wir« uns bemüht und »sie« versagt haben. Mehr noch: Es ist verlockend apokalyptisch, anzunehmen, dass *all* unser Handeln ein Fehlschlag war. Die Wahrheit ist nicht eindeutig. Zwar hat man das kurdische Volk vor der Vernichtung bewahrt, aber es hat keinen eigenen Staat, und es existiert nur deshalb noch, weil es von vier übel wollenden Nachbarn geduldet wird; die Hungersnot in Somalia wurde gelindert, aber die Herrschaft der Banden nicht beendet; Saddam Hussein wurde bestraft, nicht aber gestürzt; der Westen verhinderte, dass die bosnischen Muslime ausgelöscht wurden, nicht aber die Abtrennung ihres Staates.

Haben wir unser Bestes gegeben? Zwischen denen, die jetzt sagen, wir hätten getan, was wir konnten, und denen, die glauben, wir hätten mehr tun können, muss es eine Position geben, in der sich die Ethik des Engagements und die Ethik der Verantwortung treffen, in der die Verpflichtungen, die wir gegenüber Fremden in Not eingehen, durch realistische Strategien des Helfens unterstützt werden. Wenn wir solch einen mittleren Weg nicht finden, werden Politik und öffentliche Meinung wahrscheinlich auf Dauer zwischen der Scylla hybrishaften Überengagements und der Charybdis zynischer Rücknahme jeglichen Engagements hin und her schlingern.

Um diesen mittleren Kurs zu finden, muss man sich über drei Fragen klar werden: 1. Zu welchem Zeitpunkt ist es erforderlich, dass auswärtige Mächte in einem Bürgerkrieg militärische Gewalt anwenden? 2. Wann ist es richtig, die Forderung einer Minderheit nach Abtrennung vom Staat zu unterstützen? 3. Wie kann man die Zivilbevölkerung vor den Folgen von Bürgerkriegen schützen?

Die Erfahrungen des Vietnamkrieges haben die wirklichen Grenzen offenbart, die eine demokratische Politik der Ausübung postimperialer Gewalt auferlegt. Nur in seltenen Fällen – etwa bei der Invasion des Irak in Kuwait – gelingt es demokratisch gewählten Politikern, jenen Konsens herzustellen, den internationale Militäroperationen erfordern. Dabei bewirkt der Zyklus der Wahlen, dass dieser Konsens brüchig ist: In der Praxis sind offenbar nur Strategien der Militärintervention mit geringem Risiko und geringem Ertrag als Luftangriffe durchführbar. Die autoritären Populisten auf dem Balkan demonstrierten ohne Skrupel, dass sie diese Achillesferse der gegenwärtigen postimperialen Macht erkannten.

Dennoch scheint die Geschichte des Balkans zu zeigen, dass eine gut gewählte und zielgenaue Intervention – und zwar aus der Luft – die einzige Sprache ist, die die autoritären Populisten verstehen. Die isolierte und unter Beschuss geratene Minderheit, die bereits 1992 Militäreinsätze gefordert hatte, um die Serben am Vormarsch zu hindern, sollte Recht behalten. Das Daytoner Friedensabkommen von 1995 wurde erst möglich, als man mit Hilfe US-amerikanischer Luftangriffe das militärische Gleichgewicht am Boden verschoben hatte. Die zweite offenkundige Lehre – aus den Vorgängen in Mazedonien – besteht darin, dass eine präventive Stationierung von Truppen durch ausländische Mächte den Ausbruch von Bürgerkriegen verhindern kann. Der Einsatz kleiner Truppenverbände kann eine unverhältnismäßig große Wirkung haben. Da sich herausgestellt hat, dass eine präventive Stationierung erfolgreich ist, lässt sich offenbar noch eine dritte Lehre aus dem Bosnienkrieg ziehen: Wenn du intervenieren willst, dann interveniere möglichst schnell. Eine offensichtliche logische Folge daraus wäre: Bist du nicht darauf vorbereitet, zu einem frühen Zeitpunkt zu intervenieren, dann interveniere gar nicht. Halbherzige Maßnahmen sind meist schlimmer als überhaupt keine.

Die schwierigere Frage lautet, ob ausländische Regierungen den Zusammenbruch von Staaten fördern oder hemmen sollten. Rückblickend betrachtet, hätten die Regierungen des Westens die nationalen Führungen auf dem Balkan bereits in den achtziger Jahren darüber in Kenntnis setzen sollen, dass eine friedliche Auflösung der jugoslawischen Föderation möglich, der Versuch jedoch, ganze Bevölkerungsgruppen zu verschieben oder Republikgrenzen durch den Einsatz von Gewalt zu ändern, mit wirtschaftlichen und militärischen Sanktionen beantwortet werden würde, darunter auch mit dem Einsatz selektiver Luftangriffe. Das Problem ist natürlich, dass es bis 1990 so schien, als läge der bessere Weg zur Vermeidung eines nationalistischen Kriegs darin, die Einheit eines föderalen Jugoslawiens und die Integrität seiner Grenzen zu bewahren. Noch im Juni 1990 bekundeten Politiker in den USA und Europa, dass sie ein einheitliches Jugoslawien unterstützen würden. Leider interpretierte die serbische Führungsspitze eine solche Unterstützung als stillschweigende Erlaubnis, gegen die Unabhängigkeitserklärung Sloweniens und Kroatiens mit Waffengewalt vorzugehen. Noch bei Kriegsausbruch betrachteten viele westliche Regierungen den Angriff der jugoslawischen Nationalarmee auf Kroatien als rechtmäßige Reaktion eines föderalen Staates auf eine Sezessionsbewegung. Offenbar lässt sich der richtige Augenblick, in dem der Westen seine Politik hätte ändern sollen, also nur rückblickend erkennen.

Die Frage, wann die Ausübung von Gewalt legitim sei, ist deshalb zwangsläufig mit der Frage verknüpft, wann man föderale Staaten unterstützen und wann man ihr Auseinanderbrechen fördern soll. Diese Schwierigkeit wird immer wieder auftauchen – in Zentralafrika, im Kaukasus – und zwar immer dort, wo nationale Minderheiten mit der Gewaltherrschaft oder Ungerechtigkeit der Mehrheit konfrontiert werden. Ob man die richtige Wahl trifft, hängt davon ab, wie gut man sich in der Geschichte der betreffenden Region auskennt. Wenn sich die Angehörigen der Minderheit und der Mehrheit in der jüngsten Vergangenheit gegenseitig niedergemetzelt haben, dann ist es unrealistisch zu erwarten, dass sie in Zukunft friedlich zusammenleben werden. Hat es in der Geschichte viel böses Blut gegeben – wirkliches und wiederkehrendes Morden –, ist die Forderung nach Sezession und Selbstbestimmung legitim, wenn – und dies ist eine entscheidende Zusatzbestimmung – das beanspruchte Gebiet hinsichtlich Verteidigungs- und Wirtschaftsfähigkeit lebensfähig ist; und wenn die separatistische Partei bereit ist, die Minderheitenrechte derer zu garantieren, die innerhalb ihres Staates verbleiben. Umgekehrt ist in Fällen wie Quebec, wo es keine Geschichte des Mordens gibt, schwer ersichtlich, wie früher erlittene Ungerechtigkeiten die Kosten einer Trennung auf beiden Seiten rechtfertigen könnte. Konkrete und frische Erinnerungen an vergossenes Blut sind im Grunde das einzige Kriterium, das eine Sezession oder eine internationale Unterstützung der Forderungen einer Minderheit nach Selbstbestimmung rechtfertigt.

Die dritte Frage – wie man die in Bürgerkriegsgeschehen verwickelten Zivilisten schützen soll – hat alle humanitären Bemühungen im ehemaligen Jugoslawien immer wieder belastet. Wir erweisen dem unermüdlichen Einsatz und dem Mut der Friedenstruppen und zivilen Helfer, die in unserem Namen intervenieren, einen schlechten Dienst, wenn wir fragen, ob sie am Ende nicht alles nur noch schlimmer gemacht haben. So sollte man eher fragen, ob der Versuch, mitten im Kriegsgebiet Konvois mit humanitären Hilfsgütern an die Zivilbevölkerung zu entsenden, letztlich den Krieg nicht doch verlängert hat. Geleitet von einer prinzipiellen Erwägung wollten wir den unschuldigen Opfern auf beiden Seiten Hilfe bringen. Wie sich jedoch herausstellte, waren einige Opfer nicht ganz unschuldig, und wie sich zeigte, gelangten viele Hilfsgüter in die Hände der kriegstreibenden Parteien. Die Interventionsstrategie, die man anwandte, um die Muslime in den »Schutzzonen« zu schützen und die Eroberung Sarajewos zu verhindern – während man nichts unternahm, um das serbische Bombardement zu beenden –, basierte völlig zu Recht auf der Überzeugung, dass wir uns auf dem Balkan nicht auf einen Landkrieg gegen die Serben einlassen dürften. Im Grunde bestand die Politik des Westens darin zu sagen: Wir werden nicht den Hauptaggressor bekämpfen, und wir werden es den Opfern nicht ermöglichen, Widerstand zu leisten, aber wir werden zu verhindern versuchen, dass die Opfer ausgelöscht werden.

Weil es jedoch dem Westen nicht gelang, die serbische Aggression zu stoppen, machte er sich zum Komplizen der Zerstörung Bosniens und seiner Hauptstadt. Die UNO ließ es zu, dass sie zur Verwalterin der serbischen Belagerung Sarajewos wurde. Zwar verhinderte die UNO, dass die Einwohner verhungerten, aber sie trug auch dazu bei, das Leid der Einwohner zu verlängern, weil sie nichts tat, den Belagerungsring zu durchbrechen. Zwiespältiger als hier können die Folgen moralischen Handelns kaum sein. Bestenfalls könnte man behaupten, die Intervention von außen habe die Schaffung eines großserbischen Reiches verhindert. Hätte man Kroatien Ende Dezember 1991 nicht anerkannt, dann wäre es möglicherweise vollständig erobert worden.

Wären UN-Truppen nicht in Sarajewo eingerückt, dann hätten die bosnischen Serben die Stadt möglicherweise erobert, und wäre dies geschehen, dann wäre ganz Bosnien und Herzegowina den bosnischen Serben in die Hände gefallen. Das Eingreifen des Westens verhinderte in letzter Konsequenz, dass die Serben all ihre Kriegsziele verwirklichten. Die Art und Weise, mit der dies verhindert wurde, sollte jedoch uns allen zu denken geben. Die Strategien, für die wir uns entschieden, machten es unmöglich, andere, vielleicht wirksamere, zu wählen. Indem der Westen Bodentruppen zur Friedenssicherung stationierte, bot er seine leicht bewaffneten Verbände den örtlichen Kriegsherren förmlich als mögliche Geiseln an, was wiederum den nachhaltigen Einsatz von Luftstreitkräften ausschloss. Die Entsendung humanitärer Hilfsgüter, so notwendig sie war, verringerte vermutlich den Anreiz für beide Seiten, ein Abkommen auszuhandeln.

David Rieff und andere haben die Ansicht vertreten, die UNO sei deswegen in Bosnien gescheitert, weil sie Frieden, nicht Gerechtigkeit anstrebte. Doch eben dies streben die Friedensbemühungen der UNO an, es ist kein Zeichen für ihr Scheitern. Friedenstruppen sind per definitionem unparteiisch, ohne aber fair zu sein; es ist nicht ihre Aufgabe, moralische Unterscheidungen zwischen Tätern und Opfern zu treffen. Im Ergebnis bestätigen Friedenstruppen allein durch ihre Anwesenheit an der Demarkationslinie die Eroberungen der Täter und behindern somit die Bemühungen der Opfer, verlorenen Boden wieder gutzumachen. Friedenstruppen können genauso wenig tatenlos zusehen, wie die Opfer gegen Abmachungen und Auflagen verstoßen, z.B. einfach nicht aufhören wollen zu kämpfen. Die Weigerung der Bosnier zu kapitulieren erzürnte das Kommando der UNPROFOR-Friedenstruppen, die einen Frieden um jeden Preis wollten.

Journalisten, die über den Krieg berichteten, forderten die UN-Truppen immer wieder dazu auf, das feindliche Feuer zu erwidern, den Aggressor öffentlich zu brandmarken und zu verfolgen und endlich Luftangriffe zu starten, dies alles jedoch ohne im Einzelnen anzugeben, wie es die UNO, erst einmal in die Kämpfe verwickelt, hätte vermeiden können, durch einen entschlossenen Angriff der Serben vernichtend geschlagen zu werden. Diejenigen, die von der UNO eine aktivere Haltung forderten, erkannten nicht, wie verletzlich die UN-Bodentruppen waren. Dabei hatte der Einsatz in Somalia gelehrt: Selbst die Marineeinheiten der USA waren vor einer Niederlage nicht gefeit, als sie ihre Unparteilichkeit aufgaben und sich einem verbrecherischen Kriegsherrn auf die Fersen hefteten.

Sowohl in Bosnien als auch in Kurdistan verwickelte sich die UNO in eine neue Form der militärischen Operation, in die Schaffung von »Schutzzonen«. Errichtet man für unbewaffnete Zivilisten einen Sicherheitskordon, überläßt es aber den Kriegsparteien, ihre Kämpfe auszufechten, dann muss man sich auch dem Problem stellen, in welcher Weise die Zivilbevölkerung zu schützen ist, wenn kein Waffenstillstand in Aussicht steht. Die Politik der Schutzzonen ist nur unter zwei Voraussetzungen glaubwürdig: Wenn man die Kriegsparteien innerhalb der Zone entwaffnet und wenn die Verteidigung am Boden und in der Luft ausreicht, die Enklave zu schützen. Im Fall der UN-Schutzzonen in Bosnien wurde weder die eine noch die andere Sicherheitsgarantie gegeben. Das Ergebnis war ein furchtbares Verwirrspiel, bei dem allein schon der Begriff *Schutzzone* am Ende die Heuchelei und Machtlosigkeit des Westens symbolisierte. Das Schlimmste daran ist, dass eine anständige Idee – die man vielleicht auch an anderen Orten hätte anwenden können – in Misskredit geriet. Wer wird nach Srebrenica dem Angebot des Westens, eine »Schutzzone« einzurichten, noch

Glauben schenken? Dennoch: Eine praktikable Strategie zum Schutz der Zivilbevölkerung in den Kriegszonen kollabierender Staaten zu finden ist eine Herausforderung, die nicht nur über den Fortbestand der UNO entscheidet, sondern auch der humanitären Interventionen liberaler Demokratien.

Die größte Bedrohung für die internationale Sicherheit in der Zeit nach dem Kalten Krieg geht vom Zerfall von Staaten und dem daraus resultierenden Unvermögen der Zivilbevölkerungen aus, sich selbst zu ernähren und zu schützen, entweder vor Hungersnöten oder vor Kriegen zwischen ethnischen Gruppen. In einer Welt, in der Nationen, die einst durchaus imstande waren, imperiale Lasten zu tragen, nicht mehr Willens sind, diese Bürde auf sich zu nehmen, werden viele der im Zuge der Entkolonisierung entstandenen Staaten der Aufgabe, eine zivile Ordnung aufrechtzuerhalten, nicht gewachsen sein. Solche Nationen haben ihre Selbstbestimmung auf dem denkbar grausamsten Weg errungen. Entweder werden sie von ethnischen Konflikten zerrissen oder aber sie sind schlicht zu schwach, um die Armut ihrer Bevölkerung abzuschaffen. Das ehemalige Jugoslawien gehört zu einer wachsenden Zahl von Staaten, die, am Südrand des ehemaligen sowjetischen Reiches sowie in Afrika, zusammengebrochen sind und ihre Staatsbürger dem Hobbes'schen Krieg aller gegen alle oder einige gegen andere überlassen haben. Diese Gesellschaften brauchen inneren Frieden, dem der Aufbau von Institutionen folgen muss, bei dem das Gesetz herrscht und nicht die Macht des Stärkeren. Diese Aufgabe passt schlecht zu einer Politik der sofortigen Intervention und des schnellen Abzugs, die in der Zeit nach dem Kalten Krieg vorherrschte. Erforderlich ist vielmehr ein langfristiges, unspektakuläres Engagement, dessen Ziel darin bestehen muss, die Gesellschaften neu aufzubauen. Natürlich kann diese Arbeit nur von den Angehörigen dieser Gesellschaften unternommen werden, doch kann ein dauerhaftes Engagement von Außenstehenden hilfreich sein.

Im 19. Jahrhundert war diese Arbeit »die Bürde des weißen Mannes«: es war die Bürde von Kurtz, eine Infrastruktur imperialer Herrschaft und Verwaltung im Dschungel aufzubauen, einem insgesamt recht zweifelhaften Ort, verkommen und voller Gefahren. Auf dem Balkan war es das Werk der Osmanen, dann Österreich-Ungarns. Spuren dieser Vergangenheit durchziehen noch heute die Landschaft. Zumindest rückblickend betrachtet ist der imperialen Herrschaft eine gewisse Logik zu Eigen: Jene, die sich nicht darauf einigen können, sich selbst zu regieren, konnten sich immerhin der Regierung durch eine fremde Macht unterwerfen.

Diese Logik hat den Aufstieg des Nationalismus und die Doktrin der Selbstbestimmung nicht überdauert. Heute leben wir mit den Folgen des modernen Axioms, dass die Herrschaft von Fremden schlimmer sei als die Selbstbeherrschung, dass es immer noch besser sei, die Völker regierten sich selbst, auch wenn sie alles ruinieren, als von Fremden regiert zu werden, selbst wenn diese Fremden ihre Aufgabe ganz ordentlich machen. Für Demokraten gibt es keine Abkehr von der Wahrheit dieser Axiome. Conrad hatte ganz Recht – imperiale Macht ist zutiefst häßlich. Es ist sinnlos, sich nostalgisch nach einer imperialen Teilung der Weltkugel zurückzusehnen. Dennoch bleibt die Frage bestehen: Was ist zu tun, wenn ein Bürgerkrieg oder eine Hungersnot ein Gemeinwesen zerstört? Wer soll die Zivilgesellschaft wieder aufbauen, sobald die unmittelbare Krise vorbei ist? Wer soll die Institutionen wieder aufbauen, die notwendig sind, damit Selbstbestimmung funktioniert? Selbst wenn man auf dem Balkan eine Art Frieden oder dauerhaften Waffenstillstand aushandelt, wird es noch ein oder zwei Generationen dauern, bis die Institutionen wieder aufgebaut sind, auf denen das Vertrauen der Bürger und ein funktionierendes Gemeinwesen beruhen. Wer ist bereit, diese Last zu tragen? Es gibt genügend nichtstaatliche Organisationen, die sich dieser Herausforderung zu stellen bereit sind: Gruppen von Rechtsanwälten, die bereit sind, die Menschen mit den einfachen Bestimmungen von Zivil- und Strafrecht vertraut zu machen; Polizisten, die zeigen, dass man in multiethnischen Gemeinschaften dem Gesetz zur Geltung verhelfen kann; Ärzte und Krankenschwestern, die die Einrichtungen des Gesundheitswesens wieder aufbauen. Doch führt die andauernde Schwäche dieser Staaten – ihre Unfähigkeit, Gewalt zu bändigen und zu kontrollieren –, dazu, dass die wohlmeinenden Anstrengungen eines humanitären Internationalismus zum großen Teil im Sande verlaufen. Diese Länder brauchen vor allem eines: richtige Staaten, und in einem postimperialen Zeitalter ist dies das einzige, was ihnen fremde Mächte nicht geben können.

In letzter Zeit wird darüber diskutiert, die alte Idee des Völkerbunds, Treuhandverwaltungen einzurichten, wieder aufleben zu lassen, das heißt, ganze Staaten den Administratoren der Vereinten Nationen zu übergeben, und zwar nicht für Monate, sondern für Jahre, solange bis die Menschen die Angst und den Hass ablegen können, durch die sie voneinander getrennt werden. Es ist jedoch zweifelhaft, ob die internationale Gemeinschaft das für eine solche Aufgabe nötige Durchhaltevermögen besitzt und ob es die einheimischen Bevölkerungen ertragen können, von Fremden regiert zu werden. Auf lange Sicht wird jedes Mandat die gleichen Ressentiments hervorrufen, die auch schon zu den Aufständen gegen die koloniale Herrschaft führten, und deshalb könnte es passieren, dass am Ende eines Mandats gescheiterte Staaten zurückbleiben, genauso gespalten wie jemals zuvor.

Tritt man einen Schritt zurück und überprüft unsere unbeholfenen und zwiespältigen Interventionen vom Standpunkt der Conrad'schen Ironie, so fällt besonders auf, wie zerbrechlich das moralisches Band ist, das die entwickelte und die sich entwickelnde Welt miteinander verknüpft. Conrads Vermächtnis erinnert uns daran, wie abstoßend die imperiale Herrschaft tatsächlich sein konnte. Doch scheint es offensichtlich, dass das Empire und der Wettlauf um die Kolonien den sicheren Zonen, in denen wir leben, fortwährend eine Begründung dafür lieferten, sich in den Zonen der Gefahr zu engagieren. Nach dem Niedergang der großen Imperien hat die entwickelte »nördliche« Welt wohl immer weniger Grund, sich mit dem Schicksal der instabilen, zusammenbrechenden Staaten und Nationen an ihren Rändern zu befassen. Auffällig dabei ist das Gefühl, dass sich unsere Sicherheit und unsere Schicksale nur allzu leicht trennen lassen. Die beiden Erzählungen am Ende der neunziger Jahre – Globalisierung und Chaos – verbinden sich nicht. Nicht einmal das Geflecht der ökonomischen Interessen dürfte die entwickelte Welt, deren Vorherrschaft auf Wissen beruht, mit einer peripheren Welt verknüpfen, die nur eines bieten kann: ungelernte Arbeitskräfte und Rohstoffe. Die Rede vom globalen Dorf und die Globalisierung der Massenmedien verbergen dieses zunehmende Auseinanderklaffen unserer grundlegendsten Interessen. Heute steht nicht einmal mehr fest, ob wir das Elfenbein noch brauchen, das Kurtz in den Urwald lockte.

Dies also ist der Kontext, in den man die Revolution humanitären Bemühens stellen sollte. Klar ist nur, dass es wirklich eine solche Revolution gab: die Erneuerung der Erbschaft der Aufklärung, die allgemeinen Menschenrechte, das Engagement von Menschenrechtsaktivisten und ihrer Unterstützer, Entwicklungshelfern und Beratern, deren gemeinsamer Antrieb die Unteilbarkeit menschlicher Interessen in der einen Welt ist. Doch dieser Kampf um die Idee einer globalen menschlichen Verbundenheit muss sich gegen den Strom der Geschichte behaupten, der in eine entgegengesetzte Richtung zu fließen scheint, nämlich hin zu einer Abkopplung der wirtschaftlichen und Sicherheitsinteressen in den entwickelten und unterentwickelten Teilen der Erde. Die Conrad'sche Ironie besteht darin, dass dieses Bewusstsein gegenseitiger Abhängigkeit für Menschen wie Kurtz im 19. Jahrhundert deutlicher zu erkennen war als für die postimperialen Politiker und Geschäftsleute am Ende des 20. Wir müssen begreifen – so pessimistisch die Implikationen auch sein mögen –, dass es sich in der Tat um eine schwache Verknüpfung handelt, wenn allein das Gewissen Reich und Arm, Nord und Süd, die Zonen der Sicherheit und die Zonen der Gefahr miteinander verbindet. Wenn der Fall Bosnien nicht dazu führte, einen Aufschrei der Empörung auszulösen, eine Verzweiflung angesichts der grauenvollen Bilder auf unseren Bildschirmen, dann nicht, weil jene, die die Bilder in ihren behaglichen Wohnzimmern betrachteten, kein Mitleid besessen hätten. Die Welle der Hilfsbereitschaft war in der Tat groß. Das wirkliche Hindernis einer dauerhaften Solidarität lag tiefer: Es wurzelt in dem Gefühl, dass sich »ihre« und »unsere« Sicherheit tatsächlich voneinander trennen lassen; dass ihr und unser Los geschieden wurden, durch den Lauf der Geschichte, durch Zufall, etwas Glück; dass uns – wenn wir ihnen auch unser Mitgefühl schulden – eben doch kein gemeinsames Schicksal verbindet. Die meisten halten an dem Glauben fest, dass die Feuersbrunst in der Ferne zwar furchtbar ist, sie uns jedoch nicht einholen wird, dass sie vielleicht die Dächer unserer Nachbarn verzehren wird, unsere aber unbeschadet läßt.

Die Ehre des Kriegers

Am 24. Juni 1859 beobachtete Jean-Henri Dunant, ein reicher Genfer, der im Norden Italiens unterwegs war, von den Anhöhen um Castiglione, wie die Streitkräfte unter Kaiser Napoleon III. von Frankreich und Kaiser Franz Josef von Österreich in den Weinbergen und Schluchten von Solferino miteinander kämpften. Den ganzen Tag hörte Dunant den alles erschütternden Schlachtenlärm, der aus Wolken von Staub und Kanonenrauch drang. In der Abenddämmerung räumte der österreichische Kaiser schließlich das Feld, und seine geschlagenen Truppen liefen auseinander. In der *Kartause von Parma* hatte Stendhal das Getümmel der Schlacht von Waterloo geschildert; in den *Sewastopoler Erzählungen* hatte Tolstoi die Kameradschaft in den russischen Feldschanzen während des Krimkrieges beschrieben. Aber es gibt wohl keine schonungslosere Darstellung als Dunants Buch *Eine Erinnerung an Solferino*, in dem er schildert, wie es auf einem Schlachtfeld nach dem Gefecht wirklich aussieht: Die Erde ist schwarz von geronnenem Blut und übersät mit liegen gelassenen Gewehren, Tornistern und Uniformen, überall abgetrennte Gliedmaßen, Knochensplitter, Kartuschen, reiterlose Pferde, die zwischen den Leichen herumstöbern, Gesichter, verzerrt zur Grimasse des Todes, Verwundete, die zu Pfützen blutigen Schlamms hinkriechen, um ihren Durst zu löschen, und gierige lombardische Bauern, die von Leiche zu Leiche eilen und den Toten die Stiefel von den Füßen zerren.

Als er nach Castiglione hineinkam, fand Dunant dort mehrere Tausend verwundete Soldaten beider Mächte vor, die Seite an Seite in den Kirchen, auf den Plätzen und in den Gassen des Dorfes starben. Er ließ Verbandsmaterial und andere Hilfsgüter holen, rekrutierte Frauen aus dem Dorf und begann mit der Versorgung der Verwundeten, nur assistiert von zwei englischen Gentlemen, die sich gerade auf einer Urlaubsreise befanden. Dunant, damals Anfang dreißig, war absoluter Laie in diesen Dingen, eine Art Schlachtenbummler. Er hatte in seinem Leben noch nie irgendjemanden gepflegt. Im zunehmend blutbefleckten weißen Leinenanzug wanderte er zwischen den Toten und Sterbenden umher, die dichtgedrängt im Hauptschiff der Dorfkirche lagen, und verteilte Zigarren, weil er glaubte, der Duft einer guten Zigarre könne den Gestank der eiternden Wunden verringern. Außer Wasser, mit dem man die Wunden säubern konnte, und einigen wenigen Streifen Baumwollstoff für Notverbände gab es kaum etwas. Die zehnstündige Schlacht hatte sechstausend Menschenleben gefordert; in den Folgemonaten starben noch weitere tausend Soldaten an ihren Verwundungen.

Es ist zweifelhaft, ob Dunant an jenem Wochenende auch nur ein einziges Menschenleben rettete. Schon nach einigen Tagen gab er es auf und kehrte nach Genf zurück. Aber was er gesehen hatte, sollte sein Leben verändern. Für die meisten liberal gesinnten Europäer bedeutete die Schlacht von Solferino einen glorreichen Sieg, der dazu beitrug, die endgültige Befreiung Italiens von den Österreichern sicherzustellen. Für Dunant war die Schlacht ein moralisches Rätsel, das er sein Leben lang zu lösen versuchte. Er empfand die Vernachlässigung der Verwundeten geradezu skandalös, als etwas, das den Mythos von der Dankbarkeit der Nationen ihren Soldaten gegenüber Lügen strafte. Er beschloss, seine Erfahrungen aufzuschreiben und das Gewissen seiner Zeit wachzurütteln. Nachdem 1862 sein Buch *Eine Erinnerung an Solferino* erschienen war, das die Arbeit der Krankenschwestern von Castiglione schildert, die von ihren sterbenden Patienten sagten: *Tutti fratelli* (»Alle sind Brüder«), wurde der Mann im blutbefleckten Leinenanzug zu einer Art moralischen Berühmtheit. Er hatte etwas gesehen, was er nie mehr vergessen sollte – ein Schlachtfeld –, und auf irgendeine Weise hatte er es völlig neu gesehen, hatte den Verwundeten und Sterbenden – so wie nur wenige vor ihm – Aufmerksamkeit geschenkt, denen, die zurückblieben, nachdem die Hauptleute und Könige abmarschiert waren. So wie Florence Nightingale während des Krimfeldzuges weigerte auch er sich zu akzeptieren, dass man den Krieg allein den Soldaten zu überlassen habe; als Zivilist war er in ihre moralische Sphäre eingedrungen, und er beharrte darauf, dass das, was dort geschah, alle Menschen anging. Florence Nightingale hatte in den Lazaretten in Scutari Ratten gefunden, Soldaten, die nicht einmal ein Bett zum Sterben hatten, und sie hatte die britische Armee so lange angeprangert, bis diese etwas dagegen unternahm. Dunant nahm sich vor, das Gleiche zu tun. Er reiste in die Hauptstädte Europas, um, unter Verweis auf seinen guten Namen, Unterstützung für sein neues Projekt zu gewinnen – ein internationales Abkommen, das es gestatten würde, dass sich Erste-Hilfe-Gesellschaften in Kriegszeiten um die Verwundeten kümmerten. Er schrieb an Florence Nightingale, um sich der Mithilfe der hypochondrischen und schwer zugänglichen Heiligen zu versichern, aber sie lehnte kategorisch ab. Sie blieb bei ihrer Meinung, dass die Sanitätstruppe eines jeden Landes nur für die eigenen Verwundeten verantwortlich sein sollte. Als Schweizer favorisierte Dunant eine internationale Organisation von neutralen Freiwilligen, die sich um die Verwundeten beider Seiten kümmern sollten. Im Februar 1863 wurde dann ein fünfköpfiges Komitee zur Verbreitung von Dunants Idee gebildet, bestehend aus Genfer Honoratioren – der Kern dessen, was später das Internationale Komitee vom Roten Kreuz, kurz: IKRK werden sollte.

Im August 1864 berief die Schweizer Regierung in Genf eine Konferenz mit Delegierten aus sechzehn Nationen, darunter auch die der Vereinigten Staaten, ein, auf der eine Verbesserung der medizinischen Versorgung auf den Schlachtfeldern vereinbart werden sollte. Während der Konferenz schlug einer der Anwesenden vor, die Sanitäter und Ärzte sollten eine weiße Armbinde tragen; ein anderer machte den Vorschlag, ein rotes Kreuz hinzuzufügen – als Achtungsbezeugung vor der Schweizer Nationalfahne mit ihrem roten Kreuz auf weißem Grund. Das Rote Kreuz – vielleicht das bekannteste Abzeichen der Welt – war geboren. Drei Wochen später unterzeichneten zwölf der Gesandten das, was später als Genfer oder Rot-Kreuz-Konvention bekannt werden sollte. Das Abkommen – das Erste seiner Art – legte fest, dass die Hospitäler, Ambulanzen, Sanitätsdienste und Ärzte »neutralisiert« werden sollten, und begründete das Prinzip, dass die Soldaten des Feindes die gleiche ärztliche Versorgung verdienten wie die Truppen der eigenen Nation. In dem Abkommen wurden zwar keine Strafen für den Fall der Nichtbeachtung festgelegt, und es gab auch keine Regularien zur Durchsetzung der Bestimmungen, doch es hatte einen Maßstab festgelegt, nach dem sich die Kriegführenden zu richten hatten, wenn sie als »zivilisiert« gelten wollten, und Dunant genügte das. Selbst zu seinen Lebzeiten galt die Idee, den Krieg zu »zivilisieren«, als eine paradoxe, ja widernatürliche Vorstellung. Im Amerikanischen Bürgerkrieg, der zur Zeit der Unterzeichnung der Genfer Konvention gerade bis zum blutigen Ende ausgefochten wurde, ging es alles andere als zivilisiert zu; jeder, der hinsichtlich kriegerischen Ruhms noch Illusionen hegte, brauchte sich nur Mathew Bradys Fotografien der Toten von Gettysburg anzusehen, denen Diebe die Taschen von innen nach außen gekehrt hatten, und die von Verwesung aufgedunsenen Füße der Soldaten.

Die erste Genfer Konvention entstand zu einem Zeitpunkt, als die Kriege sowohl grausamer als auch sichtbarer geworden waren. Das erste funktionstüchtige Maschinengewehr – das Gatling-Gewehr – wurde im Amerikanischen Bürgerkrieg eingesetzt, und mit ihm begann etwas, das seinen »Höhepunkt« an der Somme und in Verdun erreichen sollte – die Mechanisierung des Tötens. Gleichzeitig rückten die Schlachtfelder einer lesenden Öffentlichkeit zu Hause näher. So wie Bradys Fotos durchbrachen auch die Erfindungen des Morse-Alphabets und der Telegrafie die moralische Distanz, die die Zivilbevölkerung von den Wirklichkeiten des Tötens trennte. Die neue Technik schuf einen neuen moralischen Akteur – den Kriegsberichterstatter – und eine neue moralische Gattung – die Kriegsreportage. Das für die Moderne so kennzeichnende Gefühl einer Dissonanz zwischen dem Mythos vom ruhmreichen Krieg und seiner blutigen Realität geht zum Teil auf ihr Wirken zurück, das man bis in die sechziger Jahre des 19. Jahrhunderts zurückverfolgen kann.

Man sollte die Genfer Konvention außerdem als Versuch ansehen, die »ritterliche« Form der Kriegführung, wie es sie im Ancien Régime des 17. und 18. Jahrhunderts durchaus gab, vor der neuen Grausamkeit zu bewahren, die mit den napoleonischen Massenheeren Einzug hielt. Die gewaltigen Kosten, wie sie beispielsweise die Söldnerarmeen Ludwig XIV. verschlangen, sorgten bei den Herrschern für einen starken Anreiz, ihre Verluste an Soldaten auf Grund von Verwundungen und Krankheiten zu begrenzen. Die königlichen Spitäler in Chelsea und der Invalidendom in Paris – beide entstanden im 17. Jahrhundert und dienten als Veteranenhospitäler – sind Belege dieser Fürsorge. Die bürgerliche Revolution von 1789 schuf die moderne Armee der Wehrdienstpflichtigen, und da Napoleon aus der ganzen Bevölkerung schöpfen konnte, konnte er es sich leisten, mit dem Leben seiner Soldaten verschwenderisch umzugehen. Zudem verwarf der neue Krieg jene Art ritterlichen Verhaltens, das man befolgte, als Kriege noch so etwas wie Turniere zwischen Aristokraten waren. Wahrscheinlich hätten die Armeen der französischen Könige eher die Neutralität der Sanitätsdienste respektiert als die Armeen der französischen Republik, die im Glauben in den Krieg zogen, dass der Krieg eine Art Wettkampf zwischen der Demokratie und der Reaktion darstellte, bei dem mit harten Bandagen zu kämpfen war. In der ersten Hälfte des 19. Jahrhunderts ließ man es geschehen, dass die Sanitätsformationen im Felde weit hinter die Entwicklung der Kriegskunst in Logistik, Technik und Taktik zurückfielen. Deshalb hatte ein Fußsoldat beispielsweise im Jahre 1690 größere Chancen, eine Gefechtswunde zu überleben, als in der Schlacht von Solferino.

Man hätte nun erwarten können, dass die Ära des demokratischen Krieges eine neue Besorgnis um das Leben des gewöhnlichen Infanteristen mit sich gebracht hätte, sowie das Ansinnen, ihn im Tode zu ehren. Tatsächlich aber wurden die gewöhnlichen Toten beider Armeen bei Waterloo auf dem Schlachtfeld liegen gelassen, wo sie verwesten; ihre sterblichen Überreste wurden von englischen Händlern eingesammelt, nach England zurück verschifft, zermahlen und als Knochenmehl und Düngemittel verkauft. Erst nach dem Krimkrieg und dem Amerikanischen Bürgerkrieg fand die Idee, dass die Toten etwas Besseres verdienten, in der Öffentlichkeit Anerkennung. Erst allmählich setzte sich der Gedanke durch, dass jeder Soldat, und zwar ungeachtet seines Rangs, die moralische Anerkennung verdiente, individuell und mit eigenem Grabstein beerdigt zu werden. Die Genfer Konvention von 1864 fiel daher zeitlich mit dem Beginn einer komplexen Umwälzung hinsichtlich der moralischen Würdigung zusammen, die man den Verwundeten und Gefallenen zuerkannte. Es war der Versuch, die älteren Traditionen militärischer Ehre in der neuen Ära demokratischer Kriege wieder aufleben zu lassen und das sittliche Empfinden hinsichtlich Pflege und Gedenken, über die Elite der aristokratischen Krieger hinausgehend, auf den gewöhnlichen Menschen, den neuen Herren des Zeitalters, zu erweitern.

Man könnte nun annehmen, dass sich diese vielschichtige Entwicklung der Moral vor dem Hintergrund einer allgemeinen Empörung angesichts des Krieges selbst vollzog. Aber dies war nicht der Fall. Nachdem Dunant gesehen hatte, was auf dem Schlachtfeld von Solferino geschah, wurde er nicht zum Pazifisten. Teilweise liegt der Reiz seiner *Erinnerung* darin, dass er den Krieg illusionslos als etwas Unausweichliches hinnahm, gepaart mit einer bewundernden Billigung des Heldentums einer Kriegerkultur – zum Beispiel in dem Abschnitt über einen französischen Oberst, der seine schwankenden Soldaten in der Schlacht von Solferino hinter der Regimentsstandarte versammelte und ausrief: »Wer seine Fahne liebt, folge mir!« Doch scheint Dunant auch erkannt zu haben, dass er in einer Zwischenzeit lebte, in der Zeit des Übergangs vom alten Zeitalter der Ritterlichkeit zur neuen Ära des Maschinengewehrs – »wo man soviel von Fortschritt und Zivilisation spricht«, wie er schrieb, in der sich Kriege aber dennoch nicht vermeiden ließen und er sich fragte, ob es nicht nötig sei, »darauf zu bestehen, dass man im Sinne wahrer Menschlichkeit und Zivilisation einen Weg sucht, um wenigstens seine Schrecken etwas zu mildern?«

Als im August 1870 preußische Truppen in Frankreich einmarschierten, wurden Dunants Ideen zum ersten Mal in einer Schlacht auf die Probe gestellt. Das Internationale Komitee in Genf machte die Regierung Frankreichs darauf

aufmerksam, dass offenbar nur wenige französische Soldaten von der Existenz des Abkommens wussten und dass
man kaum einer der Sanitäterinnen die Armbinde des Roten Kreuzes ausgehändigt hatte. In Herbst 1870 intervenierte das Komitee, nachdem sich Preußen geweigert hatten, genesende französische Soldaten zu übergeben, so wie
es die Konvention verlangte, weil die Franzosen die Zusage
verweigerten, dass die Soldaten nicht wieder an die Front
zurückkehrten. Dunant schlug vor, Paris zur »Schutzzone«
zu erklären, um die Zivilbevölkerung vor Angriffen zu
schützen; sein Vorschlag fand keine Beachtung. Während
der Belagerung von Paris flatterte über den Lazaretten und
Hospitälern der Stadt das neue Abzeichen des Roten Kreuzes und geriet unter Beschuss. Unterdessen war Dunant in
finanzielle Schwierigkeiten geraten; als dann auch noch
sein Algerien-Geschäft platzte, fühlte er sich verpflichtet,
seinen Posten als Sekretär des Internationalen Komitees
aufzugeben. Er zog sich in eine kleine Stadt am Konstanzer
See zurück. »Ich hatte erlebt, was Armut für andere bedeutet«, schrieb er, »doch nun hatte sie auch mich überwältigt.« 23 Jahre lang lebte Dunant völlig zurückgezogen,
bis ihn ein neugieriger Journalist wieder entdeckte; 1901
erhielt Dunant den Friedensnobelpreis. Er verschenkte
das Geld, das er für die Auszeichnung erhielt, und starb –
unerschütterlich hoffnungsvoll bis zuletzt – 1910 im Alter
von 82 Jahren.

Zur Zeit seines Todes hatten die meisten Länder nationale Organisationen des Roten Kreuzes gegründet. Im Jahr
1881 gründete eine Krankenschwester, Clara Barton, die im
Amerikanischen Bürgerkrieg Dienst getan hatte, den amerikanischen Verband. In der muslimischen Welt wurden die
Rot-Kreuz-Gesellschaften unter dem Namen »Roter Halb-
mond« bekannt. Bei Ausbruch des Ersten Weltkriegs hatte
sich das Rote Kreuz schließlich zu dem entwickelt, was es

bis heute ist – die größte humanitäre Organisation der Welt.

Auf dem Gebiet des internationalen Rechts breitete die Kampagne zur Zivilisierung des Krieges einen riesigen Schutzschirm neuer Konventionen über den Schlachtfeldern aus. Bereits 1868 waren in der St. Petersburger Erklärung »explosive« und »entflammbare« Geschosse verboten worden; es hieß dort, dass »das einzige rechtmäßige Ziel, das Staaten während eines Krieges sich zu erreichen bemühen sollten, die Schwächung der Streitkräfte des Gegners ist«. Das Haager Abkommen von 1907 und die Revision der Genfer Konvention von 1906 kodifizierten das Kriegsrecht zu Lande und zur See und stellten Grundregeln für die Behandlung von Kriegsgefangenen auf. So geht beispielsweise die Vorschrift, dass Gefangene im Verhör lediglich ihren Namen, ihren Dienstgrad und ihre persönliche Kennnummer angeben müssen, auf diese Abkommen zurück. Während sich Europa ungestüm wieder bewaffnete, strebte man in den Worten eines Haager Abkommens danach, den Krieg »den Gesetzen der Menschlichkeit und den Geboten des öffentlichen Gewissens« zu unterwerfen. Diese Abkommen ließen Europa in dem Glauben – und zwar, als es längst der Götterdämmerung entgegentaumelte –, dass man sich im Kriegsfall an konventionelle Formen und Anstand halten würde. Es ist sogar denkbar, dass diese Illusion den Ersten Weltkrieg möglicher machte, da sie die Menschen so sehr einlullte, sie darauf vertrauen ließ, Moralvorschriften könnten das industrielle Morden eindämmen und beherrschbar machen. 1914 war Dunants Idee der zivilisierten Kriegführung ein zentrales Element des Selbstbildes der europäischen Kultur, ein selbstgefälliger Glaube, dass die Kultur die Barbarei ein für alle Mal besiegt habe.

Aber einige Kritiker erhoben Einspruch. Der preußische General und Militärtheoretiker Carl von Clausewitz – sein

Hauptwerk *Vom Kriege* erschien Anfang der dreißiger Jahre des 19. Jahrhunderts, also lange vor Dunants Zeit – hatte die Vorstellung zurückgewiesen, ein internationales Abkommen könne den Krieg zivilisieren. »Der Krieg ist also ein Akt der Gewalt«, schrieb er, »um den Gegner zur Erfüllung unseres Willens zu zwingen ... Unwirkliche, kaum nennenswerte Beschränkungen, die sie [die Gewalt] sich selbst setzt unter dem Namen völkerrechtlicher Sitte, begleiten sie, ohne ihre Kraft wesentlich zu schwächen.« Clausewitz ging allerdings ganz selbstverständlich davon aus, dass es sich sogar bei einem totalen Krieg um eine Art vernunftgesteuertes Ritual handelte, um eine regelgeleitete Form der Gewaltausübung zur Erreichung politischer und diplomatischer Ziele mit anderen Mitteln. Zudem war er der Überzeugung, dass sich Gewalt nach bestimmten moralischen Anstandsregeln zu richten habe. Seine Vision vom totalen Krieg beinhaltete weder das unterschiedslose Niedermetzeln von Zivilisten noch den Mord an oder die Folter von Kriegsgefangenen. Derartige Praktiken, so unterstellte er, seien unter der Würde eines Soldaten.

Der Gerechtigkeit halber sei erwähnt, dass auch Dunant selbst nicht daran glaubte, dass ein internationales Abkommen allein über genügend Durchschlagskraft verfüge. Ohne diesen Punkt zu erörtern, ging er davon aus, dass sich derartige Konventionen aus einer tieferen Quelle – den Kodizes der Kriegerehre – speisten. Diese Kodizes sind von Kultur zu Kultur verschieden, aber es scheint sie in allen Kulturen zu geben; sie gehören zu den ältesten Beispielen für menschliche Moralität: vom christlichen Kodex der Ritterlichkeit bis zum japanischen Bushido oder »Weg des Kriegers«, der strengen Morallehre der Samurai, die sich im feudalen Japan entwickelte und im 16. Jahrhundert kodifiziert wurde. Als Ethiksysteme stellten sie in erster Linie Regeln für den Kampf auf und legten das System einer moralischen Etikette fest, nach der sich Krieger einer gegenseitigen Achtung für würdig befanden. Die Kriegerehre schloss eine Vorstellung vom Krieg als moralischem Schauspiel ein, in der man die männlichen Tugenden öffentlich zur Schau stellte. Ehrenvoll zu kämpfen bedeutete, ohne Angst, ohne Zögern und, als natürliche Folgerung dessen, ohne Falschheit zu kämpfen. Die Kodizes anerkannten das moralische Paradox des Kampfgeschehens: nämlich dass jene, die tapfer gegeneinander kämpfen, durch gegenseitigen Respekt miteinander verbunden sind und dass sie, wenn sie den Tod durch die Hand eines anderen fanden, Brüder im Tode sein würden.

Bei der Kriegerehre handelte es sich sowohl um einen Kodex der Zugehörigkeit als auch um eine Ethik der Verantwortung. Wo immer die Kunst des Krieges ausgeübt wurde, unterschieden die Kriegsparteien zwischen Kombattanten und Nichtkombattanten, rechtmäßigen und unrechtmäßigen Kriegen, moralisch vertretbaren und moralisch nicht vertretbaren Waffen, einer zivilisierten und einer barbarischen Art der Behandlung von Gefangenen und Verletzten. Solche Kodizes mögen ebenso oft gebrochen wie befolgt worden sein, doch ohne sie ist ein Krieg kein Krieg mehr – sondern nur noch eine Metzelei.

Die Kriegerkodizes waren von einem ausgeprägt partikularistischen Charakter: das heißt, sie wurden nur auf bestimmte Menschen angewandt, auf andere hingegen nicht. Der Schutz, den der Kodex der Ritterlichkeit gewährte, galt nur für Christen. Gegenüber Ungläubigen durfte ein Krieger seine Zurückhaltung aufgeben. Das einzigartige Merkmal der europäischen Naturrechtstradition, die sich im 16. Jahrhundert herauszubilden begann, als sich Rechtsgelehrte um einen Weg bemühten, die Gesetze und Praktiken konkurrierender und oft miteinander Krieg führender Religionen und Staaten miteinander zu vereinbaren, lag im Bestreben seiner universellen Gültigkeit. Das Naturrecht, auf dem die Genfer

Konvention beruhte, versuchte zum ersten Mal in der Geschichte, sich Regeln vorzustellen, die auf alle Menschen zutrafen, Christen wie Heiden, Gläubige und Nichtgläubige, Staatsbürger und Nichtstaatsbürger.

Die Genfer Konvention kodifizierte die Ehre des europäischen Soldaten und suchte sie zugleich universell zu machen, das heißt, ihre partikularistische Voreingenommenheit abzustreifen und Schutzmaßnahmen für alle Kriegführenden zu treffen, ungeachtet der Fahne, unter der sie kämpften. Doch die Vorherrschaft des Rechts über den Krieg war immer prekär. Die entscheidende Beschränkung unmenschlichen Handelns im Felde liegt im Krieger selbst, in seiner Vorstellung dessen, was ein Mann beim Umgang mit der Waffe als ehrenhaft und was er als unehrenhaft empfindet. In den Worten des britischen Militärhistorikers John Keegan: »Auf dem Schlachtfeld gibt es keinen Ersatz für die Ehre als Mittel zur Durchsetzung menschlichen Anstands, es hat ihn nie gegeben, und es wird ihn nie geben. Genauer gesagt: Dort, wo in einer Schlacht getötet wird, gibt es keine Richter, keine Polizisten.«

Die Schlacht von Solferino war ein eintägiges Kräftemessen zweier Heere. In Verdun und an der Somme wurde der Krieg zur Massenkonfrontation zwischen Gesellschaften. Dunants Ideale sind vielleicht auf den Schlachtfeldern Flanderns untergegangen – zusammen mit so vielen anderen Vorstellungen des 19. Jahrhunderts über den Fortschritt der Moral. Überraschend bleibt jedoch, dass es der Erste Weltkrieg selbst war, der die moderne Organisation des Roten Kreuzes schuf. Die nationalen Rot-Kreuz-Gesellschaften beider Konfliktparteien gewannen Frauen für den Kriegseinsatz – und zwar so unterschiedliche wie die russische Zarin oder die britische Hausfrau. Während des gesamten Krieges rollten sie Verbände, packten Pakete mit Lebensmitteln für die

Gefangenen, leiteten Spitäler und pflegten Kranke. Das Internationale Komitee vom Roten Kreuz zog dabei seinen Nutzen aus der Neutralität der Schweiz und machte sich so zum entscheidenden Vermittler in Fragen der Humanität. Es weitete sein Mandat aus – von der Pflege der Verwundeten bis zum Besuch von Tausenden Kriegsgefangenen auf beiden Seiten der Front. Sein Hauptquartier in Genf wurde zur Verwaltungszentrale von Millionen Postkarten, Briefen und Paketen, die die Familien ihren Söhnen in Gefangenschaft schickten, und seine zentrale Agentur zum Auffinden vermisster Soldaten bearbeitete Millionen von Anfragen. Obwohl das internationale Recht der Agentur kein ausdrückliches Mandat erteilt hatte, leitete es die Nachrichten zwischen Zivilisten weiter und half den Familien, die der Krieg getrennt hatte, bei ihrer Wiederzusammenführung. Der Krieg führte zur Entstehung des Roten Kreuzes, dessen Komplexität als Institution im Kern darauf beruht, dass bewaffnete Konflikte bis heute seine Existenzberechtigung geblieben sind.

Bis zum heutigen Tag bildet Neutralität das Herzstück der moralischen Strategie des Internationalen Komitees vom Roten Kreuz. Es unterscheidet nicht zwischen guten und schlechten Kriegen, zwischen gerechten und ungerechten Anliegen, ja nicht einmal zwischen Tätern und Unschuldigen. Es verfolgt eine einfache Ethik: die Opfer zu erreichen, wo immer sie sind, und den Kriegern zu lehren, sich im Kampf an die Regeln zu halten. Doch seit die neue Politik der Menschenrechte auf den Plan getreten ist, ist die Doktrin der Neutralität zunehmend umstrittener geworden. 1948 übernahmen die Vereinten Nationen die Erklärung der Allgemeinen Menschenrechte, in der es im ersten Artikel wohlklingend heißt: »Alle Menschen werden frei und gleich an Würde und Rechten geboren. Sie sind mit Vernunft und Wissen begabt und sollen sich zueinander im

Geist der Brüderlichkeit verhalten.« Was immer auch der Terminus »Brüderlichkeit« bedeuten mag, das Führen von Kriegen kann er sicherlich nicht beinhalten. Da in der modernen Menschenrechtstradition der Krieg als Verstoß gegen die Sittlichkeit angesehen wird, können Menschenrechtler gegenüber denen, die den Krieg ausgelöst haben, und den Opfern nicht neutral bleiben.

1949 brachte das IKRK seine Charta auf den neuesten Stand und formulierte vier getrennte Abkommen, die so genannten Genfer Zusatzprotokolle. In diesen Konventionen werden keine wohlklingenden Forderungen nach Brüderlichkeit erhoben. Stattdessen wird in ihnen der Krieg als normales anthropologisches Ritual akzeptiert – als der einzige Weg, auf dem bestimmte Konflikte zwischen Menschen gelöst werden können. Die Protokolle suchen lediglich sicherzustellen, dass sich die Soldaten an bestimmte Grundsätze der Menschlichkeit halten, wobei das Hauptprinzip die Rücksichtnahme gegenüber der Zivilbevölkerung und dem ärztlichen Personal ist. Diese beiden Traditionen – Menschenrechte und Kriegsrechte – leiten zwar die humanitären Aktivisten in den Kriegszonen der Welt, doch handelt es sich in Wirklichkeit um zwei verschiedene Handlungsmaximen. Auch innerhalb des Roten Kreuzes selbst ist der Konflikt zwischen diesen beiden Maximen nach wie vor ungelöst. So gibt es die einen, die darauf beharren, die entscheidende Verantwortlichkeit des Roten Kreuzes bestehe in der Bekämpfung von Kriegsursachen, während die anderen glauben, die Organisation sei einzig dazu da, das Ungeheuer zu zähmen.

Den meisten Amerikanern dürfte das Rote Kreuz vermutlich wegen seiner Blutbanken und wegen Elizabeth Dole bekannt sein. Das amerikanische Rote Kreuz ist eine von 170 nationalen Gesellschaften, die sich in erster Linie mit Notfallsituationen in ihren Heimatländern befassen. Es ist das Internationale Komitee vom Roten Kreuz, das sich den Krieg – und dessen Zähmung – zur Hauptaufgabe macht. Den Hauptsitz, auf einem Hügel mit Blick auf den Genfer See gelegen, könnte man leicht für ein Kurzentrum oder die Zentrale eines Pharmakonzerns halten, gäbe es da nicht die vielen schlanken, geschäftigen Männer und Frauen in T-Shirt und Jeans, die zwischen den Gebäuden hin und her eilen. Der Vorsitzende des Komitees, das sich hauptsächlich aus Schweizer Rechtsanwälten, Bankiers und Diplomaten zusammensetzt, ist zur Zeit Cornelio Sommaruga, ein wortgewandter, aber listiger Rechtsanwalt aus der italienischen Schweiz. Als ich ihn fragte, warum eine internationale Organisation eigentlich von einem Schweizer Komitee geleitet werden müsse, drehte er meine Frage um: Nur ein Exekutivorgan, das sich aus Angehörigen *einer* Nation zusammensetze – in diesem Fall der Schweizer – könne der Lähmung entgehen, die multinationale Organisationen, wie die Vereinten Nationen, häufig befällt. Diese Schweizer Honoratioren leiten die – wie auch ihre Gegner widerwillig einräumen – am meisten bewunderte Hilfsorganisation der Welt. Das IKRK beschäftigt rund 900 auswärtige Helfer (seine »Delegierten«) und 7000 ortsansässige Mitarbeiter und Mitglieder von nationalen Gesellschaften, wobei sich der Jahresetat auf 620 Millionen US-Dollar beläuft. Die Organisation ist in bis zu 80 Ländern aktiv und auf beiden Seiten der Front in allen bewaffneten Konflikten auf der Welt tätig, egal, ob die Medien anwesend sind, wie in Afghanistan, oder nicht, wie in Sri Lanka oder Osttimor.

Die nationalen Rot-Kreuz-Gesellschaften sind hauptsächlich auf private Spenden angewiesen, während das internationale Komitee den Großteil seines Geldes direkt von Regierungen erhält. Die Schweizer Regierung ist der drittgrößte Beitragszahler, die Europäische Gemeinschaft der zweitgrößte. Der größte staatliche Spender sind überraschenderweise die USA, die 1997 rund 170 Millionen Dollar zur Verfügung stellte. Die Höhe der US-amerikanischen Beitragszahlung – und das bei einem Land, das den Vereinten Nationen 1,6 Milliarden Dollar schuldet und dessen Politiker sich regelmäßig abfällig über internationale Organisationen äußern – bezeugt, welch hohe Legitimität das IKRK in Washington genießt. Während des Golfkrieges gewann es den widerwilligen Respekt von General Norman Schwarzkopf anlässlich der Aufsicht über den Gefangenenaustausch und die Befreiung von Geiseln; und wenn die Organisation gelegentlich Positionen vertritt, die die Amerikaner irritieren – so wie in dem Fall, als sie darauf beharrte, General Manuel Noriega von Panama zu gestatten, in seinem Gefängnis in Florida als echter Kriegsgefangener Besuche zu empfangen –, dann geschieht dies mit charakteristischer Diskretion. Auf Grund seiner unnachgiebigen Neutralität weigert sich das IKRK in angespannten und potenziell gewalttätigen politischen Konflikten, etwa bei der Belagerung der japanischen Botschaft in Lima, Peru, als Vermittler aufzutreten, es trug jedoch dazu bei, dass beide Seiten weiter im Gespräch blieben, indem es alles, von Herzarzneien bis zu frischen Strumpfhosen, in die Botschaft brachte – und zwar den Rebellen ebenso wie den Geiseln.

Die Haltung der Organisation gegenüber dem Phänomen Krieg ist sehr schweizerisch. Obwohl die Schweiz seit fast zweihundert Jahren Frieden im eigenen Land und seine Neutralität bewahrt hat, ist sie kein pazifistischer Staat. Die offizielle Doktrin lautet: bewaffnete Neutralität. Jeder Schweizer durchläuft irgendeine Form von militärischer Grundausbildung; daher kennen sich viele Delegierten des IKRK im Reinigen und Zusammensetzen der Waffen aus, mit denen man ihnen an Kontrollpunkten gar nicht selten vor dem Gesicht herumfuchtelt. So ist es kein Zufall, dass einer seiner heroischsten Delegierten, Dr. Marcel Junod, der vom Abessinienkrieg von 1935–1936 bis zum Abwurf der Atombombe über Hiroshima als Rot-Kreuz-Helfer an Kriegshandlungen teilnahm, seinen Erinnerungen den Titel *Le troisième Combattant* gab. Es besteht eine merkwürdige Parallele zwischen der Kultur des IKRK und der militärischen Kultur, die es zu beschatten und zu beherrschen versucht. Das IKRK respektiert, so wie eine Armee, Disziplin, Ordnung und Ehre. Am wirkungsvollsten ist seine Arbeit, wenn es den Krieg führenden Parteien direkt gegenübertritt.

Bis 1991 waren die Ränge der Außenmitarbeiter für Nichtschweizer geschlossen; begründet wurde dies damit, dass Delegierte mit nichtschweizer Staatsangehörigkeit den Ruf des IKRK, unparteiisch und neutral zu sein, gefährden könnten. In den letzten sechs Jahren hat es jedoch auch Angehörige anderer Nation eingestellt, neben Französisch Englisch als eine seiner Hauptarbeitssprachen aufgenommen und so seine Schweizer Wurzeln etwas gelockert. Noch bis vor zehn Jahren schloss das Rote Kreuz die Presse aus. Es rühmt sich, ähnlich wie die Schweizer Banken, seiner Diskretion und Verschwiegenheit. Doch musste es, ebenso wie die Schweizer Banken, feststellen, dass diese Tugenden oftmals Misstrauen erregen. Inzwischen gibt es in den meisten größeren Delegationen Presseoffiziere.

Im Ausbildungszentrum des IKRK in Cartigny, außerhalb von Genf, unterrichtet man die neuen Delegierten darin, wie sie durch Minenfelder fahren, an Kontrollpunkten bestehen und aus ihren Fahrzeugen entkommen können, wenn sie unter Raketenbeschuss geraten. Man unterwirft sie vorgetäuschten Entführungen, samt maskierten Männern und – so die Aussage der Auszubildenden – einem realistischen Ansturm verbaler und körperlicher Einschüchterungen. Man schärft ihnen ein, in den Fahrzeugen niemals Waffen mitzuführen oder auch niemals Kämpfern zu erlauben, in ihnen zu fahren. Und schließlich wird ihnen klargemacht, dass ihre Sicherheit auf der ungreifbaren und unsicheren, rein moralischen Autorität des Rot-Kreuz-Abzeichens und einer gewissenhaft aufrecht zu haltenden Unparteilichkeit beruht.

Die IKRK-Delegierten wissen vermutlich mehr über den modernen Krieg als irgendeine andere Gruppe auf dieser Welt, einschließlich der meisten Generäle. Andere humanitäre Organisationen ziehen ihr Personal ab und verlagern es, wenn die Feuergefechte intensiver werden. Das IKRK dagegen legt Wert darauf, vor Ort zu bleiben. Alle größeren Delegationen sind mit Bunkern, Sandsäcken und schusssicheren Fenstern ausgerüstet. Die Delegierten haben den modernen Krieg auf seinem primitivsten Niveau miterlebt: In Ruanda sahen sie durch die Fenster ihrer Fahrzeuge zu, wie Interahamwe-Banden auf den Straßen von Kigali umherzogen und Zivilisten mit Macheten zu Tode hackten. Sie haben auch den Krieg auf seinem technologisch höchsten Niveau erlebt: Schweizer Delegierte, die im Januar 1991 in Bagdad blieben, sahen das Furcht erregende Feuerwerk der Tomahawk-Marschflugkörper gewissermaßen aus der ersten Reihe.

Trotz der Risiken – oder vielleicht gerade wegen der Gefahren – bekommt das IKRK ständig mehr Bewerbungen von Freiwilligen, als es einstellen kann. Akzeptiert werden junge Hochschulabsolventen mit einem Studienabschluss in internationaler Politik, die ein, zwei Jahre lang Abenteuer erleben möchten, ehe sie für Banken arbeiten; Ex-Hippies mit der Sehnsucht zu reisen; ehemalige Taxifahrer; Ärzte und Krankenschwestern, die dem abgesicherten Leben in Schweizer Kliniken überdrüssig sind. Sie alle kommen auf der Suche nach einem der am schwersten greifbaren Dinge überhaupt – der Befriedigung, die es einem verschafft, wenn man etwas tut, was der Mühe wert ist. Außer dass er einen »Motivationsbrief« vorlegen muss, wird der angehende

Delegierte einem strengen Einstellungsgespräch unterzogen. Einer von ihnen erzählte mir, die erste Frage, die er beantworten musste, habe gelautet: »Also, vor was laufen Sie eigentlich weg?« Manchmal ist es eine gescheiterte Ehe, die klaustrophobische Sicherheit des Lebens in der Schweiz oder die immer gleiche Mühle einer modernen Karriere. Die meisten Delegierten hegen zu Beginn ihrer Tätigkeit die Illusion, sie könnten die Welt verändern; manche »brennen aus«, andere wieder machen weiter und werden dann durch die Belohnung, die mit kleinen guten Werken einhergeht, entschädigt – die Zusammenführung von Familienangehörigen, die durch einen Krieg getrennt worden waren, das Aufspüren eines Gefangenen, von dem man glaubte, er sei gefallen oder verwundet.

Seit der Zeit zwischen dem Ersten Weltkrieg und dem Volksaufstand in Ungarn im Jahr 1956 gehört das IKRK zu den herausragenden Spielern auf diesem Feld der guten Taten. Seine Helfer waren die Ersten, die 1945 in die deutschen Konzentrationslager kamen; einer seiner Delegierten war der erste neutrale Beobachter, der Hiroshima erreichte. Doch im Zeitalter der durch das Fernsehen live übertragenen Katastrophen, das mit dem Biafra-Krieg von 1968 begann, drängen sich viele Konkurrenten auf diesem Feld, darunter die Hilfswerke der Vereinten Nationen. Die nationalen Verbände des Roten Kreuzes haben sich ebenfalls in die lukrative Medienwelt der Kriegszonen durchgeboxt. Das Wetteifern der Hilfsorganisationen um Spender, Schlagzeilen und Opfer ist inzwischen zu einem riesigen, unübersichtlichen Basar humanitärer Interessen geworden, und das IKRK kämpft darum, sich in all dem Lärm Gehör zu verschaffen und seine Grundsätze zu bewahren. Seine Doktrin der Neutralität wird von anderen Organisationen, etwa den Ärzten ohne Grenzen, in Frage gestellt, die die Auffassung vertreten, dass humanitäre Intervention da Partei ergreifen soll, wo der serbische Milizionär dem muslimischen Zivilisten oder den Machete schwingenden Hutu seinem Tutsi-Opfer gegenübersteht. Die Doktrin der Diskretion und des Stillschweigens – die es dem IKRK gestattet, auf beiden Seiten eines bewaffneten Konflikts tätig zu werden – wird zudem von Journalisten kritisiert, und zwar mit der Begründung, dass das Schweigen des IKRK unmerklich in Komplizenschaft mit Kriegsverbrechen übergehe. Auch beim IKRK stellt man sich die Frage, ob Dunants Beharren auf der Gleichheit aller Opfer, wie gerecht deren Anliegen auch sein mögen, in den erbitterten Kämpfen heutzutage, in denen eine ethnische Gruppe danach strebt, die andere auszulöschen, noch sinnvoll ist.

Das Internationale Komitee vom Roten Kreuz hat ein Mandat unter internationalem Recht, die Genfer Konventionen durchzusetzen und aufrechtzuerhalten. Dieses Mandat verleiht ihm Rechte, über die andere humanitäre Organisationen nicht verfügen: die Vollmacht, alle Kriegsgefangenen zu besuchen und zu registrieren, den Austausch von Gefangenen zu überwachen sowie die Kämpfenden in Fragen des Kriegsrechts zu unterrichten. Die Schlüsselfrage ist, ob dieses gesetzliche Regelwerk für die chaotischen Verhältnisse der Welt nach dem Kalten Krieg noch geeignet ist. Kämpfen die neuen Krieger überhaupt noch nach den alten Regeln? Im Golfkrieg richteten die USA beispielsweise ihre Kampfeinsätze nach den Vorschriften der Genfer Konventionen aus. Ein Offizier aus dem Stab Norman Schwarzkopfs hat sogar behauptet, die Operation Wüstensturm sei der legalste Krieg gewesen, in dem die USA jemals gekämpft hätten. Anwälte, die im internationalen Recht bewandert sind, berieten die US-Streitkräfte bei der Zielauswahl, damit man den Krieg in der Öffentlichkeit als sauberen Krieg ausgeben konnte. Das IKRK zweifelte an einigen dieser Entscheidungen – etwa daran, dass die Kinder von Bagdad ohne Wasser oder Kanalisation sein würden –, doch bezüglich der Kriegsbeendigung richtete man sich strikt nach den Genfer Konventionen. Hunderttausende Kriegsgefangene wurden in Saudi-Arabien interniert und danach unter dem Schutz des IKRK registriert und entlassen, so wie es die Abkommen vorsehen.

Das Problem für das Rote Kreuz liegt darin, dass der Golfkrieg einer der wenigen bewaffneten Auseinandersetzungen der jüngsten Vergangenheit ist, in denen sich die Kriegsparteien an die Genfer Konventionen gehalten haben. Regelverstöße kommen in *allen* bewaffneten Konflikten vor, selbst zwischen Kombattanten, die die Abkommen unterzeichnet haben. Doch heute sehen sich die Delegierten des Roten Kreuzes einer Form des Krieges gegenüber, die sich Dunant nicht hatte vorstellen können. Von den fünfzig bewaffneten Konflikten, die es gegenwärtig gibt, entspricht kaum einer dem klassischen Muster des Krieges zwischen Staaten; zu diesen Konflikten gehören Putschversuche von Armeeführungen und Feldzüge von Rebellenarmeen gegen unpopuläre Regime, Aufstände ethnischer Minderheiten gegen die Mehrheitsregierung oder die Aktivitäten räuberischer Banden, die ungehindert in den zusammengebrochenen Staaten umherziehen. In diesen Konflikten steht die Zivilbevölkerung immer in der Schusslinie. In Algerien, in Kolumbien und in Sri Lanka werden Zivilisten ebenso oft ins Visier genommen wie militärische Ziele. In Angola und Mozambique war die militärische Schlagkraft der sich bekämpfenden Buscharmeen so ausgewogen, dass die Kriege erst dann endeten, als sie bereits die ganze Gesellschaft um sie herum zerstört hatten. Die gleiche Art Zermürbungskrieg findet heute im Süden des Sudans statt. In Afghanistan und in Tschetschenien sind die Kriege, die als genuin nationale Aufstände gegen die ausländische Besatzungsmacht begannen, zu einem mit aller Brutalität geführten Kampf um Territorien, Ressourcen, Drogen und Waffen zwischen Milizen verkommen, die sich nicht mehr von kriminellen Banden unterscheiden. Da solche Kriege für die Großmächte von geringem Interesse sind – es stehen keine territorialen und Sicherheitsinteressen auf dem Spiel –, kann man zulassen, dass sie ewig weitergehen. In den zerfallenden Staaten Zentral- und Ostafrikas (Kongo, Ruanda, Burundi), in den von Drogenkriegen und Guerilla-Aufständen zerrissenen lateinamerikanischen Staaten (Kolumbien, Peru) sowie entlang der Grenzen zwischen dem neuen islamischen und dem alten sowjetischen Imperium (Usbekistan, Tadschikistan, Turkmenistan, Aserbeidschan) ist der »ausgefranste Krieg«, wie ihn der Spezialist auf dem Gebiet der neuen Bürgerkriege Leroy Thompson nennt, zum ständigen Begleiter des alltäglichen Lebens geworden.

In der Ära der Schlacht von Solferino bestand das Kriegsziel darin, die militärischen Streitkräfte der gegnerischen Seite zu besiegen. Erst unter Hitler sollten sich die Kriegsziele ändern. Heute gehören auch die Terrorisierung, die Deportation, ja sogar die Ausrottung der Zivilbevölkerung der anderen Seite dazu. Damit die Genfer Konventionen greifen, muss es Armeen geben, die in hinreichendem Maße diszipliniert sind, so dass die Unterscheidung zwischen Kombattanten und Zivilisten, zwischen militärischen und nichtmilitärischen Zielen beachtet wird. Doch was geschieht, wenn jegliche soldatische Disziplin verloren geht? In Liberia führte der Bürgerkrieg, der 1989 mit dem Aufstand einer Rebellenarmee gegen eine korrupte Regierung begann, zum Tod von 50 000 Menschen und zur Vertreibung von über einer Million aus ihrer Heimat – ungefähr der Hälfte der Bevölkerung –, weil verschiedene Gruppierungen um die Kontrolle des Drogen- und Diamantenhandels rangen. Einigen Schätzungen zufolge waren nicht weniger als 6000 der Kombattanten Kinder. Kindersoldaten wissen nichts von Dunants Ehrenkodizes. In Liberia hielten Kindersoldaten die Konvois des IKRK an den Kontrollpunkten auf den leeren Straßen außerhalb der Hauptstadt Monrovia an. Diese Kinder, bekleidet mit Bomberjacken und Turnschuhen, mit Raketenwerfern auf den Schultern oder halbautomatischen Gewehren an den Hüften, stolzierten zwischen den Leichen umher. Sie trugen Masken, die sie mit roter Farbe angepinselt hatten, und hatten sich *noms de guerre* wie Major Rambo, Captain Double-Trouble und General Snake zugelegt. Mitarbeiter des Roten Kreuzes berichteten, dass diese maskierten Gestalten an den Kontrollpunkten unter starkem Drogeneinfluss standen und nicht die geringste Ahnung hatten, für wen oder was sie eigentlich kämpften. Sie raubten auch bedenkenlos die Fahrzeuge des IKRK aus.

Graça Machel, die Witwe des ehemaligen Staatspräsidenten von Mozambique, hat im Auftrag der Vereinten Nationen eine Studie über diese Kindersoldaten angefertigt. Danach führen viele Faktoren zu ihrer Rekrutierung: der Zerfall der einheimischen Kriegertraditionen, die den Einsatz von Kindern in einem Männern vorbehaltenen Beruf ablehnten; der endemische Charakter vieler Konflikte, der eine riesige Zahl von Waisen und vertriebenen Kindern hinterlässt, die sich von Privatarmeen, Milizen und paramilitärischen Banden mühelos rekrutieren lassen. Zudem hat Graça Machel beobachtet, dass die moderne Waffentechnik den Einsatz von Kindersoldaten leichter macht. Die heutigen automatischen Waffen sind so leicht, und man kann sie derart mühelos auseinander nehmen und wieder zusammensetzen, dass man sie sogar Kindern in die Hände geben kann. In den Bergen im Norden Iraks habe ich gesehen, wie Trupps junger kurdischer Guerilakämpferinnen Granaten aus Granatwerfern mit Raketenantrieb abfeuerten, die größer waren als sie selbst. In wenigstens 25 der gegenwärtigen bewaffneten Konflikte sind möglicherweise mehrere hunderttausend Kindersoldaten beteiligt. In den meisten traditionellen Gesellschaften wird Ehre mit Zurückhaltung assoziiert und Männlichkeit mit Disziplin. Im mannhaften Gebaren der alten afghanischen Kämpfer oder in der würdevollen Haltung der kurdischen *peshmerga* kommt eine Kriegsordnung zum Ausdruck, die auch eine Vorstellung stolzer männlicher Identität ist. Die besondere Brutalität der Kriege in den neunziger Jahren knüpft an eine andere Vision männlicher Identität an – die der wilden Sexualität des männlichen Heranwachsenden. Durch diese Jugendlichen werden Armeen mit einem anderen Soldatentyp versorgt – einem, für den eine Waffe nicht etwas ist, das man respektiert oder mit ritualisierter Korrektheit behandelt, sondern vielmehr eine explizit phallische Bedeutung besitzt. Einen Kontrollpunkt in Bosnien zu überqueren, an dem Teenager mit dunklen Sonnenbrillen und eng sitzenden Tarnanzügen AK-47-Maschinengewehre schwingen, bedeutet, eine Zone toxischen Testosterons zu betreten. Kriege hatten schon immer eine sexuelle Dimension – eine Soldatenuniform zu tragen ist keine Garantie für gutes Benehmen; wenn ein Krieg aber von jugendlichen Irregulären geführt wird, dann wird sexuelle Barbarei zu einer normalen Waffe.

Während des 20. Jahrhunderts führten humanitäre Gesetze einen ungleichen Kampf gegen den teuflischen Erfindungsreichtum der Militärtechnik und das proteische, sich ständig wandelnde Antlitz des modernen Krieges. Als die Genfer Konventionen 1949 revidiert wurden, wurde in Artikel 3 der Geltungsbereich der Abkommen auf Bürgerkriege und andere nichtinternationale Konflikte ausgeweitet. Im Artikel 13 wurde anerkannt, dass die Kämpfenden in diesen neuen Formen der kriegerischen Auseinandersetzung nicht unbedingt Soldatenuniformen tragen würden. Bei dieser neuen Form des Krieges war die Uniform nicht mehr das Abzeichen eines Kämpfenden, sondern seine Waffe. Alle, »die Waffen offen tragen«, so wurde verfügt, hatten ein Anrecht auf den Schutz durch die Genfer Abkommen. 1977 wurden dann zwei Protokolle hinzugefügt, von denen eines das Internationale Komitee vom Roten Kreuz bevollmächtigte, in Kriegen zur nationalen Befreiung und in internationalen Feldzügen des zivilen Ungehorsams wie etwa dem Aufstand der Palästinenser einzugreifen. Die USA, Großbritannien und Israel haben, neben anderen, diese Zusatzprotokolle bislang noch nicht ratifiziert, da ihrer Ansicht nach die Anwesenheit des IKRK in solchen inneren Kriegen die Rebellen auf Kosten der souveränen Staaten legitimiere. Doch selbst wenn man dem IKRK den Zugang zu den aufständischen Gruppen gestattete, steht es vor einem schwer wiegenden Problem: Es muss jemanden finden, der über die Befehlsgewalt verfügt. In den Konventionen heißt es, dass sich die Dissidentenarmeen unter »verantwortlichem Kommando« befänden. In den neunziger Jahren wurden die meisten Kämpfe von Irregulären geführt – den Opfern der zusammengebrochenen Staaten – oder von paramilitärischen Einheiten, die Banditentum mit Soldatentum kombinieren. Da der Krieg aus den Händen des Staates in die Hände der Kriegsherren übergeht, zerfallen auch die Rituale der Rücksichtnahme, die mit dem Kriegshandwerk einhergehen. Die Arbeit des IKRK ist gefährlicher geworden. Allein in Ruanda hat das Rote Kreuz 1994 im Zuge von Kriegshandlungen 34 Mitarbeiter verloren, zum Teil, weil man sie gezielt angriff. 1996 war eines der schlimmsten Jahre in seiner langen Geschichte. Im Juni wurde in Burundi ein Geländefahrzeug mit drei Delegierten aus dem Hinterhalt angegriffen und beschossen; das Fahrzeug stürzte in eine

Schlucht, wobei alle Insassen ums Leben kamen. Im Dezember 1996 wurden in Tschetschenien sechs Mitarbeiter des Roten Kreuzes in ihren Betten in einem Krankenhaus außerhalb von Grosny ermordet. Fast jeder Delegierte, mit dem ich gesprochen habe, hat einen Augenblick totalen Schreckens durchlebt. Für Pascal Mauchle, Mitglied der Afghanistan-Delegation, war dies der Moment, als er in einem nichtbewaffneten weißen Landcruiser eine Frontlinie überquerte und ins militärische Niemandsland geriet; er war unsicher, ob die vor ihm liegende Straße frei von Minen sei, ob er den Bewaffneten am letzten Kontrollpunkt glauben konnte, als sie sagten, die Straße sei sicher, und ob die Bewaffneten am nächsten Kontrollpunkt schießen würden, sobald sein Fahrzeug in Sicht käme.

Die neuen Ängste um die Sicherheit der IKRK-Delegierten führt die Organisation in Zwangssituationen, die genau ins Zentrum ihrer Neutralität zielen. Würde man die Delegierten des Roten Kreuzes in Konvois der Vereinten Nationen losschicken, dann besäßen sie zwar den Schutz der gepanzerten UN-Fahrzeuge, doch würde dies den Ruf der Organisation, unabhängig zu sein, in Mitleidenschaft ziehen. Selbst der Vorschlag, die Delegierten mit schusssicheren Westen und Kevlar-Helmen auszurüsten und die Geländefahrzeuge kugelsicher zu machen, hat Anlass zu hitzigen Debatten gegeben. Wenn man das Ziel panzere, so die Argumentation, erhöhe man nur die Wahrscheinlichkeit, dass es zu einem Angriffsziel würde. Traute man den Milizen, würden sie einem auch vertrauen. Doch einige Delegierte haben ihr Vertrauen bereits mit dem Leben bezahlt. In einem jüngst erschienenen Aufsatz hat Adam Roberts, Professor für internationale Beziehungen in Oxford, scharfe Kritik daran geübt, dass sich das IKRK auf seine Reputation verlässt: »Die an sich ehrenvolle Tradition, humanitäre Einsätze mit Unparteilichkeit und Neutralität gleichzusetzen, ist beim konstruktiven Nachdenken über Sicherheitsfragen keine wirkliche Hilfe. Manchmal kann die Gewährleistung von Schutz auch eine Abkehr von diesen Grundsätzen erfordern.«

Das Rote Kreuz hat, ohne von seinen Grundsätzen abzuweichen, damit begonnen, seine Sicherheitsvorkehrungen zu verändern. Inzwischen stellt man bewaffnete Sicherheitskräfte auf, die die Wohnunterkünfte der Delegierten bewachen sollen, und auch im Umkreis der Arznei- und Lebensmitteldepots wird bewaffnetes Sicherheitspersonal eingesetzt, das Plünderungen verhindern soll. In den Krankenhäusern, Kliniken und medizinischen Zentren sowie im Inneren der Delegationsunterkünfte ist das Tragen von Waffen verboten. Doch im Umkreis der Geländes patrouillieren Sicherheitskräfte, und die sind bewaffnet.

II

Zum ersten Mal zeigte sich dem Roten Kreuz das neue Antlitz des Krieges in Jugoslawien. Im Juni 1991 brach der Krieg zwischen Serbien und Kroatien aus. Am 18. November – der Konflikt ging in seinen fünften Monat – erhielt Nicolas Borsinger, Delegierter des IKRK, die Nachricht, dass die Eroberung von Vukovar, einer kroatischen Stadt mit 40 000 Einwohnern an der Donau, kurz bevorstehe. Borsinger hatte nahe der ungarischen Grenze gewartet, während die von Serben dominierte Jugoslawische Nationalarmee die Stadt bombardierte. Die Stadt war zum kroatischen Stalingrad geworden. Nur durch einen Trick gelang es Borsinger, die serbischen Linien zu durchqueren. Er behauptete einfach, mit »dem General« verabredet zu sein. Die Stadt bot ein Bild der Verwüstung: Kaum ein Gebäude stand noch. Betrunkene Serben zogen johlend durch die Straßen und feuerten in die Luft, während andere Serben kroatische Zivilisten aus den Bunkern und Kellern zerrten und zusammentrieben. »Alles deutete auf ein bevorstehendes Massaker hin«, erinnert sich Borsinger. Er verschaffte sich Zugang zum städtischen Krankenhaus, wo unter Aufsicht eines serbischen Hauptmanns verwundete kroatische Zivilisten in erdrückender Enge untergebracht waren. Nach einigen Stunden wurde der Hauptmann ungeduldig, und Borsinger beschloss, es sei besser zu verschwinden. Noch am selben Tag arbeitete das IKRK eine Vereinbarung aus, die das Krankenhaus zur neutralen Zone erklärte und es der eigenen Aufsicht unterstellte. Da aber die Funkverbindungen zusammengebrochen waren, erfuhr man in Vukovar nichts von dieser Abmachung. Als Borsinger am darauf folgenden Tag in die Stadt zurückkehrte, wurde er an einem Kontrollpunkt festgehalten und sah, wie drei Lkw mit serbischen Milizionären am Steuer davonfuhren. Auf den Lastwagen waren 210 Personen, Patienten und Krankenhausmitarbeiter; sie wurden nie wieder gesehen. Ein Jahr später wurde in Ovcara, einem Dorf in der Nähe, ein Massengrab entdeckt. Bei der Exhumierung stellte man fest, dass einige der Opfer Krankenhaushemden trugen und Infusionsschläuche noch immer an ihren Armen befestigt waren.

Die Gräuel in Vukovar – und andere der schlimmsten Kriegsverbrechen, die im ehemaligen Jugoslawien verübt wurden – gehen auf das Konto paramilitärischer Banden unter dem Kommando serbischer Kriegsherren sowie krimineller Elemente mit Verbindungen zu Politik, Wirtschaft und zur Belgrader Unterwelt. »Weiße Adler« nannte sich eine dieser Gruppen unter der Führung von Führer Seselj, einem protofaschistischen Belgrader Politiker. Die »Tiger«, angeführt von »Arkan«, hieß eine andere. Arkan, ein Belgrader Gangster, wurde in Schweden mit internationalem

Haftbefehl wegen Mordes gesucht. Er hatte seine Berühmtheit als Paramilitär zum Aufbau eines Halbweltimperiums genutzt, das von Belgrader Eisdielen bis zu Tankstellen reichte.

Als ich 1993 durch das ehemalige Jugoslawien reiste, stieß ich auf Anzeichen für Arkans Anwesenheit. So hing in einem serbischen Bauernhaus in einer Gegend, die die Kroaten 1991 erobert hatten, in einer Ecke der Küche ein Arkan-Kalender an der Wand wie eine schützende Ikone. Arkan posierte mit seinen paramilitärischen Soldaten in Kampfanzügen und hielt dabei eine nagelneue Uzi-Maschinenpistole hoch. Die vom serbischen Regime in Belgrad ausgebildeten und offiziell genehmigten Privatarmeen – das paramilitärische Pendant bei den Kroaten hieß HOS – erledigten also die schmutzige Arbeit, deren Ausführung weder das eine noch das andere Regime ihren regulären Armeen gestattete. 1991 hatten die Männer um Arkan und Seselj die kroatischen Dörfer in Ost-Slawonien »gesäubert«, 1992 waren sie an der Ostseite der Drina nach Süden vorgedrungen, wobei sie Muslime ermordet und gefoltert und aus ihren Heimatgebieten an der Grenze zu Serbien vertrieben hatten.

Auf derselben Reise im Jahr 1993 besuchte ich die Ruinen von Vukovar. Die »weißen Adler« Seseljs hatten ihr Hauptquartier im einzigen großen Gebäude aufgeschlagen, das in Vukovar noch stand, nachdem die Serben die Stadt 18 Monate zuvor von den Kroaten erobert hatten. Die Männer in schwarzen Kampfanzügen und mit schwarzen Baretts hielten Wache auf einer zugigen Fläche, die früher ein öffentlicher Platz gewesen war, und fragten mich, wieso ich in Begleitung eines örtlichen Journalisten in den Ruinen herumschnüffelte. Es waren große, langhaarige Männer mit stumpfen Nasen – halb Krieger, halb Schläger. Ich antwortete, der Journalist sei mein Freund und helfe mir bei den

Übersetzungen. Sie sagten, er gehöre zur ungarischen Minderheit und dass sie ihn, sollten sie ihn dabei erwischen, Lügen über Serbien zu verbreiten, umbringen würden. Ich sagte, ich hätte es nicht gern, wenn man mir drohe. Sie sagten, sie hätten mich gewarnt. Später, noch am selben Abend, gab man von irgendwoher aus den dunklen Ruinen Warnschüsse auf unseren Wagen ab. Am nächsten Morgen verließen wir Vukovar.

Irreguläre Einheiten sind so alt wie der Krieg selbst, und ihre Grausamkeit ist sprichwörtlich. Doch in früheren Zeiten gelang es den Armeen, die irregulären Truppen einzugliedern, eine gewisse Regimentsdisziplin einzuführen und ihre Gewalttätigkeit unter die Kontrolle des Staates zu bringen. Die Kosaken wurden von den Armeen des Zaren gezähmt; die Clans des schottischen Hochlands wurden zurückgeschlagen, um anschließend in den Highland-Regimentern aufzugehen. Die Irregulären des Balkans stellen insofern eine Besonderheit in der Geschichte dar, als sie – anstatt vom Staat eingegliedert und gezähmt zu werden – von Staaten – wie Serbien und Kroatien – im Verborgenen zu Gräueltaten angestachelt wurden, und zwar nicht als unbeabsichtigte Folge von Trunkenheit und mangelnder Disziplin, sondern als bewusst eingesetzte militärische Strategie. Die Männer wurden in Gefängnissen rekrutiert, in geheimen Armeecamps ausgebildet und mit den besten Waffen aus den staatlichen Waffenkammern ausgerüstet. Die irregulären Armeen wurden ins Leben gerufen, damit der Staat offiziell die ethnischen Säuberungen leugnen konnte. Das Kriegsgeschäft wurde »privatisiert«, etwa so, wie es im Fall von Franchise-Unternehmen geschieht, um die mit Berufssoldatentum assoziierte moralische Verantwortung abgeben zu können.

Im Mai 1992 – sechs Monate nach der Eroberung Vukovars durch die Serben – hielt der Krieg Einzug in Bosnien.

Das IKRK entsandte unter Leitung einer seiner charismatischsten Delegierten, Frederic Maurice, einen Konvoi mit medizinischen Hilfsgütern nach Sarajewo, der Hauptstadt Bosniens. Der Konvoi startete in Belgrad, machte Halt in Serbiens Hauptstadt Pale und fuhr dann weiter nach Sarajewo. In der Stadt passierte die Kolonne – fünf Fahrzeuge, alle weiß gestrichen und mit ihrem Rot-Kreuz-Emblem unverkennbar – den serbischen Kontrollpunkt ohne Zwischenfälle. Aber bevor sie den muslimischen Kontrollpunkt erreichten, gerieten sie unter Feuer durch unbekannte Schützen. Das Rote Kreuz verweigert offiziellen Stellen nach wie vor die Auskunft, wer für diese Angriffe verantwortlich ist. Eine dreiviertel Stunde lang saß der Konvoi fest, während Raketen aus Raketenwerfern und Kugeln aus kleinkalibrigen Waffen auf ihn herabregneten. Schließlich kamen muslimische Milizen und wiesen ihm den Weg in Sicherheit. Frederic Maurice wurde aus einem mit Einschusslöchern übersäten Geländewagen gezogen und ins Krankenhaus gebracht; er starb nach einer Notoperation. Bosnien liegt etwa zwei Flugstunden von der Schweiz entfernt. Almweiden und Gebirgsbäche erinnern die Schweizer Delegierten an ihre Heimat. Die Führer Bosniens versicherten wiederholt, sich an die Genfer Konventionen zu halten; ihre Streitkräfte waren in Fragen des europäischen Kriegsrechts geschult. Dennoch hatte man binnen zwei Jahren zu einer Form des Krieges gefunden, der es einzelnen Teilrepubliken gestattete, ihre Verantwortung gegenüber der Genfer Konvention zu leugnen. Auch hatte man einen Typus des Kämpfers erfunden, der keine Skrupel kannte, einen Konvoi des Roten Kreuzes anzugreifen. Von Genf aus veranlasste das IKRK Ende Mai seine Delegierten, sich aus Bosnien und Herzegowina zurückzuziehen, und niemand sollte fünf Wochen lang zurückkehren.

Diese fünf Wochen sollten die schlimmsten des ganzen

Krieges sein: Muslimische Städte und Moscheen wurden in die Luft gesprengt, Friedhöfe geschändet. Unter den ersten IKRK-Delegierten, die zurückkehrten, war auch Patrick Gasser. In Manjaca, nahe Banja Luka im Norden Bosniens, bot sich ihm ein Anblick, den zu schildern seine Kräfte fast überstieg. In heißen Wellblechverschlägen, die eigentlich für Vieh vorgesehen waren, stieß er auf rund 2300 muslimische Internierte, allesamt nichtkämpfende Zivilisten: Männer, ausgezehrt, hohläugig und unter Schock stehend. Sie waren derart abgemagert, dass das IKRK einen Ernährungsspezialisten, den man bei der Hungersnot in Somalia eingesetzt hatte, zur Überwachung des Ernährungsprogramms hinzuzog. Gasser flog nach Genf zurück, um zu berichten, was er gesehen hatte. Zunächst konnte er seinen Vorgesetzten nicht verständlich machen, dass es in Europa wieder Konzentrationslager gab. Die Leitung des IKRK hielt Gassers Information zwei Wochen unter Verschluss und diskutierte, was zu tun sei. Wenn man sich öffentlich äußerte, gefährdete dies möglicherweise die Aussichten des IKRK, den Opfern zu helfen. Wenn man schwieg, machte man sich der Komplizenschaft mit ethnischen Säuberungen und vielleicht sogar mit einem Völkermord schuldig.

Fast genau fünfzig Jahre zuvor sah sich das Rote Kreuz mit einem ähnlichen Dilemma konfrontiert. Am 14. Oktober 1943 traf sich das 23-köpfige Leitungskomitee, bestehend aus Schweizer Politikern, Rechtsanwälten, Ärzten und Geschäftsleuten, um über die von Delegierten gesammelten Indizien zu beraten, die darauf hindeuteten, dass Angehörige der Zivilbevölkerung im besetzten Europa deportiert wurden. Im streng juristischen Sinne ging die Zivilbevölkerung das Rote Kreuz nichts an. Die Genfer Konventionen in ihrer Fassung von 1939 erteilten den Rot-Kreuz-Delegierten lediglich die Genehmigung zum Besuch von Kriegsgefangenen. Im Laufe dieser Besuche waren ihnen jedoch Gerüchte über Deportationen zu Ohren gekommen; Delegierte hatten gesehen, wie verplombte Eisenbahnzüge in Richtung Osten abfuhren, waren an Konzentrationslagern vorbeigefahren. Als sie beim Leiter des Deutschen Roten Kreuzes, Ernst Grawitz, Nachforschungen bezüglich dieser Lager anstellten, bekamen sie zur Antwort, dass diese Sache Genf nichts angehe. Grawitz wusste, wessen Angelegenheit dies war: Schließlich war er nicht nur Leiter des deutschen Roten Kreuzes, sondern auch oberster SS-Arzt, einer der Männer, die für die geheimen medizinischen Experimente an den Lagerhäftlingen verantwortlich war.

Obwohl die Tore der Konzentrationslager für das Rote Kreuz verschlossen blieben, hatte man in Genf eine ungefähre Vorstellung, was dort vorging. Anlässlich eines Besuches in Berlin war Carl Burckhardt, ein hochrangiges Mitglied im Vorstand des Roten Kreuzes, von einem hohen deutschen Beamten informiert worden, Hitler habe Anfang 1941 einen Befehl unterzeichnet, wonach es Ende 1942 »in Deutschland keinen einzigen Juden mehr geben wird«. Als Burckhardt einem US-amerikanischen Konsul in Genf davon berichtete, fragte ihn der Konsul, ob dies Ausrottung bedeute. Burckhardt erwiderte, dass es nichts anderes bedeuten könne.

Ende September hatte das IKRK dann einen öffentlichen Aufruf verfasst, der zwar weder Juden noch irgendeine andere Gruppe namentlich erwähnte, jedoch die Deportationen und die Zwangsarbeit der Zivilbevölkerung verurteilte. Als über das Vorhaben abgestimmt wurde, sprach sich Carl Burckhardt ausdrücklich gegen die Resolution aus. Hochfliegende Aufrufe an das moralische Gewissen der internationalen Gemeinschaft hätten wohl nicht die geringste Wirkung auf Hitler, außerdem würden sie lediglich den bestehenden Zugang des Roten Kreuzes zu Kriegsgefangenen gefährden. Ein Schweizer Regierungsvertreter, der befürchtete, eine öffentliche Erklärung könnte die Neutralität der Schweiz gefährden, riet ebenfalls zur Vorsicht: »Ist es denn nicht so, dass der gute Samariter nie sein Schweigen bricht – außer durch seine guten Taten?« Die Resolution wurde nie veröffentlicht. Das Rote Kreuz hüllte sich in Schweigen – solange wie der Krieg dauerte.

Als die Deutschen 1944 Ungarn besetzten, gelang es dem IKRK-Delegierten Friedrich Born, einige jüdische Waisenhäuser und Hospitäler zu schützen, indem er sie der Aufsicht des Roten Kreuzes unterstellte und Tausenden von Juden, die in diesen Einrichtungen beschäftigt waren, Papiere des Roten Kreuzes ausstellte. Aber da er für keinen von ihnen Ausreisevisa bekommen konnte, musste er 1944 hilflos zusehen, wie 50 000 Budapester Juden zusammengetrieben wurden und zu Fuß ihrer Vernichtung in Deutschland entgegenmarschierten.

Den Delegierten in Deutschland und Polen war der Zutritt zu den Lagern versperrt. Gesandte, die 1944 am Konzentrationslager Mauthausen vorbeikamen, sahen aus den Krematorien Rauch aufsteigen. Andere Delegierte, die in einem Lager in Polen Kriegsgefangene der Alliierten aufsuchten, hörten, an einem Ort namens Auschwitz gebe es Duschen, in denen Zivilisten vergast würden. Sie hatten jedoch keine Gelegenheit, diese Gerüchte auf ihren Wahrheitsgehalt zu überprüfen. Die Delegierten sahen die wirklichen Verhältnisse erst, als das Deutsche Reich im Frühjahr 1945 zusammenbrach. Mittlerweile hatte Ernst Grawitz, SS-Arzt und Leiter des deutschen Roten Kreuzes, Selbstmord begangen, unmittelbar bevor das ganze Ausmaß seiner Experimente an den Lagerinsassen bekannt wurde.

Im Unterschied zu 1942 erwies sich 1992 Stillschweigen als unmöglich: Die Weltpresse hatte selbst den Weg zu den Lagern nahe Banja Luka gefunden. Roy Gutman, der für *Newsday* arbeitete, war vor Ort. Das IKRK hatte Journalisten immer mit Misstrauen behandelt, doch in diesem Fall arbeitete es mit ihnen zusammen. Ohne Einzelheiten der Erkenntnisse des IKRK zu enthüllen, bot Gasser die Zusammenarbeit an, die erforderlich war, damit *Newsday* seine ersten Berichte bringen konnte. Eine Woche später lauerten Reporter des britischen Nachrichtensenders ITN dem Führer der bosnischen Serben, Radovan Karadzic, in London auf und entlockten ihm die Zusage, dass ein ITN-Fernsehteam zu Filmaufnahmen in die Lager entsandt werden durfte. Die Delegierten des Roten Kreuzes vor Ort sahen dem nachfolgenden Medienrummel ungläubig zu. Was vor Ort geschah, war schon kompliziert genug, doch nun wurde es auf der Stelle in eine moralische Erzählung des Holocaust verpackt. Bei den Lagern, die die Medienvertreter tatsächlich zu sehen bekamen, handelte es sich jedoch nicht um Todeslager, sondern vielmehr um Durchgangslager für zivile Häftlinge, die die Serben – wie sie hofften – ins Exil vertreiben konnten. Tatsächlich wurde der Stacheldraht aus Trnopole bei der Ankunft der Fernsehteams entfernt. Dennoch wurde der Filmausschnitt, den ITN von den ausgemergelten muslimischen Männern hinter Stacheldraht zeigte, zum wirkungsvollsten Bild des ganzen Bosnienkriegs. Für die Delegierten des Roten Kreuzes vor Ort war die moralische Gleichsetzung von ethnischer Säuberung und Holocaust höchst zweifelhaft. Schon bald war ihnen klar, dass die Serben mit ihrer Einladung der Weltpresse die Holocausterinnerungen im Westen zynisch ausnutzten und die westlichen Regierungen dazu verleiteten, die muslimischen Flüchtlinge in ihren Ländern aufzunehmen, um damit der ethnischen Säuberung Zentralbosniens Vorschub zu leisten. Es gelang den Serben sogar, das IKRK in dieses Vorhaben einzubinden: Bereits Weihnachten 1992 hatte das IKRK die Schließung sämtlicher Lager in Nordbosnien überwacht und die meisten Häftlinge in Durchgangslager nach Kroatien und anderswo in Europa überführt.

Während des gesamten Bosnienkrieges bemühte sich das IKRK, einen Weg zum Schutz der Zivilbevölkerung zu finden, ohne zum unfreiwilligen Handlanger ethnischer Säuberungen zu werden. Im Oktober 1992 machte Cornelio Sommaruga den Vorschlag, bestimmte muslimische Städte zu Schutzzonen zu erklären. Als im April 1993 die Eroberung dieser Städte durch die Serben kurz bevorstand, übernahm der Sicherheitsrat der Vereinten Nationen Sommarugas Idee, die mittlerweile breite Unterstützung fand. Im europäischen Kriegsrecht waren Schutzzonen ein traditionelles Konzept – 1870 hatte Dunant diese Idee vorgebracht, um Paris zu schützen –, doch Sommarugas Initiative hätte nur unter drei Voraussetzungen funktionieren können: Die Muslime nutzten die Schutzzonen nicht als Militärbasen, und die Serben respektierten die Neutralität dieser Gebiete. Keine der beiden Parteien hielt sich jedoch an ihren Teil der Vereinbarung. Die dritte Bedingung sah vor, dass die UNO-Mitgliedsstaaten 35 000 Soldaten zum Schutz der Enklaven bereitstellen würden. Schließlich wurden lediglich 7000 entsandt. Srebrenica wurde von nicht mehr als einigen Hundert Soldaten bewacht. Unschuldigen Zivilisten wurden Versprechen gegeben, von denen alle, die die Lage aus der Nähe beurteilen konnten, einschließlich des Roten Kreuzes, wussten, dass man sie nicht würde einhalten können.

Im Juli 1995 kämpften sich serbische Milizen in die Schutzzone vor, entwaffneten die dortigen UN-Truppen, trieben alle in der Stadt befindlichen Männer zusammen und vertrieben sowohl die Frauen und Kinder als auch das einheimische Personal des Roten Kreuzes. Das IKRK hatte nur lokale bosnische Mitarbeiter in der Stadt – die Delegierten hatten ihr Hauptquartier im nahe gelegenen Tuzla aufgeschlagen. So mussten die Delegierten hilflos zusehen, wie 23 000 Frauen und Kinder durch Gefechtslinien und Minenfelder zum Luftwaffenstützpunkt in Tuzla wankten. Die internationalen Hilfsorganisationen unternahmen gewaltige Anstrengungen, um diesen Menschen zu helfen; dank der Nachrichtenkameras vor Ort stritten bald 50 humanitäre Hilfsorganisationen darum, wer den Frauen und Kindern bei ihrer Ankunft helfen durfte. Das Rote Kreuz, das bei dem ganzen humanitären Gerangel nicht mitmachen wollte, beschloss, sich auf das Aufspüren der Opfer zu konzentrieren. Seine Delegierten errichteten auf dem Flugplatz eine Zeltstadt, und eine Woche lang wurden die Frauen von Srebrenica dort durchgeschleust, Frauen, die berichteten, dass ihre Männer von Einheiten der bosnischen Serben mit vorgehaltener Waffe fortgebracht worden waren. Bereits zu diesem Zeitpunkt war allen Beteiligten klar, dass die meisten Verschwundenen – das IKRK zählte alles in allem 7000 – bereits hingerichtet worden waren. Eine Hand voll weiblicher Delegierter bekam die Trauer und den Zorn der Frauen aus Srebrenica mit voller Wucht zu spüren. Die psychische Belastung war so groß, dass eine der Mitarbeiterinnen nach Genf ausgeflogen werden musste.

Die Witwen von Srebrenica sind in Wohnheimen am Stadtrand von Tuzla untergebracht, in umgewandelten Turnhallen und Schulen, in ehemaligen Klöstern und früheren Restaurants. Die Feldbetten stehen dicht an dicht, vierzig in einem Raum; von den Bettgestellen hängt das, was die Frauen besitzen, in Plastiktüten herab. Die Frauen kommen meist vom Lande, tragen Kopftücher und weite Hosen und schlurfen in ihren alten Hausschuhen von den Betten zu den Waschräumen und Speisesälen. Ihr Gang wirkt unruhig; sie sitzen stundenlang da und starren aus dem Fenster. Sie warten. Auf Gerechtigkeit. Auf eine Antwort. Darauf, dass die Zeit vergeht. Und nun wissen sie, jedenfalls die meisten von ihnen, dass ihre Männer nie mehr zurückkehren werden. Wenn sie erzählen, was sie zu berichten haben, schlagen sie sich mit den Fäusten gegen die Knie und weinen.

Sie wollen Gerechtigkeit, aber das IKRK und andere humanitäre Organisationen, die sich ihrer angenommen haben, kümmern sich nicht um rechtliche Fragen. Nur das Kriegsverbrechertribunal in Den Haag kann ihnen zu Recht verhelfen. Doch obwohl das IKRK über die größten und verlässlichsten Datenbanken über die Opfer von Massakern verfügt, weigert es sich, seine Informationen an den Gerichtshof weiterzuleiten. Die Doktrin der Neutralität und Vertraulichkeit verhindert dies. Delegierte wie Beat Schweitzer und Patrick Gasser argumentieren hitzig, dass sie niemals Zutritt zu Trnopole und Manjaca bekommen hätten, wenn die serbischen Behörden gewusst hätten, dass das Rote Kreuz Informationen an Kriegsverbrechertribunale weitergibt. Ihrer Ansicht nach dürfe sich das Rote Kreuz nicht daran beteiligen, Kriegsverbrecher vor Gericht zu bringen, wenn sie Zugang zu den Häftlingen und Opfern bekommen wollen, die von eben diesen Kriegsverbrechern gefangen gehalten werden. Diese Politik, so moralisch ambivalent sie auch sein mag, hat sich jedoch unerwartet bezahlt gemacht. Denn als 1995 F-16-Kampfjets der NATO über Banja Luka einen Kampfeinsatz flogen, um die serbische Luftverteidigung während der kroatisch-muslimischen Offensive auszuschalten, war es dem Roten Kreuz als einziger humanitärer Organisation gestattet, in den von Serben eroberten Gebieten Bosniens und Kroatiens zu bleiben. Alle anderen Organisationen mussten das Land verlassen, da sie mit den Mitgliedsstaaten der NATO assoziiert wurden. Das bedeutete auch, dass, als im Zuge der kroatisch-muslimischen Offensive in Bosnien und des Angriffs der Kroaten auf die Krajina-Serben diese selbst zu Flüchtlingen wurden, das Rote Kreuz zur Stelle war, um ihnen zu helfen. Es gehört zu den Ironien des Krieges, dass die größte einzelne ethnische Säuberung in diesem Konflikt – die Räumung der Krajina durch die Kroaten, bei der 600 000 Serben nach Serbien zurückgetrieben wurden – jene Bevölkerungsgruppe betraf, die man in aller Welt für die Einführung dieses Begriffs in unsere Sprache verantwortlich machte. Das IKRK konnte die Flüchtlinge mit Lebensmitteln und Kleidung versorgen. Das internationale Kriegsverbrechertribunal betreffend, mag eine Haltung der Neutralität umstritten sein, aber immerhin erlaubte sie dem Roten Kreuz, vor Ort zu sein, als aus Tätern plötzlich Opfer wurden.

Die Erfahrungen des IKRK in Jugoslawien erschütterten die Organisation bis ins Mark. Die Delegierten hatten eine außerordentliche Hingabe und außerordentlichen Mut bewiesen, aber viele bedrückte ein Gefühl des Scheiterns und der Sinnlosigkeit. Das IKRK war um Stunden zu spät in Vukovar eingetroffen, und deshalb waren Hunderte von Menschen ums Leben gekommen; es wurde nach Sarajewo entsandt – wo es jedoch unter Beschuss geriet; es entdeckte die Konzentrationslager und wurde doch unausweichlich zum Komplizen der ethnischen Säuberung; es beteiligte sich an den internationalen Appellen zur Errichtung von Schutzzonen und musste doch hilflos zusehen, wie diese Gebiete zur Falle und schließlich zum Grab für 7000 Männer wurden. Es war eine Sache zu sehen, wie die Genfer Konventionen in einer nichteuropäischen Stadt ignoriert wurden, aber mit anzusehen, wie wenig die Grundsätze dieser Abkommen, nur ein paar Autostunden von Genf entfernt, bedeuteten, war wirklich erschreckend. Viele Delegierte fragten öffentlich, ob das Internationale Komitee vom Roten Kreuz seine Richtung verloren hatte, beziehungsweise fragten sich, ob sich die Welt so sehr geändert hatte, dass die Organisation keinen Platz mehr darin hatte.

III

Das Internationale Komitee vom Roten Kreuz ist stolz auf sein Hilfsprogramm in Afghanistan, und das mit gutem Grund: Es hat Menschen in großer Zahl mit Lebensmitteln versorgt, es hat die zerschmetterten Gliedmaßen der Minenopfer ersetzt, Gefangene jeder Seite besucht und die in der erbarmungslosen Logik des Dschihad versierten Mudschaheddin in Fragen des Kriegsrechts ausgebildet. Doch wie kann man ein Hilfsprogramm in einem Land als Erfolg betrachten, wenn dort seit 1979 eine Million Menschen ums Leben gekommen sind?

Ende September 1996 lud mich das IKRK ein, seine dortige Delegation zu besuchen. Eine Woche vor meiner geplanten Ankunft erhielt ich aus Genf einen Anruf, in dem man mir mitteilte, dass die Taliban-Milizen die Stellungen der Regierungstruppen südöstlich von Kabul überrannt hätten, dass die Vereinten Nationen und einige Hilfsorganisationen alle nicht unmittelbar notwendigen Mitarbeiter aus der Stadt evakuierten und dass das IKRK wie üblich mit den meisten Mitarbeitern im Land bleiben würde. Ob ich trotzdem fahren wolle?

Als ich in Peshawar eintraf, hatten die Taliban Kabul erobert. Ich ergatterte einen Platz im zweiten Hilfsflug in die Stadt. Der Flughafen ist von Bergen mit runden Kuppen umgeben, deren Vegetation durch die starke Sonneneinstrahlung vollständig verbrannt ist. Der staubige Belag an der Start- und Landebahn ist übersät mit flügellosen MiG-Kampfjets und ausgeschlachteten Tupolew-Passagiermaschinen – die Überreste dessen, was die Russen nach ihrem endgültigen Abzug 1992 zurückgelassen haben. Der Flughafen selbst, den die Sowjets gebaut hatten, war kaum noch betriebsfähig: Die Fensterscheiben waren zerbrochen, die Gepäckhalle abgedunkelt, die staubbedeckten Förderbänder standen still. Am Rand der Landebahn hockten Taliban-Kämpfer mit Turbanen und weiten Hosen auf ihre Kalaschnikows gestützt. Hinter ihnen sah man einen Mitsubishi-Pajero, ausgerüstet mit hochmodernen Granatwerfern.

Talib bedeutet »Religionsschüler«; die Bewegung entstand in den islamischen Religionsschulen in Pakistan zu Beginn der neunziger Jahre. 1994 begannen die Taliban-Milizen, die in Pakistan bewaffnet und ausgebildet wurden, ihren Vormarsch, um Afghanistan zu erobern und zugleich die strengste Variante des islamischen Rechts in der moslemischen Welt durchzusetzen: Man verbot den Frauen, berufstätig zu sein, zwang sie, die *burka* mit dem verhassten Stoffgitter vor dem Gesicht zu tragen, Ehebrecherinnen wurden gesteinigt, Dieben die Hände abgeschlagen. Inzwischen kontrollierten die Taliban die Hauptstadt und drei Viertel des Landes.

Auf meinen Reisen habe ich ein gewisses Maß an Verwüstung gesehen: die Ruinen von Vukovar, die zerbombte und zernarbte Geisterstadt aus Beton, die einst Huambo in Angola war. Aber in der Landschaft endemischen Krieges sucht Kabul, was die Verwüstung angeht, seinesgleichen. Es ist das Dresden der Konflikte nach dem Kalten Krieg: Kilometer um Kilometer voll Schutt und Staub, menschenleer und windgepeitscht, bevölkert hier und da von Familien in zerlumpter Kleidung, die in aufgegebenen Lkw-Containern dahinvegetieren, die man in zwei Teile zersägt hat. An den Berghängen tausende Häuser ohne Dach und ohne Fenster, von ihren ehemaligen Bewohnern verlassen. Nichts hatten die einander bekämpfenden Milizen verschont: nicht die Moscheen mit ihren blauen Kuppeln, nicht die Minarette, nicht die Krankenhäuser, nicht die Schulen. Das Kabuler Museum, das früher eine Sammlung von Kunstgegenständen und Reliquien des frühen Buddhismus beherbergte, lag offen unter freiem Himmel, seine uralten Säulen am Straßenrand, die Sammlung geplündert. Die sowjetische Botschaft und das sowjetische Kulturzentrum waren vollständig zerstört, in den Ruinen liefen Artillerie-Einheiten der Taliban umher.

Als 1992 das von der Sowjetunion gestützte Regime Muhammad Nadschibullahs nach einer Meuterei der Armee zusammenbrach, suchte Nadschibullah mit seinem Bruder Zuflucht in einem Gästehaus der Vereinten Nationen in Kabul, und blieb dort vier Jahre lang. Drei Tage vor meiner Ankunft hatten ihn die Taliban aus dem Gästehaus geschleift, kastriert und totgeprügelt und anschließend seine zu Brei geschlagene Leiche am Pfeiler eines Wachtürmchens auf einer Verkehrsinsel aufgeknüpft. Als ich in die Stadt fuhr, war nur mehr die mit Blut befleckte Schlinge übrig, die von dem Turm herabhing.

Das Hauptquartier des IKRK im Zentrum Kabuls lag hinter Stapeln von Sandsäcken versteckt. Die Tür- und Fensterstürze waren mit roh behauenen Holzstämmen verstärkt. Im Hof hinter dem Haus parkte ein Dutzend weißer Geländewagen, jeder von ihnen an den Türen mit dem Schriftzug COMITÉ INTERNATIONALE GENÈVE versehen und dem Zeichen einer Kalaschnikow mit zwei roten Balken darüber: keine Waffen in den Fahrzeugen des IKRK, keine Waffen auf dem Gelände. Unbewaffnete ortsansässige Mitarbeiter durchsuchten jeden, der durch die Tore kam.

Wie ich erfuhr, hatte das IKRK in der Zeit seit der Machtübernahme durch die Taliban die Kommunikationskanäle mit den Kommandeuren der Rebellen, die die Stadt leiteten, offen gehalten. »Die Stadt leiten« ist ein Euphemismus. Tatsächlich war Kabul ohne Regierung. Die Taliban-Führer hatten jedes vorhandene Fahrzeug beschlagnahmt und waren nach Norden geeilt, um die Regierungstruppen tiefer ins Gebirge zu treiben. Die Einheiten, die zurückblieben, um die

Stadt zu verwalten, kümmerten sich kaum um administrative Aufgaben. Da man viele der zahlreichen Gefängnisse geräumt hatte, füllte sich das Gelände des Roten Kreuzes mit ehemaligen Häftlingen, die gelbe IKRK-Registrierungskarten bei sich trugen und Hilfe suchten. Auf den Fluren, vor allem jenen neben dem Satellitentelefon, drängten sich Journalisten, die begierig waren, über die Machtübernahme in Kabul zu berichten, obwohl es hier aus ihrer Sicht viel zu wenig vorzeigbares Material der jüngsten Gemetzel gab. Ein Pressedelegierter des IKRK, ein ehemaliger Journalist des südafrikanischen Rundfunks, der sich inzwischen der »guten Sache« verschrieben hatte, wie er es halb ironisch formulierte, versuchte, mit ihnen fertig zu werden. Pressedelegierte gehören erst seit kurzem zu den Delegationen des IKRK in Kriegsgebieten. Es reicht nicht mehr, einfach dort zu sein. Man musste *zeigen*, dass das IKRK vor Ort war: andernfalls könnten die Spendernationen anfragen, warum ihre Großzügigkeit nicht deutlicher erkennbar sei.

Der Leiter der Afghanistan-Delegation hieß Michel Ducraux. In seinem Büro hingen Reproduktionen von Vermeer und Matisse, es war mit bruchsicheren Plastikfenstern ausgestattet und hatte einen Ausblick, der vollständig von zweieinhalb Meter hoch aufgestapelten Sandsäcken versperrt war. Ducraux ist ein schlanker, eleganter Mann Mitte fünfzig. Er wirkt abgeklärt und nachdenklich, so als hielten sich Zynismus und Engagement in einem fein tarierten Gleichgewicht. Seine Einschätzung der Dinge machte deutlich, dass er die Paradoxien des Kriegs akzeptierte. Kürzlich, erinnert er sich, hatte die ganze Delegation den ganzen Tag in Schutzräumen unter dem Gebäude zugebracht, weil muslimische Milizen die Stadt mit Raketenwerfern beschossen, stundenlang dicht gedrängt in einem dunklen Schutzraum ausgeharrt, während man Milizen medizinische Hilfe zukommen ließ, die es nur darauf abgesehen hatten, sich gegenseitig auszulöschen. Man predigte islamischen Kriegern Zurückhaltung, die es unter sich ausmachten, die eigene Heimatstadt in einen Schutthaufen zu verwandeln. Das Ganze sei »total unbefriedigend«, meinte Ducraux.

Die Afghanen sind ein Grenzvolk. Sie leben in einer unzugänglichen Pufferzone zwischen den großen Kulturen – Iran, Indien, Zentralasien – und haben für ihre Unabhängigkeit hartnäckig gegen alle und jeden gekämpft, von Alexander dem Großen bis zur britischen Armee. Sie haben den Ruf, zu den gefürchtetsten Guerillakämpfern aller Zeiten zu gehören. Ihre Art zu kämpfen – basierend auf kleinen, mobilen Einheiten, die direkte Angriffe und offene Feldschlachten vermeidet und stattdessen die Gebirgspässe nutzt, um den Feind in einen Hinterhalt zu locken – hat ihnen letztlich den Sieg über die Russen gebracht. Zudem beachtet ihre Kampftradition die ökologischen Bedingungen einer armen Gesellschaft und das Klima ihrer gebirgigen Heimat: Der Krieg begann, wenn das Getreide gepflanzt oder die Tiere auf die Bergweiden getrieben waren, er hörte auf, wenn die Erntezeit näher rückte und die ersten Schneefälle einsetzten. Der Krieg war ein ständiger Begleiter, aber er setzte sich selbst Grenzen.

Sobald die Kriegsherren jedoch nicht mehr gegen einen äußeren Feind vereint waren, begannen sie, sich gegenseitig aufzuhetzen. Die Radikalisierung des Islam verschlimmerte alles nur noch: Anstatt die Milizen zusammenzuführen, bewirkten die religiösen Grundsätze nun, dass man sich bekämpfte. Außerdem waren die Waffen, die die Russen im Land zurückließen, und die militärische Ausrüstung, die die USA per Schiff ins Land gebracht hatten – von Panzern bis zu Stinger-Raketen – so effektiv, dass sie die alten Kriegertraditionen der Selbstbeschränkung überrollten. Afghanische Krieger vom alten Schlage hätten weder Moscheen und Minarette noch Krankenhäuser und Schulen ins Visier genommen. Die afghanische Kriegerehre wurde in Kabul zu Grabe getragen. Was also machte das IKRK jetzt hier? Ducraux gab eine für ihn typische philosophische Antwort: »Was ist menschlicher als der Krieg?«, fragte er nachdenklich. Die Organisation sei nicht hier, um den Krieg zu beenden; und selbst die Bemühungen, ihn zu humanisieren, hätten sich allesamt als vergeblich erwiesen. »Wir sind hier, um den Schaden zu begrenzen«, sagte er. »Um die Witwen mit Lebensmitteln zu versorgen, die Gefangenen zu besuchen. Denen, deren Körper von Minen auseinander gerissen wurde, künstliche Gliedmaßen anzupassen.« Der Krieg ist absurd, aber unvermeidlich. Was gab es sonst, schien das Internationale Komitee vom Roten Kreuz zu sagen, als die bescheidene Moral der kleinen Taten?

Es war nicht leicht, die Taliban-Kämpfer zu treffen. Die meisten befanden sich im Panschir-Tal, im Nordosten Kabuls, und jene, die zum Schutz der Stadt zurückgeblieben waren, waren Ausländern gegenüber feindselig gesinnt. Doch im Hotel Intercontinental, einem unglaublichen Klotz aus den sechziger Jahren, der wie durch ein Wunder immer noch ruhig auf einem der Hügel über Kabul stand und einen Panoramablick auf die Verwüstung bot, residierte eine ständige Delegation. Panzer und Artillerie waren im Kiefernwäldchen rings um den Hotelparkplatz postiert. In Begleitung eines IKRK-Dolmetschers – er hatte klugerweise sein westlich wirkendes Sakko abgelegt und stattdessen ein weißes Käppi aufgesetzt (außerdem hatte er einen Dreitagebart) – näherte ich mich einer Abordnung der Taliban, die im Gras neben dem Hotel-Swimmingpool saß, aus dem man das Wasser abgelassen hatte und von wo aus man den Dunst über Kabul erblickte. Die Männer saßen im Schneidersitz, die bärtigen Gesichter von Turbanen gerahmt und entblätterten gelangweilt Rosen von den Sträuchern des Hotelgartens. Andere drehten Rosenkränze in den Fingern. Alle trugen neue Armbanduhren und neue Schuhe.

Als ich fragte, wofür sie kämpften, wandten sie sich dem offenbar Gebildetsten unter ihnen zu – ein grimmiger junger Religionsstudent mit westlicher Frisur und langem Bart. »Für den Islam«, sagte er. »Um die Kämpfe unter Brüdern zu beenden. Und um einen islamischen Staat zu bekommen.«

Darauf fragte ich: »Warum töten sich die Brüder immer noch gegenseitig?«

»Der Prophet Mohammed, gesegnet sei sein Name, lehrt uns, dass man kämpfen muss, um Frieden zu bringen, wenn auf Erden die Verderbtheit herrscht.«

Am nächsten Morgen machten die Taliban ein Beispiel dieser sittlichen Verderbtheit aus, und zwar in den Kellern des Intercontinental. 1400 Dosen Bier und 1800 Flaschen »Alkoholgetränke« wurden nach draußen geholt und auf dem Parkplatz aufgestapelt. Nach Gebeten und einer kurzen Ansprache durch den Leiter der Glaubenspolizei der Taliban (der Name seiner Einheit bedeutet »Abteilung zur Durchsetzung des Guten und zur Bestrafung des Gesetzlosen«) wurden die Flaschen zeremoniell zerschmettert und die Dosen zerquetscht, während die geladenen westlichen Journalisten mit unverhohlenem Entsetzen zusahen.

Nachdem ich vom Intercontinental zum Gelände des IKRK zurückgekehrt war, bemerkte ich, dass man einige Möbelstücke auf den Hof gebracht hatte. Afghanen mit Turbanen ächzten, Stühle und Tische tragend, an mir vorbei. Zwei weibliche Delegierte – die Büroleiterin und eine Krankenschwester – hatten sich Kopftücher umgebunden und afghanische Hosen angezogen. Die afghanischen Frauen – sie leiten das Nachrichtenwesen, führen die Akten über die Besuche bei den Kriegsgefangenen und spüren die Gefangenen und vermissten Personen auf – wurden in einen separaten Häuserblock gebracht, außer Sichtweite, hinter eine Mauer aus Sandsäcken. Das Rote Kreuz organisierte seine Büroräume um, weil man die Frauen verstecken und die Taliban zufrieden stellen wollte.

Thomas Gurtner, der stellvertretende Leiter des IKRK in Kabul, war soeben von einer Konferenz mit anderen Hilfsorganisationen – Oxfam, Ärzte ohne Grenzen, UNICEF und dem Hohen Kommissariat für Flüchtlingsfragen der Vereinten Nationen – zurückgekehrt. Alle führten Hilfsprogramme durch, die afghanische Frauen beschäftigten. Alle protestierten gegen die Dekrete der Taliban, die Frauen zu entlassen und zu zwingen, nach Hause und somit in den Herrschaftsbereich ihrer Ehemänner und Väter zurückzukehren. Die Hilfswerke hatten das IKRK aufgefordert, sich ihrem Aufruf anzuschließen. Gurtner hatte sich geweigert.

Ich fragte ihn, ob er Frauenrechte als eine humanitäre Frage ansehe.

»Natürlich nicht«, antwortete er rasch.

Ich verstand allmählich, dass die Gesetze des Krieges eine Sache und Menschenrechte eine ganz andere sind. Das IKRK verschafft dem Kriegsrecht Geltung; es ist keine Menschenrechtsorganisation. Es führt keine Kampagnen gegen Ungerechtigkeit durch. Seine Legitimität beruht auf der Zusammenarbeit mit Kriegern und Kriegsherren: Wenn diese darauf bestehen, dass man Frauen vor den Blicken anderer verbirgt, hat es keine andere Wahl, als dieser Forderung nachzukommen.

Die Haltung der Taliban hinsichtlich der Stellung der Frau zu akzeptieren heißt, vorsichtig ausgedrückt, ein moralischer Relativist zu sein. Wie vereinbart das IKRK also diesen Relativismus mit seiner Verteidigung der Genfer Konventionen, diesem universalen und verallgemeinernden Moralkodex? Wie bringt man Männern, die im islamischen Dschihad ausgebildet werden, den Ehrenkodex der Krieger bei? Wie lehrt man Menschen, die noch nie etwas von den Genfer Konventionen gehört haben, Kriegsgesetze?

Der IKRK-Delegierte, der in Kabul für die »Verbreitung der Lehre« verantwortlich war, heißt Jean-Pascal Moret. Mit 42 ist Jampa – so sein Funkername – älter als die meisten Außenmitarbeiter des Roten Kreuzes. Er hat keinen Universitätsabschluss, fährt manchmal zwischen seinen Einsätzen für das Rote Kreuz Taxi in Genf und ist praktizierender Buddhist.

Wie Jampa erfahren musste, wird alles, was das Rote Kreuz tut, zu einer öffentlichen Angelegenheit: Wenn man mit dem Landcruiser zu schnell durch Kabul fährt, gerät die gesamte Delegation in den Ruf, arrogant zu sein; wenn man sich mit einem Taliban an einem Kontrollpunkt auf Diskussionen einlässt, wird das nächste Geländefahrzeug, das vorbeikommt, beschossen. Mit anderen Worten: Mit gutem Beispiel zu wirken, bedeutet, die moralische Geltung des Rot-Kreuz-Abzeichens zu bewahren. Wenn das Unternehmen Afghanistan ein »Erfolg« ist, dann zum großen Teil deshalb, weil das Symbol bei allen Parteien seine Legitimität bis heute bewahrt hat. Das IKRK kann nicht verhindern, dass aus Pakistan und Russland ständig Waffen ins Land gelangen; es kann weder eine Feuerpause noch einen Waffenstillstand erzwingen. Es kann nur versuchen, die verfeindeten Parteien dazu zu bringen, einige Grundregeln zu befolgen: nicht die Verwundeten zu erschießen; nicht die Krankenwagen zu beschießen; keine Lazarette und Krankenhäuser ins Visier zu nehmen; keine Zivilisten anzugreifen; keine Gefangenen zu foltern. Es setzt darauf, dass sich die Kriegerkulturen auf der ganzen Welt bei allen Unterschieden zumindest auf diese moralischen Mindeststandards einigen können. Dennoch muss dieser Minimalkonsens, so allgemein er auch erscheinen mag, in die moralischen Sprachen vor Ort übersetzt werden.

Eine Generation zuvor hatte das IKRK der einheimischen Kultur gegenüber wenig Zugeständnisse gemacht. Vor meiner Abreise nach Kabul erzählte mir Pierre Gassman – heute der Leiter der IKRK-Delegation in Kolumbien –, dass sich die Art, beispielhaft zu wirken, seit seinem Eintritt in die Organisation in den sechziger Jahren radikal geändert habe. »Früher haben wir sie nach allen Regeln unserer Kunst in die Mangel genommen, dann nach allen Regeln ihrer Kunst. Heute wissen wir nicht, wie wir sie überhaupt anpacken sollen. Wir versuchen jetzt, etwas subtiler vorzugehen.«

In Somalia leitet das Rote Kreuz Theatergruppen, die ihre Stücke vor diversen Clans und Gruppen von bewaffneten Kämpfern aufführen; die Delegation hat Sänger und Dichter engagiert, die – man mag's kaum glauben – Lieder über die Gesetze des Krieges aufnehmen; diese Lieder und Stücke werden dann im BBC World Service gesendet. In Tschetschenien verteilen Erste-Hilfe-Teams mit Comics bedruckte Schulterbandagen, die zeigen, wie Kämpfer Verwundete aus dem Schlachtfeld tragen, Waisen in Sicherheit bringen und Gefangene zusammenholen und in Gewahrsam nehmen. Die größte Herausforderung liegt jedoch darin, die radikalen Islamisten im europäischen Kriegsrecht zu unterrichten.

Im Europa des Mittelalters gab es die Unterscheidung zwischen *bellum hostile* (Kriegführung, die durch Zurückhaltung charakterisiert war) und *bellum romanum* (Kriegführung, bei der, in den Worten des Historikers Michael Howard, »keine Rücksicht auf Verluste genommen und jene, die als Feinde bezeichnet wurden, ob sie nun Waffen trugen oder nicht, allesamt unterschiedslos niedergemetzelt wurden«). Das Christentum im Mittelalter führte diese Unterscheidung in die Kreuzzüge gegen den Islam ein: Die ungemilderte Grausamkeit blieb für die Nichtgläubigen reserviert. Der Islam zahlte mit gleicher Münze heim; ihr *bellum romanum* war der Dschihad. Der moralische Partikularismus dieser Traditionen, die zwischen würdigen und unwürdigen Opfern unterscheiden, steht im Gegensatz zum moralischen Universalismus der Genfer Konventionen, die die Soldaten auffordert, allen Opfern die gleiche Achtung entgegenzubringen.

Wenn aber die europäischen Kriegstraditionen stets außerordentlich partikularistisch waren, wie entstand dann der Vorsatz, sie zu verbreiten und wirklich universal zu machen? Zu den großen Emotionen der europäischen Aufklärung – wie sie vor allem in Voltaires äußerst scharfen Tiraden gegen die spanische Inquisition und die Grausamkeit der Religionskriege zum Ausdruck kommen – gehört der Abscheu vor der Art und Weise, wie religiöse Ethiken zur Rechtfertigung von Verfolgungen und grausamem Morden missbraucht wurden. Ein Abscheu vor der Art und Weise, wie ein selbst ernannter Universalismus christlicher Moral den Partikularismus der Ausrottung verbarg und rechtfertigte, der sich gegen Ketzer, Wilde und Ungläubige richtete. Dieser aufklärerische Zorn gegen die christliche Heuchelei entwickelte sich dann zu einem ernsthaften Versuch, den Rahmen für eine universalistische Ethik zu schaffen, die auf den vermuteten Grundlagen der menschlichen Natur beruhte, vor allem aber der menschlichen Anfälligkeit für Schmerz und Grausamkeit. Es kann kein Zufall sein, dass dieses Bemühen, die Ethik aus dem religiösen Partikularismus zu befreien und in der menschlichen Natur zu verankern, in eine Zeit fiel, als sich durch die europäischen Entdeckungsreisen zeigte, welch ungeheure Vielfalt von Kulturen, Ethiken und Glaubensvorstellungen es auf der Welt gab. Das Rote Kreuz ist der Erbe dieser Revolte der Aufklärung gegen den religiösen Partikularismus, der Träger des aufklärerischen Glaubens, dass sich Kulturen in dem, was sie achten und schätzen, zwar unterscheiden, alle Kulturen jedoch Schmerz und Leid eine ähnliche Bedeutung beimessen. Unter dem Besonderen das Allgemeine entdecken, unter der Differenz die Identität, dies ist der moderne Glaube, auf dem humanitäres Handeln beruht.

Auf der Suche nach Universalien, die in der islamischen Kultur Anklang finden würden, hat das IKRK den Blick über die Tradition des Dschihad hinaus gerichtet. Vor vier Jahren ließ die Organisation beispielsweise in Kairo ein bebildertes Taschenbuch, die *Chronik der islamisch-arabischen Geschichte* drucken, in dem die wichtigsten Bestimmungen der Genfer Konventionen mit kurzen Texten aus der traditionellen arabischen und islamischen Weisheitslehre kombiniert wurden. Hier finden sich auch die Ratschläge des Kaliphen Ali ibn Abi Talib, des Vetters Mohammeds:

> Wenn du siegreich gewesen bist, stoße ihnen nicht den Dolch in den Rücken! Weder töte die Verwundeten noch decke ihr Geschlecht auf! Verstümmele nicht die Toten! Reiße nicht den Schleier entzwei!

An anderer Stelle vertraute Ermahnungen, die für die Agrarwirtschaften der Antike kennzeichnend sind:

> Verzichte auf Betrügereien; verzichte darauf, Grenzen zu überschreiten; verzichte auf Ehebruch; verzichte darauf, Kinder, Alte oder Frauen zu töten; verzichte darauf, Palmbäume zu fällen; verzichte darauf, Schafe, Kühe oder Kamele zu schlachten, außer um dich selbst zu ernähren.

In den arabischen Ländern erzählen die Delegierten des Roten Kreuzes die Geschichte vom arabischen Kriegersultan Saladin nach, der seinen Gefangenen Richard Löwenherz, den Kreuzfahrerkönig, großmütig behandelte. »Damit war das islamische Recht der internationalen Gemeinschaft um mehr als tausend Jahre voraus«, argumentiert das IKRK hoffnungsvoll.

Die Entschlossenheit zu beweisen, dass die Grundsätze des Roten Kreuzes nicht nur Ergebnisse des Schweizer Calvinismus sind, sondern menschliche Universalien, die sich in allen Kulturen wiederfinden, hat etwas Bestechendes. Auch der merkwürdige Glaube des Roten Kreuzes, dass sich menschliche Gewalt durch Ermahnungen aus heiligen Büchern eindämmen lasse, ist ergreifend. Das Kabuler Büro hat in seinem Kalender ähnliche Ermahnungen abgedruckt. Die Kalender mit ihren humanistischen Botschaften hängen in Gebäuden, die von völliger Verwüstung umgeben sind.

Afghanistan stellt das Rote Kreuz jedoch vor ein zusätzliches Problem. Kriege werden immer dann besonders rücksichtslos geführt, wenn sie religiös verbrämt sind, und die Taliban sind vielleicht die militanteste religiöse Miliz der Welt. An den Kontrollpunkten rings um die Stadt suchten ihre Kämpfer nach Zeitschriften und Cassetten. Ich sah Video- und Audiocassetten, die um einen Baum nahe einem solchen Kontrollpunkt drapiert waren, und nahm an, es handle sich um Pornografie, Rock 'n' Roll oder irgendeine Art von Anti-Taliban-Propaganda. Aber ich erfuhr, dass die Ziele der Kämpfer in Wirklichkeit viel weiter reichen. Sie fahnden nach allem, worauf das menschliche Antlitz oder irgendeines der Geschöpfe Gottes abgebildet ist. In keiner anderen islamischen Gesellschaft ist die neue revolutionäre Ordnung so weit gegangen. Die Imame im Iran haben den starren Glauben der Taliban an die verderbliche Wirkung visueller Repräsentationen verspottet. Deshalb wird der Kalender des IKRK mit seinen Fotos von Kriegsamputierten, die durch Gärten der blauen Moschee in Hazar el Sharif humpeln, und die gütigen Botschaften aus islamischen Texten versteckt. So wie auch das Comic-Heft, das das IKRK gemeinsam mit einem Hörspiel der BBC über das Leben und den Kampf Ali Guls, eines fiktiven afghanischen Helden, in der Region verteilt hat. Wenn es nach dem Willen der Taliban-Führer ginge, würden alle diese geduldigen und recht subtilen Anstrengungen, das europäische Kriegsrecht in die lokale Sprache der örtlichen Kriegerkultur zu übersetzen, eingestampft werden. Die Augen sind die Fenster der Seele. Und gemäß ihrer außerordentlich strengen Deutung des Korans sind alle Darstellungen von Augen – alle Fotografien, Gemälde, Drucke, Videos und Filme – verboten. Einzig Gott selbst, sagen die Taliban-Führer, soll in die Fenster der Seele blicken.

Den Kern der Genfer Konventionen macht die »Gewahrsamsarbeit« des IKRK aus, wie sie genannt wird: der Schutz von Kriegsgefangenen. Der für die Gefangenenbesuche in Kabul zuständige Delegierte heißt Pascal Mauchle; auch er gehört zur neuen Garde von Mitarbeitern, die die journalistischen Überprüfungen von außen begrüßen – vielleicht auch nur, um sie besser einbinden zu können. Er lud mich ein, ihn bei einem seiner Gefangenenbesuche zu begleiten.

Er hatte sein Team in drei Gruppen unterteilt: Zwei besuchten ein Gefängnis, in dem – wie man kurz zuvor festgestellt hatte – Milizionäre der Regierungsseite festgehalten wurden, die die Taliban während der Eroberung Kabuls gefangen genommen hatten. Die dritte begab sich in die Kabuler Innenstadt, um Berichten über wahllose Inhaftierungen nachzugehen, die angeblich von den Sicherheitskräften der Taliban vorgenommen worden waren. Ich wurde einer der Gefängnis-Abordnungen zugeteilt.

Das Gefängnis, ein heruntergekommener, gelb gestrichener Bau mit Strohdach, war aus schweren Natursteinmauern gebaut. Taliban-Wachen saßen, unterstützt von ein paar pakistanischen Geheimdienstpolizisten, am Eingang zu den langen, dunklen Zellen. Die niedrigen Holztüren waren leicht gebaut, die Schlösser flüchtig installiert. Mit eingezogenen Köpfen betraten wir eine Zelle von etwa zwei mal drei Meter Größe, in der 18 Gefangene auf schmutzigen Matratzen hockten. Ein paar Plastiktüten mit Habseligkeiten hingen an Nägeln von den Wänden. Der Geruch in der Zelle war stickig, aber sauber. Durch die zerbrochenen Scheiben in einem Fenster hörte man das Hupen der Autos und die Rufe der Straßenhändler auf der »Hühnerstraße«.

Die Häftlinge, die sich um uns drängten, waren beunruhigend jung: Wie ich schon bald erfuhr, war kaum einer älter als achtzehn, mehrere nicht einmal vierzehn. Einige hatten nicht einmal Bartwuchs. Während ein IKRK-Delegierter, der im Schneidersitz auf dem Boden saß, sie zu registrieren begann, für jeden Häftling eine Karteikarte mit persönlichen Daten ausfüllte, kamen zunächst bruchstückhaft die ersten Geschichten heraus. Die meisten jugendlichen Häftlinge waren Tadschiken. Nach eigenen Angaben war niemand Angehöriger einer regulären Armee. Alle behaupteten, als Händler, Kellner oder Automechaniker gearbeitet zu haben und eher zufällig in die Milizen hineingeraten zu sein, eben weil ihnen die Regierungsmilizen in der Zeit des wirtschaftlichen Zusammenbruchs Sicherheit, Geld und Essen boten. Doch sie hatten sich nicht als besonders entschlossene Kämpfer erwiesen. Man hatte sie am südwestlichen Rand von Kabul stationiert, damit sie das Vorrücken der Taliban abwehrten, aber sie hatten sich – so sagten sie – ergeben, ohne einen einzigen Schuss abzugeben.

Während sich der Delegierte die persönlichen Daten eines Häftlings notierte, faltete ich die gelbe Registrierkarte des vorhergehenden Gefangenen, steckte sie in eine Plastikhülle und reichte sie ihm. Viele nahmen ihre Karte mit einer kleinen Verbeugung oder mit der afghanischen Geste entgegen, eine Hand kurz auf das Herz zu legen. Dann schob jeder seine Karte in die Innentasche seiner braunen Jacke. Es war fast wie bei einer Abendmahlsfeier. In Gefängnissen, Arrestzellen, Käfigen und Lagern auf der ganzen Welt haben Gefangene wie diese solche Ausweiskarten erhalten – die Garantie für den Schutz und die Fürsorge, wie sie die Genfer Konventionen bieten kann. Der Beweis, dass man sie nicht vergessen hat, dass sich irgendein Ausländer darum kümmern wird, Informationen zu bekommen, wenn sie als verschollen gelten oder beim nächsten Besuch mit blauen Flecken am Körper erscheinen.

Aber offenbar genügt es den Gefangenen nicht, dass sie die gelben Ausweiskarten bekommen. Sobald alle registriert waren und ihre Karte erhalten haben, wollen sie von sich erzählen. Einer spricht längere Zeit in dringlichem Tonfall mit dem Delegierten. Als die Taliban sie gefangen nahmen, hätten sie ihnen Amnestie versprochen. Sie wollten, dass sich das Rote Kreuz ihrer Sache annähme.

Der Delegierte sammelte seine Papiere ein. Er hatte abweisend reagiert. Amnestie erteilen, das könne er nicht. Es sei nicht die Aufgabe des IKRK, in den »Prozess der Rechtssprechung« einzugreifen. In den Genfer Konventionen gehe es nicht um Gerechtigkeit, sondern um die gute Behandlung von Kriegsgefangenen. Das IKRK sei dazu da, sicherzustellen, dass man die Männer anständig behandelte und mit Lebensmitteln versorgte und dass sie etwas Hilfe bekämen, wenn sie entlassen würden und in ihre Dörfer zurückkehrten. Die Männer wechselten böse Blicke, wir hörten ärgerliches Zungenschnalzen, als wir mit gesenktem Kopf die Zeile verließen.

Während meines Aufenthalts in Kabul sagte man mir immer wieder, ich müsse unbedingt Alberto kennen lernen. Wie alle Lokalgrößen hatte auch er anscheinend keinen Nachnamen – er hieß einfach Alberto. Er war im Grunde kein richtiger IKRK-Delegierter, aber für viele Reporter schien er das zu symbolisieren, was an der Organisation bewundernswert war. Alberto, eigentlich Alberto Cairo, war ein groß gewachsener, schlanker Italiener Mitte vierzig, sehr präsent, mit runder Nickelbrille, ergrauendem Haar und dem Gebaren aufgeregter Zerstreutheit. Er war seit sieben Jahren in Kabul – länger als irgendein anderer Delegierter und länger als irgendein anderer Ausländer in der Stadt. Er war hier gewesen, als das Kar Teh Seh-Krankenhaus mit Raketen beschossen wurde und sich die Flure mit den Verwundeten und Sterbenden füllten; als das Blindenheim durch Bombeneinschläge zerstört wurde; als die Mudschaheddin das Heim für geistig Behinderte in Marastun terrorisierten; als die Cholera ausbrach; als eine Rot-Kreuz-Krankenschwester im Südwesten der Stadt getötet wurde; und als Rot-Kreuz-Krankenwagen unter Beschuss gerieten. Er war Physiotherapeut und leitete inzwischen das größte Projekt des IKRK zur Versorgung von Verletzten und Verwundeten mit Prothesen überhaupt: das orthopädische Zentrum im Wazir-Akbar-Khan-Krankenhaus. Es war eine gut gehende Werkstatt, in der überwiegend afghanische Kriegsverwundete tätig waren. Als er mir die Räume zeigte, gab er einem Amputierten einen Kuss, der auf einer Drehbank Prothesen anpasste, ruffelte einem anderen das Haar, der dem Stumpf eines kürzlich Amputierten einen Gipsverband anlegte, und boxte einem Dritten, der in einem Ofen neue Gussformen brannte, zum Spaß den Arm. Die Hacken der Beinprothesen, so erfuhr ich, werden aus alten sowjetischen Autoreifen hergestellt. »Die Qualität ist hervorragend«, sagte er.

Viele von Albertos Patienten sind junge Afghanen, die sich,

ohne je eine Schule besucht zu haben, den Milizen angeschlossen hatten, weil die Kriegsherren die Einzigen waren, die Löhne zahlten. Jetzt liefen sie mit ihren Stümpfen auf den Wegen im Garten auf und ab und hoben ihre merkwürdigen neuen Gliedmaßen über den Kies. Neben diesen Kämpfern gab es weitere, noch grausigere Opfer des Krieges. In einem der Zimmer lag ein kleines Bündel aus graublauen Fetzen auf einem Kinderbett. Als Alberto die Decke zur Seite zog, sah ich das staubfarbene Gesicht eines siebenjährigen Mädchens, das im Schlaf zitterte. »Kinderlähmung«, sagte er. Da die Impfprogramme ins Stocken geraten seien, habe mit dem Krieg auch die Polio wieder in Afghanistan Einzug gehalten.

Alberto wollte, dass ich seinen leitenden Verwaltungsbeamten, Moheb Ali, einen 26-jährigen querschnittsgelähmten Rollstuhlfahrer im himmelblauen Schlafanzug, kennen lernte. Zwei Jahre zuvor war das orthopädische Zentrum des IKRK plötzlich ins Kreuzfeuer der Regierungstruppen auf dem »Fernseh-Hügel« und denen einer islamischen Miliz geraten, die sich im nahen Straßengewirr verbarrikadiert hatte. Die ausländischen Mitarbeiter zogen sich zurück, doch Moheb meldete sich freiwillig, nur mit einem Funkgerät und einigen Wachen in der Klinik zu bleiben; er wollte sein Möglichstes tun, um die Geräte für die Prothesenherstellung für den Fall zu schützen, dass das Gelände gestürmt werden würde. Die Kämpfe dauerten zwei Wochen an. Alberto, der sich mit seiner Delegation mitten im Stadtzentrum aufhielt, konnte sich mit Moheb nur per Funk verständigen, und manchmal war das Geschützfeuer so laut, das er kaum verstehen konnte, was Moheb sagte. Eines Nachts kämpften sich dann die Regierungstruppen bis auf das Klinikgelände vor und nahmen Moheb und seine Wachen gefangen, von denen sie annahmen, sie gehörten zu den Milizionären. »Ich hatte bereits mein Gebet gesprochen«, erinnerte sich Moheb mit trockenem Humor.

Alberto war verzweifelt und überzeugte einen Minister der Regierung, dass er seinen Truppen befehlen müsse, Moheb in Ruhe zu lassen. In der nächsten Nacht eroberten die Milizen das Orthopädie-Zentrum. Moheb saß hilflos in seinem Rollstuhl im Bunker und hörte, wie sie durchs Tor auf das Krankenhausgelände kamen. »Ich fing wieder an zu beten und im Heiligen Koran zu lesen«, sagte er. Diesmal vertrieb die Artillerie der Regierungstruppen die Milizen vom Gelände.

Zwei Wochen später brachte Alberto schließlich beide Parteien zur Übereinkunft, dass ein Konvoi des IKRK Moheb und seine Wachen evakuieren durfte. Die Lebensmittel waren fast vollständig aufgebraucht, die Batterien von Mohebs Funkgerät fast leer. Moheb war bereit. Ihm und seinen Wachen war es gelungen, inmitten des fortwährenden Granathagels den größten Teil der medizinischen Apparate für die Auslagerung vorzubereiten. Er hatte das Zentrum fast im Alleingang gerettet.

Für mich war genau das die Geschichte Afghanistans, eines Landes, in dem zwei Kriegsparteien, durch ihre Waffen und Ideologien verrückt gemacht, keine Skrupel hatten, sich wegen der Einnahme einer orthopädischen Klinik des Roten Kreuzes gegenseitig umzubringen. Für Alberto erklärte die Geschichte, warum er in Kabul geblieben ist. Als Moheb zu Ende erzählt hatte, sah mich Alberto an, zog sehr ausdrucksvoll die Schultern hoch und sagte: »Wie kann ich unter diesen Umständen von hier fortgehen?« Was die Geschichte für Moheb bedeutete, stellte sich wenig später heraus. Er drehte sich zu seinem Laptop mit den Orderlisten um und sagte so leise, dass ich ihn bat, es zu wiederholen: »Das Rote Kreuz hat mich mutig gemacht.«

IV

Im Hauptquartier des IKRK in Genf teilte ich meine Verwirrung über die Organisation – meine Achtung vor dem Mut der Delegierten, meinen Eindruck der Vergeblichkeit ihres Einsatzes – Gilbert Holleufer mit, einem Publicrelations-Berater, der gerade die Botschaft der Organisation für das kommende Jahrhundert vorbereitete.

Ich wuchs in den sechziger Jahren auf, in einer Zeit der Antikriegsstimmung, und deshalb erschien mir diese Botschaft paradox, ja verdächtig. Holleufer, ein etwas düsterer, nachdenklicher Deutsch-Schweizer mit großen traurigen Augen, verstand meine Einwände. »Nach heutigen Moralbegriffen gelten Kriege als unmenschlich und daher als nicht zu verteidigen«, sagte er. »Die Lehren, die heute in unseren Gesellschaften Dynamik entfalten, sind Ökologie, Menschenrechte und eine humanitäre Ethik. Der Krieg wird zunehmend aus der Kultur der Gegenwart verbannt.« Das Konzept der Menschenrechte ist natürlich noch nicht sehr alt. Das Kriegsrecht ist viele Jahrtausende älter: Die Idee, dass Krieger mit ihren Opfern Mitgefühl haben sollten, ist anscheinend älter als die Vorstellung, dass alle Menschen Rechte haben und als Gleiche behandelt werden sollten. Dunants Originalität und sein Genie lagen darin, dass er den Krieg als essenzielles Ritual innerhalb menschlicher Gesellschaften begriff, das sich zwar bezähmen, jedoch nie völlig ausmerzen lässt. Und dieses Ritual, so argumentierte Holleufer, stehe im Widerspruch zu den im Wesen pazifistischen Annahmen unseres Zeitalters – unserer Kultur der Menschenrechte. Es gebe viele Delegierte im IKRK, fügte er hinzu, denen es schwer falle zu akzeptieren, dass die Organisation den Krieg im Grundsatz anerkenne. »Viele Leute beim Roten Kreuz glauben, wir müssten für den Frieden kämpfen«, sagte er. Sie meinten, dass das IKRK auf der Seite von

»Gerechtigkeit, Sicherheit und Freiheit« zu stehen habe. Aber vielleicht bestehe die zentrale Verantwortung des IKRK gar nicht darin, sich für bestimmte Grundwerte einzusetzen, sondern in der Formulierung eines sehr viel düsteren Gedankens: nämlich dass trotz all dem Tod, der Angst und dem Blutvergießen unter den Kämpfenden dennoch eine Haltung der Würde bewahrt werden kann.

Holleufer legte eine Cassette ein. Ein Video, das er, wie er hoffte, über Fernsehsender im ehemaligen Jugoslawien verbreiten konnte. Es zeigte eine Serie grauer Strichzeichnungen von Kombattanten, die auf völlig zerstörten Straßen patrouillierten, dazu hörte man einen einfachen Kommentar: »Ein Krieger tötet keine Gefangenen. Ein Krieger tötet keine Kinder. Ein Krieger vergewaltigt keine Frauen.« Der Kommentar war insofern bemerkenswert, als er bestimmte Dinge unerwähnt ließ. Er appellierte nicht an irgendeine Vorstellung von Mitgefühl oder Anstand. Er appellierte an niemanden als Menschen. Er appellierte einzig und allein an die Kombattanten als Krieger.

Wie viele von uns sind bereit, ihr moralisches Vertrauen in Soldaten zu setzen? Schließlich diente Leutnant Calley als Offizier in einer Armee mit einer langen Tradition der Ehre, dennoch hat diese Tradition das Massaker von My Lai nicht verhindern können. Meine Zeit beim IKRK hat mich gelehrt, meine Antikriegshaltung neu zu bedenken. Das Rote Kreuz erkennt an, dass die Ehre des Kriegers eine leise Hoffnung ist, aber wahrscheinlich gibt es nichts anderes, was Kriege von reiner Barbarei unterscheidet. Die damit verbundene Hoffnung lautet: Man kann Männer so ausbilden, dass sie ehrenvoll kämpfen. Armeen bilden ihre Angehörigen zum Töten aus, doch sie lehren auch Zurückhaltung und Disziplin; sie kanalisieren Aggressionen in Rituale. Krieg wird allein durch Regeln der Moral geläutert, und, wie Holleufer sagt, »der Hüter dieser Regeln ist das Rote Kreuz«.

Das Problem sei allerdings, so räumt er ein, dass sich immer mehr Krieger nicht mehr an diese Regeln halten. Durch die heutige Waffentechnik hat sich die Entfernung, die moralische wie die geografische, zwischen dem Krieger und seinem Opfer stetig vergrößert. Welches Gefühl der Ehre kann denn überhaupt noch den Techniker, der die Tomahawk-Marschflugkörper entwickelt, mit den Zivilisten in Bagdad, 1500 Kilometer entfernt, verbinden? Zugleich bricht der Weltmarkt für Waffen das Gewaltmonopol des modernen Staates auf. Die zerfallenden Staaten der Welt werden überflutet mit gebrauchten Waffen, größtenteils alten Kalaschnikows, die man zum Preis eines Laibs Brot auf Wochenmärkten kaufen kann. Wenn Waffen derart preiswert sind, wird es für den Staat unmöglich, die Gewalt einzudämmen. In der Geschichte des Krieges ging es stets darum, dass der Staat die Gewaltausübung aus der Gesellschaft verbannte und einer spezialisierten Kriegerkaste übertrug. Doch wenn der Staat die Kontrolle über den Krieg verliert, wie in so vielen virulenten Zonen der Aufstände und Rebellionen weltweit – wenn der Krieg zur Sphäre von Privatarmeen, Gangstern und paramilitärischen Einheiten wird –, dann kann es geschehen, dass der Unterschied zwischen einer Schlacht und einem Akt der Barbarei verwischt.

Die Schlacht von Solferino dauerte von Sonnenaufgang bis Sonnenuntergang. Der Bürgerkrieg in Angola dauerte dreißig Jahre. Der Afghanistan-Krieg hält seit 1979 an. Die Metzeleien in Ruanda und Burundi begannen mit der Unabhängigkeit in den sechziger Jahren und sind seither immer wieder aufgeflammt. In früheren Zeiten beachtete der Krieg seine eigenen ökologischen Grenzen. Die Konflikte hörten irgendwann auf, da sie Soldaten, Nachschub und Proviant aufbrauchten. Heute ist der Krieg nicht mehr an die Belastbarkeit der lokalen Ökologie gebunden.

Zudem tragen humanitäre Interventionen von außen nicht dazu bei, den Krieg einzudämmen, sondern im Gegenteil, ihn in Gang zu halten. Die außerordentlich engagierten Delegierten des IKRK kämpfen darum, dass die Bevölkerung das Unerträgliche überlebt, aber die Delegierten hegen manchmal den Verdacht, dass man den Konflikt nur verlängert, indem man die Verwundeten zusammenflickt, den Obdachlosen Unterkünfte bereitstellt und die Witwen und Waisen tröstet, den Gesellschaften nur ermöglicht, sich weiter selbst zu zerstören. Das Eingreifen von außen fördert darüber hinaus die Entstehung einer neuen Art von moralischem Alibi unter den Kombattanten.

Postmoderne Kriege laufen nach einem bestimmten Muster ab. Zunächst appellieren die Krieg führenden Parteien an die ausländischen Mächte, den Krieg durch Intervention zu beenden. Wenn dann die Intervention einmal mehr scheitert, die Feindseligkeiten nicht beendet werden, benutzen die Kriegsparteien diesen Umstand als Alibi, um weiter kämpfen zu können. Und so bildet sich ein Abhängigkeitssyndrom heraus – am deutlichsten sichtbar auf dem Balkan –, bei dem das Scheitern der Interventionisten als moralisches Alibi für die Fortsetzung des Krieges herhalten muss. Gleichzeitig werden jene, die aus humanitären Gründen intervenieren, selbst abhängig von den Kampfhandlungen, die sie einzudämmen oder zu beenden versuchen. Die Entstehung des »ausgefransten« oder endemischen Krieges am Ende des 20. Jahrhunderts hat dazu beigetragen, dass das IKRK seinen Etat und sein Personal drastisch erhöht hat. Kurz gesagt: Der Krieg war gut fürs Geschäft, leider, doch offenbar gibt es keinen leichten Ausweg aus dem Teufelskreis der Interventionen, die das Leid und Elend verlängern, die sie eigentlich beenden sollten.

Die Verwüstung von Ländern wie Afghanistan macht außerdem deutlich, in welchem Ausmaß humanitäre Interventionen als Alibi für ein umfassenderes Scheitern der Großmächte dienen, die Kämpfe sofort zu beenden. Solange das Rote Kreuz vor Ort ist, können die ausländischen Mächte zumindest behaupten, dass »wir« den verstümmelten Kindern neue Gliedmaßen anfertigen. Den Delegierten des Roten Kreuzes selbst ist schmerzlich bewusst, in welchem Ausmaß ihre guten Werke dazu beigetragen haben, die Großmächte aus ihrer Verantwortung zu entlassen.

Das größere Problem jedoch – nicht nur in Afghanistan, sondern in den meisten Gefahrenzonen der Welt – besteht im Zerfall der Staaten nach dem Ende des Kalten Krieges. Diese Schwierigkeit kann durch humanitäre Aktionen allein nicht behoben werden. Das staatliche Monopol ist durchbrochen worden, die Waffenkammern geplündert, wobei die Waffen, so billig und leicht zu handhaben, dass ein Kind in einer viertel Stunde lernen kann, wie man tötet, sich einem Virus gleich im sozialen Gewebe der armen Gesellschaften ausgebreitet haben.

Wer eine gewisse Zeit in Zaire, Ruanda, Afghanistan oder im ehemaligen Jugoslawien verbracht hat, dem drängt sich eine Schlussfolgerung förmlich auf: Mehr noch als Entwicklungshilfe, mehr als Hilfeleistungen oder militärischen Einsatz im Notfall, mehr noch als Friedenstruppen brauchen die Gesellschaften Staaten und professionelle Armeen unter dem Befehl ausgebildeter Leiter. Milizen müssen entwaffnet, Waffen konfisziert werden. Die Gewalt, die sich entlang den Sehnen der Gesellschaft bis zu ihren jüngsten und verletzlichsten Gliedern, ihren Kindern, hinunter ausgebreitet hat, muss beschlagnahmt und gezähmt werden.

Getreu unserer westlichen Antikriegstradition betrachten wir den Staat gewöhnlich als Agenten der Gewalt, als den Initiator von Kriegen. So dass wir darüber seine zweite historische Rolle in der Entwicklung unserer Gesellschaften vergessen. Es war der Staat, der die Milizen und Gefolgsleute mittelalterlicher Kriegsherren entwaffnete, um sicherzustellen, dass es nur ein legitimiertes Recht der Gewaltanwendung geben würde. So paradox es auch klingen mag – die Polizeieinheiten und Armeen des Nationalstaates sind bis heute die einzigen vorhandenen Institutionen, die unsere Gesellschaftcn je herausgebildet haben, die menschliche Gewalt in großem Maßstab zu kontrollieren und zu kanalisieren in der Lage sind. Daraus ergeben sich folgende Fragen: Wie sollen diejenigen, die das Glück haben, in den Zonen relativer Sicherheit zu leben, denjenigen, die in den Zonen der Gefahr leben, bei der Schaffung lebensfähiger Staaten helfen? Wie können wir eingreifen, ohne dass alles nur noch schlimmer wird – entweder, indem wir neue Waffen einführen, oder, subtiler, indem wir dazu beitragen, dass die Parteien den Konflikt verlängern? So ungern wir es uns auch eingestehen, manchmal ist es das Beste, nichts zu tun: zuzulassen, dass ein Sieger aus dem Krieg hervorgeht und ihm dann bei der Errichtung und der Aufrechterhaltung eines Gewaltmonopols zu helfen, auf dem die soziale Ordnung beruht. Im anderen Fall, dann nämlich, wenn die Kräfte der Kontrahenten zu ausgeglichen sind, als dass ein entscheidendes Ergebnis entstünde, müssen wir eventuell auf der Seite eingreifen, die noch am ehesten im Recht zu sein scheint und ihr helfen, ihre Macht zu festigen. Das bedeutet natürlich, Krieg als die unvermeidliche Lösung eines ethnischen Konflikts zu akzeptieren. Es bedeutet, einen moralischen Pakt mit dem Teufel des Krieges zu schließen und zu versuchen, sein Feuer zu nutzen, um einen Weg zum Frieden zu brennen.

Die meisten Delegierten des Roten Kreuzes würden es zwar bestreiten, aber auch sie haben ihren Pakt mit dem Teufel des Krieges geschlossen. Die Geschichte, die sich bis zu Dunant zurückverfolgen lässt, lehrt offenbar Folgendes:

Der Krieg überdauert alle Formen der Empörung gegen seine Barbarei, und deshalb ist es sinnlos, von einer Welt ohne Kriege zu träumen oder sich eine Welt vorzustellen, in der die Kunst des Kriegers nicht mehr gebraucht wird. Moralische Vernunft lässt sich nur durch Subtilität und genaues Abwägen erreichen. Das heißt, die Unvermeidlichkeit, manchmal sogar Wünschbarkeit des Krieges zu akzeptieren und dann, wenn möglich, zu versuchen, ihn unter Beibehaltung bestimmter Gesetze der Ehre zu führen. Die Krieger dazu zu bewegen, sich nach den Ehrenkodizes zu richten, ist keine vergebliche oder hoffnungslose Aufgabe. Es ist immer noch besser, Regeln zu haben, gegen die verstoßen wird, als gar keine zu haben. Es gibt menschliche und unmenschliche Kämpfer, gerechte und ungerechte Kriege, Formen des Tötens, die notwendig sind, und Formen, die uns alle entehren. Das Rote Kreuz ist zum Hüter dieser Unterscheidungen geworden; es stellt die Wachtposten zwischen dem Menschlichen und dem Unmenschlichen.

Noch nie waren diese Wächter zwischen dem Menschlichen und dem Unmenschlichen notwendiger als heute. Noch nie war ihre Arbeit gefährlicher. Am 17. Dezember 1996 schliefen sechs Mitarbeiterinnen und Mitarbeiter des Roten Kreuzes in einem IKRK-Hospital in Novye Atagi nahe Grosny in Tschetschenien. Das Hospital, das alle an dem Konflikt beteiligten Parteien medizinisch versorgte, hatte sowohl die russischen als auch die tschetschenischen Behörden offiziell anerkannt. Das Krankenhausgelände wurde von unbewaffnetem tschetschenischem Personal bewacht. Gegen vier Uhr morgens erklomm eine unbekannte Zahl bewaffneter, maskierter Männer die Mauern des Gebäudes. Alle trugen Pistolen mit Schalldämpfern bei sich. Die Maskierten schlugen einen Wachtposten bewusstlos, gaben mehrere Schüsse in die Computer des Hospitals ab und strebten dann dem

Block mit den Schlafräumen zu, in dem das Rot-Kreuz-Personal schlief. Eine tschetschenische Krankenschwester stellte sich den Mördern in den Weg, woraufhin man ihr befahl zu verschwinden. Die sechs Schlafenden – aus Kanada, Norwegen, Neuseeland, den Niederlanden und Spanien – wurden aus so kurzer Entfernung erschossen, dass man an ihnen Schmauchspuren fand. Ein männlicher Delegierter, der sich den Angreifern entgegenstellte, wurde von einer Kugel in der Schulter getroffen und entkam der Hinrichtung, indem er sich tot stellte. Die Angehörigen der Wachmannschaft ergriffen die Flucht, als einer der tschetschenischen Wachtposten – er war entgegen dem ausdrücklichen Befehl bewaffnet – einen Warnschuss in die Luft abfeuerte: Die Mörder kletterten die Mauer hinunter und verschwanden. Keine der tschetschenischen oder russischen Gruppierungen und Parteien hat für das Verbrechen je die Verantwortung übernommen. Der Vorfall war das schlimmste Massaker an Rot-Kreuz-Mitarbeitern in der Geschichte. Auf einem eilig einberufenen Treffen der Delegationsleiter zur Erörterung von Sicherheitsstandards erkannte das IKRK an, dass die Delegierten durch die neuen halbkriminellen Formen des Krieges Gefahren ausgesetzt waren, die ohne Beispiel waren. Dennoch sah man weder die Notwendigkeit, bewaffnete Wachen im Innern von Hospitälern aufzustellen, noch für ihre Konvois bewaffnete Eskorten bereitzustellen. Man bekräftigte das Vertrauen in die Legitimität des Rot-Kreuz-Emblems.

Während die Särge mit den Leichen der sechs Mitarbeiterinnen und Mitarbeiter – Nancy Malloy, Sheryl Thayer, Hans Elkerbout, Ingeborg Foss, Gunnhild Myklebust und Fernando Calado – auf das Rollfeld des Genfer Flughafens gebracht wurden, salutierte Tobias Bredland, ein norwegischer Rot-Kreuz-Arzt, der den Angriff überlebt hatte, das Rot-Kreuz-Abzeichen auf dem Revers seines Wintermantels.

Im Hauptquartier der Organisation war die Fahne im Hof auf halbmast geflaggt, und in dem Raum, in dem die Weihnachtsfeier hätte stattfinden sollen, versammelten sich die Mitarbeiter und Delegierten, um einer Ansprache von Cornelio Sommaruga zu lauschen. Er hatte von einem Delegierten eine Botschaft erhalten, die er nun verlas:

> Alle unsere Bemühungen beruhen auf der Überzeugung, dass der Mensch selbst inmitten der schlimmsten Entartungen des Krieges ein fundamentales Mindestmaß an Menschlichkeit bewahrt. Ereignisse wie diese machen es schwierig, diesen Glauben zu bewahren. Doch ohne ihn müssten wir eingestehen, dass den Menschen nichts vom Tier unterscheidet, *und dies werden wir nicht eingestehen.*

Sommaruga sprach die letzten Wörter mit besonderer Betonung aus. Mehrere Minuten lang herrschte Stille im Raum. Dann gingen die Männer und Frauen des Roten Kreuzes schweigend in die kalte Winternacht hinaus.

Der Albtraum, aus dem wir zu erwachen versuchen

I

Ein desillusionierter junger Lehrer in einer Dubliner Schule um die Jahrhundertwende müht sich durch eine Geschichtsstunde mit jugendlichen Schülern, die ebenso gelangweilt sind wie er. Er fragt nach dem Namen der Schlacht in der Antike, in der Pyrrhus seinen Pyrrhussieg errang, und während sie die falschen Namen murmeln, beginnen seine Gedanken abzuschweifen. Warum ist die Geschichte so erdrückend? Ist sie nichts weiter als eine Lektion in Sinnlosigkeit und Torheit? Ob die Schüler das ahnen, während sie an ihren Pulten sitzen und gähnen? Ist dies der Grund, dass sie schweigend da sitzen, darauf warten, dass das Läuten der Glocke sie wieder auf den lärmerfüllten Schulhof entlässt, zu den noch unverstellten Möglichkeiten der Jugend?

Nachdem die Schüler auf den Schulhof gerannt sind, geht der junge Lehrer ins Büro des Schulleiters, um seinen Wochenlohn in Empfang zu nehmen. Das Irland um die Jahrhundertwende ähnelt noch sehr dem britischen Empire, und auch Mr. Deasys Büro-Bibliothek ist mit den Ikonen des Empires und der britischen Union geschmückt: eine Daguerrotypie von Albert Edward, Prince of Wales, Jagddrucke berühmter englischer Pferde. Mr. Deasy identifiziert sich mit diesen Insignien protestantisch-imperialer Macht. Er neckt den jungen Lehrer und nennt ihn einen Fenier, während dieser schweigt und in Gedanken die ganze Barbarei der protestantischen Eroberung heraufbeschwört: die Leichen der Katholiken, die Cromwells blutiger Marsch durch

Irland hinterlassen hat. Dies ist die Geschichte in ihrer erdrückendsten Form: der blutgetränkte Mythos, der alle gutwilligen Möglichkeiten aufkündigt: »Mit Ulster ins Gefecht, mit Ulster für das Recht«. Mr. Deasy intoniert all die hartnäckigen Widerstände gegen die Selbstverwaltung und die Unabhängigkeit der irischen Nation. Doch gibt es dunklere Mythen, die Mr. Deasy und Leute seines Schlages einkerkern. Er zeigt drohend auf den jungen Dichter: »Merken Sie auf meine Worte ... England ist in den Händen der Juden. Alle höchsten Stellen: die Finanz, die Presse ... Old England liegt im Sterben.« Nachdem Mr. Deasy dem jungen Lehrer die Münzen ausgehändigt hat, macht er einen kleinen Scherz. Warum, so fragt er, gebührt Irland »die Ehre, das einzige Land zu sein, das niemals die Juden verfolgt hat?« ... »Warum, Sir?« – »Weil es sie nie hereingelassen hat.«

Die Juden hätten wider das Gesetz gesündigt, belehrt ihn Mr. Deasy, und die Geschichte – die sich ganz auf das Erscheinen der Herrlichkeit Gottes zubewegt – hat dies bestätigt.

Woraufhin Stephen Dedalus – der Held in James Joyces Roman *Ulysses* – seine berühmte Antwort gibt: »Die Geschichte ist ein Albtraum, aus dem ich zu erwachen versuche.«

Die Geschichte zeigt nicht nur das antisemitische Philistertum und die mürrische imperiale Arroganz der irischprotestantischen Oberschicht – wie sie sich als stinkendes Sediment in einem Schulmeisterhirn der Jahrhundertwende abgelagert hatte. Es gab auch eine »Fenier«-Version, vor der man sich ebenfalls hüten musste. In Joyce' Roman *Ein Porträt des Künstlers als junger Mann* sagt der nationalistische Davin zu Stephen Dedalus: »Versuch doch, einer von uns zu sein. Im Herzen bist du ja ein Ire«, worauf dieser verkündet: »Dieses Volk und dieses Land und dieses Leben haben mich hervorgebracht. Ich werde mich so ausdrücken, wie ich bin.«

Auf Davins Einwand: »Aber das eigne Land kommt doch zuerst. Zuerst Irland, Stevie. Dichter oder Mystiker kannst du hinterher immer noch sein«, antwortet Dedalus mit kühlem Zorn: »Irland ist die alte Sau, die ihre eigenen Ferkel frisst.«

Joyce' literarisches Schaffen stellt eine einzige Zurückweisung aller Lesarten der Geschichte dar, die diese als Erbe, als Wurzel und Zugehörigkeit, als Trost, Zuflucht und Heimat auffassen. Er behauptet das Gegenteil: Man kann nur dann man selbst sein, wenn man der Heimat entkommt, wenn man darum kämpft, aus den Träumen der Vorfahren zu erwachen. Für Joyce, den Künstler, bedeutet das Erwachen, seine eigene Sprache zu finden, gegen alle Zwänge von sprachlicher Tradition und Überlieferung. Im *Porträt des Künstlers* schreibt er: »Wenn die Seele eines Menschen in diesem Land geboren wird, werden ihr Netze übergeworfen, um sie am Fliegen zu hindern. Du sprichst mir von Nationalität, Sprache, Religion. Ich werde versuchen, an diesen Netzen vorüberzufliegen.« Und Joyce floh wirklich: nach Triest, Paris und Zürich, vom *Porträt* zu *Ulysses* zu *Finnegans Wake*, von Irland ins Exil, von seiner Muttersprache in eine Sprache, die ganz seine eigene war. Als Künstler erwachen hieß, etwas hervorzubringen, das sowohl die persönliche als auch die nationale Vergangenheit transzendierte. Zu erwachen bedeutete, zu sich selbst kommen, eine Trennung zwischen dem herbeizuzwingen, was man seiner Herkunft zufolge war, und dem, der man wirklich war.

Albträume sind vor allem deswegen so beklemmend, weil sie keinen Sicherheitsabstand zwischen Träumendem und Traum gestatten. Wenn die Geschichte ein Albtraum ist, dann deshalb, weil die Vergangenheit nicht vergeht. Als Künstler und als Ire wusste Joyce nur allzu gut, dass die Zeit in Irland nicht linear, sondern immer gegenwärtig ist. In dem furchtbaren Streit am Anfang des *Porträt des Künst-*

lers als junger Mann, als es darum geht, welche Bedeutung die Schande und der Tod des irischen nationalistischen Politikers Parnell hatten, als Dante triumphierend ausruft: »Wir haben ihn zertreten!«, Mr. Casey schluchzt, weil er seinen König verloren hat, und die Augen von Stephens Vater sich mit Tränen füllen, wird deutlich, dass der Tod Parnells überhaupt noch nicht vergangen ist. In diesem Streit brennen Vergangenheit, Gegenwart und Zukunft lichterloh, angesteckt von der wütenden Flamme der Zeit.

Aus der Geschichte zu erwachen bedeutet also, den rettenden Abstand zwischen Vergangenheit und Gegenwart zurückzugewinnen und Mythos und Wahrheit zu unterscheiden. Beim Mythos handelt es sich um eine Version der Vergangenheit, die sich weigert, vergangen zu sein. Er ist eine Erzählung, die vom Begehren, nicht von der Wahrheit gestaltet, nicht von den Fakten geformt wird, so gut wir sie ausmalen können, sondern von unserer Sehnsucht, beruhigt und getröstet zu werden. Zu erwachen heißt, solchen Sehnsüchten abzuschwören und die Unterscheidung zwischen dem, was wahr ist, und dem, was wir wünschen, es wäre wahr, in aller Schärfe vorzunehmen.

Es ist inzwischen schon ein Allgemeinplatz, dass wir unsere Identitäten ebenso sehr schaffen, wie wir sie ererben, dass Zugehörigkeit zu einer Gruppe eher auf Wahl beruht denn auf Verwandtschaft, eher bewusst als unbewusst, auf Entscheidungen und nicht auf Bestimmung beruht. Auch wenn wir uns die Umstände unserer Geburt nicht aussuchen, so können wir doch wählen, welche Elemente unseres Schicksals wir zu unserem bestimmenden Erbe machen. Künstler wie Joyce haben dazu beigetragen, dass wir unsere Identitäten als künstlerische Schöpfungen auffassen, und sie haben uns gedrängt, darauf zu vertrauen, dass auch wir ohne die Netze von Nationalität, Religion und Sprache fliegen können.

In Wahrheit binden die Netze jedoch die meisten von uns. Nur wenige von uns können der Künstler ihres eigenen Lebens sein. Das macht uns aber nicht zu Gefangenen: Wir können erwachen, wir müssen unser Leben nicht in der Dämmerung von Mythos und kollektiver Illusion verbringen; wir können ein Bewusstsein unseres Selbst erlangen. Nur wenige werden jemals so wie Joyce den imaginativen Grund, auf dem wir stehen, oder die Sprache, die wir sprechen, erschaffen. Aber auch wenn Joyce' hart erkämpfte Freiheit nicht für alle erreichbar ist, so weist die Metapher, die er verwendet, doch auf eine uns allen offen stehende Möglichkeit hin. Indem wir erwachen, kehren wir zu uns selbst zurück. Wir gewinnen den Sicherheitsabstand zurück zwischen dem, was wir in den Augen der anderen zu sein haben, und dem, was wir wirklich sind. Dieser rettende Abstand ist der Raum für Ironie. Wir erwachen; wir erzählen jemandem von unserem Albtraum; seine Macht lässt allmählich nach; er wirkt allmählich komisch oder zumindest nicht tragisch. Möglicherweise erschauern wir leicht beim Erzählen, aber immerhin können wir das Erlebte mit anderen teilen. Wir werden leichter. Der Tag kann beginnen.

II

Was bedeutet es für eine Nation, die Vergangenheit zu verarbeiten? Haben Nationen eine Psyche, so wie jedes Individuum eine Psyche hat? Kann die Vergangenheit eine Nation, ein Volk erkranken lassen, so wie verdrängte Erinnerungen bisweilen einzelne Menschen erkranken lassen? Und umgekehrt: Kann man eine Nation oder ihre sich bekämpfenden Teile mit ihrer Vergangenheit versöhnen, so wie es Individuen können, wenn Mythen durch Tatsachen und Lügen durch Wahrheit ersetzt werden? Können Nationen aus dem Albtraum ihrer Vergangenheit »erwachen«, so wie es nach Joyce' Überzeugung der Einzelne kann?

In seinen *Vorlesungen zur Einführung in die Psychoanalyse* verblüffte Freud einmal seine Zuhörer, als er bemerkte, es gebe ein Wissen und noch ein Wissen, und dass diese beiden nicht identisch seien. Wir meinen, viel zu wissen, aber im Grunde begreifen wir nichts. Wir können etwas mit dem Kopf begreifen, ohne es im Innersten zu verstehen. Wir können einem Menschen mit dem Verstand verzeihen, ohne ihm in unserem Herzen zu vergeben. Wissen kann sich auf Inhalte oder Gefühle beziehen. Damit aus Ersterem Letzteres hervorgeht, muss es – in Freuds Worten – durchgearbeitet werden. Dies ist ein Vorgang, der in zwei Richtungen verläuft: Was wir mit dem Verstand wissen, muss zu etwas werden, das wir mit dem Gefühl erfassen; was wir mit dem Gefühl erfassen, muss zu etwas werden, was wir mit dem Verstand wissen. Die Psyche und das Soma, die durch das Trauma getrennt wurden, müssen wieder vereinigt werden. Dieser Prozess ist langsam und schmerzlich. Wenn wir einen Tod oder einen Verlust durcharbeiten, widersetzt sich unser Körper häufig etwas, von dem der Geist weiß, dass es wahr ist; oder der Geist widersetzt sich, das zu glauben, was der Körper bereits fühlt. Das Trauma zu überwinden heißt nicht nur, Leib und Seele im Akzeptieren zusammenzuführen, es bedeutet auch, sowohl im Körper als auch im Geist ein Gefühl zu entwickeln, dass die Vergangenheit vergangen ist. Man muss die Vergangenheit aus der Gegenwart hinausschieben, die psychische Gleichzeitigkeit durch eine lineare Abfolge ersetzen, langsam den Einfluss von Trauer oder Wut lockern, deren Macht uns in einem niemals endenden Gestern gefangen hält.

Können wir sagen, dass Nationen Bürgerkriege oder Gräuel durcharbeiten, so wie wir davon sprechen, dass ein

Einzelner eine traumatische Erinnerung oder ein traumatisches Ereignis durcharbeitet? Die Beantwortung der Frage wird dadurch erschwert, dass uns bestimmte Metaphern verführen. Wir haben die Angewohnheit, die Nation mit Gewissen, Identitäten und Erinnerungen auszustatten, so als handle es sich um Individuen. Es ist schon problematisch genug, einen Einzelnen mit *einer* Identität auszustatten: unser Innenleben gleicht mehr einem Schlachtfeld, auf dem ein unsicherer Waffenstillstand herrscht; die Identität einer Nation jedoch spaltet sich zusätzlich noch in regionale und ethnische Zugehörigkeit, Klasse und Bildung. Nicht nur wird jedes dieser Teile einer Nation die eigene Abrechnung mit dem Trauma herbeiführen, sondern jede wirkliche Abrechnung verläuft auch noch in winzigsten Einheiten – innerhalb der Gewissen Millionen Einzelner. Doch in jeder Nation gibt es ein öffentliches Leben und einen öffentlichen Diskurs, und die winzige, molekulare Abrechnung jedes Einzelnen wird sehr stark davon beeinflusst, wie die Öffentlichkeit – Politiker, Schriftsteller und Journalisten – mit dieser Vergangenheit verfährt.

Fragen, auf welche Weise Nationen ihre Vergangenheit »durcharbeiten«, haben etwas Geheimnisvolles an sich, aber sie sind auch drängend und von praktischer Bedeutung. 1993, nach einem 75-jährigen Bürgerkrieg, nach Teilung, Aufruhr und Gewalt versucht das Volk von Nord- und Südirland abermals, aus dem Joyce'schen Albtraum zu erwachen und gemeinsam einen Prozess der Heilung und Versöhnung einzuleiten. In Südafrika sind unter der Führung Nelson Mandelas die Mitglieder einer Wahrheitskommission durchs ganze Land gereist – um ein Forum anzubieten, in dem Opfer wie Täter die Apartheid aufarbeiten können. Wenn die Täter den Weg der Wahrheit wählen – das heißt, wenn sie aufdecken, was sie gewusst und getan haben –, können sie einer Verurteilung entgehen und werden amnestiert und begnadigt. Das Kriegsverbrechertribunal in Den Haag verfolgt strafrechtlich Verbrechen, die während des Balkankrieges begangen wurden, es bringt sie an die Öffentlichkeit, um bei der schließlichen Versöhnung mitzuhelfen. In der afrikanischen Stadt Arusha sammelte ein ähnliches Tribunal Beweise für den Völkermord in Ruanda. Auch hier glaubt man, dass zwischen Wahrheit, Gerechtigkeit und Versöhnung ein unauflöslicher Zusammenhang besteht. In allen diesen Beispielen – Irland, Südafrika, der Balkan, Ruanda – ist der Gedanke edel, das zu Grunde liegende Prinzip jedoch unklar. Als Ziel ist Gerechtigkeit nicht problematisch, doch ob das Erreichen von Gerechtigkeit stets zur Versöhnung beiträgt, ist mehr als fraglich. Die Wahrheit ist bestenfalls etwas Gutes, aber wie uns ein afrikanisches Sprichwort erinnert, ist es nicht immer gut, die Wahrheit zu sagen.

In Erzbischof Tutus eigenen Worten ist das Ziel der Wahrheitskommission »die Förderung der nationalen Einheit und Versöhnung« und »die Heilung eines traumatisierten, geteilten, verletzten, polarisierten Volkes«. Lobenswerte Ziele, doch sind sie in sich schlüssig? Betrachten wir die Annahmen, von denen der Erzbischof ausgeht: dass eine Nation eine Seele hat, nicht mehrere; dass die Wahrheit feststeht, nicht umstritten ist; und dass sie, vorausgesetzt, all ihre Mitglieder kennen die Wahrheit, die Fähigkeit hat, zu heilen und zu versöhnen. Hierbei handelt es sich weniger um erkenntnistheoretische Grundannahmen, sondern vielmehr um Glaubensartikel über das Wesen des Menschen: dass es nur eine Wahrheit gibt, die uns, wenn wir sie kennen, frei machen wird.

Wir Übrigen sehen applaudierend zu und vergessen dabei zu fragen, wie viel Wahrheit unsere Gesellschaften überhaupt aushalten können. Alle Nationen brauchen das Vergessen, sie schmieden Mythen von Einheit und Identität, die es einer Gesellschaft erlauben, ihre Gründungsverbrechen, ihre verborgenen Verletzungen und Teilungen, ihre nicht verheilten Wunden zu vergessen. Auch ist wohl wahr, für Nationen wie für jeden Einzelnen, dass wir nur ein gewisses Maß an Wahrheit ertragen können. Wenn aber zu viel Wahrheit trennend ist, dann lautet die Frage: Wie viel ist genug?

Der Glaube an die heilenden Wirkungen der Wahrheit beseelte die Kommissionen in Chile, Argentinien und Brasilien, die herauszufinden suchten, was mit den Tausenden unschuldiger Menschen geschehen war, die die Militärjuntas während der sechziger und siebziger Jahren »verschwinden« ließen. Alle diese Kommissionen glaubten, dass ein Volk, durch Terror und Lügen erkrankt, wieder gesund werden würde, wenn nur die Wahrheit ans Licht käme. Die Ergebnisse waren allerdings zwiespältig, ganz so wie Pilatus fragte, als er seine Hände wusch: Was ist die Wahrheit? Zumindest besteht sie aus einer faktischen und einer moralischen Wahrheit, aus Erzählungen, die berichten, was geschehen ist, und Erzählungen, die zu erklären versuchen, warum es geschehen und wer verantwortlich ist. Die Wahrheitskommissionen in Südamerika konnten nur Ersteres erfolgreich nachweisen. Immerhin waren sie in der Lage, das Verschwinden, die Folter und den Tod von Tausenden nachzuweisen, und diese Informationen gewährten den Verwandten und Freunden den Trost zu wissen, unter welchen Umständen die Verschwundenen ihrem Schicksal entgegentraten. Es sagt viel über das menschliche Bedürfnis nach Wahrheit aus, dass die Verwandten der Opfer die Fakten der falschen Tröstung des Nichtwissens vorzogen. Es sagt aber auch sehr viel über die moralische Kraft des Großmuts, dass so viele Menschen die Wahrheit der Rache oder selbst auch der Gerechtigkeit vorgezogen haben. Den meisten genügte zu wissen, was geschehen war; sie mussten die

Täter nicht bestrafen, um die Vergangenheit hinter sich zu lassen.

Die Wahrheitskommissionen hatten aber auch den Auftrag, eine öffentliche Wahrheit herzustellen. Ihr Mandat bestand darin, eine moralische Erzählung zu schaffen, das heißt, die Entstehung von verbrecherischen Regimes zu erklären und die moralische Verantwortung für die Verbrechen, die unter jenen Regierungen begangen wurden, zuzuteilen. Und in diesem Punkt schließlich waren sie schlicht erfolglos.

Die höheren Ränge der Militärs, der Sicherheitsorgane und der Polizei waren darauf vorbereitet, dass die Wahrheit über einzelne Fälle von Verschwundenen ans Licht kommen würde. Mit der faktischen Wahrheit konnten sie leben – die moralische Wahrheit stand nicht zur Debatte. Hartnäckig kämpften sie gegen die strafrechtliche Verfolgung von Angehörigen der Sicherheitsorgane und dagegen, die Verantwortung für ihre Verbrechen zu übernehmen. Die moralische Verantwortung einzugestehen hätte ihre Macht als Institutionen geschwächt. Der Widerstand des Militärs in Argentinien und Chile war so groß, dass die demokratischen Regierungen, die die Kommissionen ins Leben gerufen hatten, nur die Wahl hatten zwischen Gerechtigkeit und dem politischen Überleben, zwischen der Verfolgung der Straftäter und der Gefahr, einen Militärputsch zu riskieren, nur die Wahl hatten, sie laufen zu lassen, um der Demokratie endlich eine Chance zu geben.

Die offiziellen Berichte der Wahrheitskommissionen in Lateinamerika haben viele von denen desillusioniert, die eine gemeinsame Wahrheit als unabdingbar für die Versöhnung einer Gesellschaft betrachten. Der Militär- und Polizeiapparat überstand die Nachforschungen der Wahrheitskommissionen, wodurch seine Legitimität zwar untergraben, seine Machtposition jedoch intakt blieb. Mit Hilfe der

Wahrheitskommissionen nährten die betreffenden Gesellschaften die Illusion, sie hätten die Vergangenheit hinter sich gelassen. Mehr noch: Die Wahrheitskommissionen erleichterten genau die Art falscher Versöhnung mit der Vergangenheit, der man eigentlich zuvorkommen wollte. Theodor W. Adorno hat diese falsche Versöhnung in Deutschland nach dem Zweiten Weltkrieg am Werk gesehen.

> Mit Aufarbeitung der Vergangenheit ist ... nicht gemeint, daß man das Vergangene im Ernst verarbeite, seinen Bann breche durch helles Bewusstsein. Sondern man will einen Schlußstrich darunter ziehen und womöglich es selbst aus der Erinnerung wegwischen. Der Gestus, es solle alles vergeben und vergessen sein, der demjenigen anstünde, dem Unrecht widerfuhr, wird von den Parteigängern derer praktiziert, die es begingen.

Die Gefahren einer falschen Versöhnung sind gegeben, doch möglicherweise geht die Desillusionierung, die Arbeit der Wahrheitskommissionen in Lateinamerika betreffend, zu weit. Es war genauso wenig der Auftrag der Wahrheitskommissionen, den Militär- und Polizeiapparat zu transformieren, wie es im Auftrag und der Macht Erzbischofs Tutus lag, das Gleiche in Südafrika zu tun. Wahrheit ist Wahrheit, es geht ihr nicht um eine Reform der Gesellschaft oder ihrer Institutionen.

Und ebenso gilt: Wenn die Wahrheit von einer staatlichen Kommission verkündet wird, ist es unwahrscheinlich, dass sie von denen angenommen wird, gegen die sie gerichtet ist. Die Polizei und das Militär haben ihre eigene Wahrheit – und diese hält sie gerade deswegen gefangen, weil sie kein Lügengespinst ist. Es ist unvernünftig zu erwarten, dass diejenigen, die glaubten, sie würden Terroristen oder Rebellen niederschlagen, dieser Idee einfach deshalb abschwören, weil eine Wahrheitskommission enthüllt, dass diese Bedrohung jeder Grundlage entbehrte. Menschen, vor allem Menschen in Uniform, lassen die Prämissen, auf denen ihr Leben beruht, weder leicht noch bereitwillig fahren. Reue, wenn denn sie jemals geübt wird, ist hier eine Angelegenheit des Einzelnen. Wahrheitskommissionen können lediglich die Zahl der Lügen verringern, die in der Gesellschaft unwidersprochen kursieren. Beispielsweise ist es in Argentinien heute nicht mehr möglich zu bestreiten, dass das Militär halb tote Opfer von Hubschraubern aus ins Meer warf. In Chile ist es nicht mehr statthaft, öffentlich zu behaupten, dass das Pinochet-Regime nicht Tausende unschuldiger Menschen beseitigte. Wahrheitskommissionen können den Rahmen des öffentlichen Diskurses und des öffentlichen Erinnerns erweitern, und dies tun sie auch. Man darf ihre Arbeit jedoch nicht als Fehlschlag ansehen, nur weil es ihnen nicht gelungen ist, Verhaltensweisen und Institutionen zu ändern. Das ist nicht ihre Aufgabe.

Wahrheitskommissionen können die Fakten sortieren, auf deren Grundlage die gesellschaftlichen Auseinandersetzungen geführt werden. Doch können sie diese Auseinandersetzungen nicht zu einem Abschluss bringen. Die Kritiker von Wahrheitskommissionen reden manchmal so, als sei die Vergangenheit ein heiliger Text, ähnlich der Amerikanischen Verfassung oder der Bill of Rights, der, gestohlen und beschädigt, nur darauf warte, restauriert zurück in die beleuchtete Vitrine zu kommen, um in einer Gedenkhalle feierlich ausgestellt zu werden. Aber die Vergangenheit ist kein restauriertes Dokument. Die Vergangenheit muss erstritten werden, und die Aufgabe von Wahrheitskommissionen und Historikern besteht darin, Klarheit in den Streit zu bringen sowie das Spektrum möglicher Lügen einzugrenzen.

Wahrheitskommissionen haben besonders viel Aussicht auf Erfolg in Ländern wie Südafrika, in denen sich hinter der Versöhnung bereits ein starker politischer Konsens aufgebaut hat. Dieser Konsens hat wohl weniger mit der moralischen Übereinkunft zu tun, dass es notwendig sei, die Gifte der Vergangenheit auszuscheiden, als mit einer politisch klugen Berechnung der meisten Menschen – dass nämlich die Unversöhnlichkeit des Rechts in der Lage ist, eine Gesellschaft zu zerreißen und gar einen Bürger- oder Rassenkrieg zu entfesseln. Unter solchen Umständen, wenn die Wahrheit weniger entzweit als die Gerechtigkeit, wird Bischof Tutus Kommission ihre Legitimität sogar noch erhöhen, auch wenn sie gezwungen ist, schmerzhafte Wahrheiten ans Licht zu bringen.

Andererseits sind in Ländern wie dem ehemaligen Jugoslawien, wo die Angehörigen verschiedener Gruppen einander seit Jahren ermorden und foltern und in denen die Verbrechen der Söhne und Töchter oft auf den Verbrechen der Väter und Großväter aufbauen, die Aussichten für Wahrheit, Versöhnung und Gerechtigkeit sehr viel schlechter. Aber so düster diese Zusammenhänge auch erscheinen mögen, sie sind doch lehrreich, weil sie deutlich machen, was am Verhältnis von Wahrheit und Versöhnung problematisch ist.

Die Idee der Versöhnung durch eine gemeinsame Wahrheit setzt voraus, dass es möglich ist, über die Vergangenheit zu einer gemeinsamen Wahrheit zu gelangen. Aber Wahrheit ist mit Identität assoziiert. Was man als wahr annimmt, hängt bis zu einem gewissen Grad davon ab, wer man selbst zu sein glaubt. Und für wen man sich selbst hält, wird zum großen Teil in Begriffen dessen festgelegt, wer man ist. Serbe zu sein heißt zuallererst, kein Kroate oder Moslem zu sein. Wenn Serbe jemand ist, der glaubt, dass Kroaten aufgrund ihrer Geschichte zum Faschismus neigten, und Kroate jemand, der glaubt, dass Serben einen Hang zum Völkermord haben, dann bedeutet das Abstreifen dieser Mythen für beide Gruppen, dass sie ein wesentliches Element ihrer Identität aufgeben müssten. Der Krieg hat Gemeinschaften der Angst hervorgebracht, und diese Gemeinschaften können sich erst dann eine gemeinsame Wahrheit – und eine gemeinsame Verantwortung – mit ihren Feinden vorstellen, wenn sie weniger Angst haben, wenn die Angst vor dem anderen aufhört, ein konstitutiver Teil dessen zu sein, für den man sich selbst hält.

Natürlich setzt sich Identität aus viel mehr als nur negativen Bildern über andere zusammen. Viele Kroaten und Serben haben sich diesen Negativstereotypen und dem nationalistischen Irrsinn widersetzt, der ihre Länder überwältigt hatte. Es gab viele, die darum kämpften, einen moralischen Raum zwischen ihrer persönlichen und ihrer nationalen Identität offen zu halten. Doch selbst Menschenrechtsaktivisten und Antikriegsdemonstranten können sich inzwischen nicht vorstellen, dass Zagreb, Belgrad und Sarajewo je wieder eine gemeinsame Vision der Geschichte verbinden wird. Dass man sich auf eine gemeinsame Chronologie der Ereignisse einigt, liegt im Bereich des Möglichen, und selbst das bleibt umstritten; aber man kann sich kaum vorstellen, dass sich die drei Parteien jemals darauf einigen werden, wem man die Verantwortung zuweist. Die Wahrheit, sofern sie Menschen etwas bedeutet, ist keine faktische oder erzählende Wahrheit, sondern eine moralische oder interpretierende. Und diese wird auf dem Balkan immer umstritten sein.

Es ist illusorisch zu glauben, dass es »unparteiischen« oder »objektiven« Außenstehenden jemals gelingen könnte, die Konfliktparteien von ihren moralischen und interpretierenden Darstellungen der Katastrophe zu überzeugen. Allein die Tatsache, dass man Außenstehender ist, diskreditiert die eigene Legitimität, anstatt sie zu stärken. Denn es gibt immer eine Wahrheit, die nur diejenigen zu erkennen im Stande sind, die über die nötigen Insiderkenntnisse verfügen. Oder, wenn es sich nicht um eine Wahrheit handelt –

denn Fakten sind schließlich Fakten –, eine moralische Bedeutsamkeit der Tatsachen, die nur ein Insider vollständig würdigen kann. Die Wahrheit muss, wenn sie geglaubt werden soll, von denen geschrieben werden, die unter den Folgen gelitten haben. Die Wahrheit des Krieges ist jedoch so schmerzlich, dass sich diejenigen, die einander bekämpft haben, selten, wenn überhaupt, zusammensetzen, um sie gemeinsam zu schreiben.

Das Problematische an einer gemeinsamen Wahrheit ist zudem, dass sie nicht »dazwischen« liegt. Sie stellt keinen Kompromiss zwischen zwei konkurrierenden Versionen dar. Entweder handelte es sich bei der Belagerung Sarajewos um einen absichtsvollen Versuch, einen rechtmäßig gewählten, international anerkannten Staat zu terrorisieren und zu stürzen, oder um eine legitime Präventivmaßnahme der Serben zur Verteidigung ihrer Heimat gegen die Angriffe der Muslime. Sie kann nicht beides sein. Von außen kommende Versuche, eine Version der Wahrheit zu schreiben, die der Auffassung beider Seiten »Gerechtigkeit« widerfahren lässt, dürften weder für die eine noch die andere Seite glaubwürdig sein.

Auch ist die Anerkennung geteilten Leids nicht gleichbedeutend mit geteilter Wahrheit. Es ist für beide Seiten relativ leicht, wechselseitig das Leid des anderen anzuerkennen. Viel schwieriger, ja normalerweise unmöglich ist es, gemeinsam anzuerkennen, wem der Großteil der Verantwortung zukommt. Denn so wie die Täter die Wahrheit abwehren, so auch die Opfer. Völker, die meinen, sie seien Opfer einer Aggression, können verständlicherweise nicht glauben, dass auch sie Gräuel begangen hätten. Mythen der Unschuld und des Opferseins bilden ein massives Hindernis auf dem Weg, sich der Verantwortung zu stellen, genauso wie die der Gewalttätigkeit der anderen Seite.

So erzählten Serben, die im Bergland von Foca in Bosnien leben, im Sommer 1992 britischen Journalisten, ihre Milizen müssten die Gegend von Muslimen säubern, weil man wisse, dass die Muslime serbische Kinder kreuzigten und ihre Leichen den Fluss hinab an den serbischen Siedlungen vorbeitreiben ließen. Da solche Erfindungen keiner Erhärtung durch Fakten bedürfen, um sich zu verbreiten, ist es auch unwahrscheinlich, dass sie durch die geduldige Zusammenstellung gegenteiliger Beweise zerstreut werden können. Eine Variante dieses besonderen Gräuelmärchens wurde im Mittelalter über die Juden verbreitet. Das Märchen war nicht wahr, was die Juden angeht, und es ist auch nicht wahr, was die Muslime angeht, aber das ist nicht der entscheidende Punkt. Mythen basieren auf einer inneren Welt – auf Verfolgungswahn, Wünschen und Sehnsüchten –, so dass sie nicht verblassen, sollten die Fakten der Außenwelt ihnen widersprechen, sondern nur dann, wenn das psychische Bedürfnis nach ihnen nachzulassen beginnt.

Von Mythen zu sprechen heißt weder zu bestreiten, dass die eine Seite womöglich in stärkerem Maße Opfer ist als die andere, noch in Frage zu stellen, dass Gräuel geschehen sind. Mythisch hingegen ist, sich die Massaker als Ausdruck einer essenziellen Identität – als eine innewohnende Neigung zum Völkermord – der Leute vorzustellen, in deren Namen sie begangen wurden. Alle Mitglieder der Gruppe werden dieser Neigung verdächtigt, obwohl Gräueltaten nur von besonderen Einzelnen begangen werden können. Die Idee der Kollektivschuld beruht auf der Vorstellung, dass es eine nationale Psyche oder rassische Identität gäbe. Die Fiktion, die hier wirkt, ähnelt der nationalistischen Illusion, dass die Identitäten des Einzelnen unter seine nationale Identität subsumiert werden könnten oder sollten.

In ethnischen Kriegen werden die Identitätsebenen des Einzelnen und des Kollektivs zusammengeschweißt. Täter wie Opfer können nur ein bestimmtes Maß an Verantwortung verkraften, nur als Einzelne, für das, was sie getan oder erlitten haben. Sie brauchen die Absolution, die eine kollektive Identität gewährt.

Ethnische Kriege isolieren die Täter von der Wahrheit des eigenen Handelns. Wenn eine ethnische Säuberung »erfolgreich« ist, so beseitigt sie die Opfer und belässt den Sieger im Besitz eines Terrains unbestrittener Wahrheit. Denn wer bleibt übrig, die Sieger daran zu erinnern, dass ein anderer einst diese Häuser besaß, diesen Gottesdienst besuchte, seine Toten in dieser Erde begrub? Ethnische Säuberungen löschen die anklagende Wahrheit der Vergangenheit aus. Anschließend kann die Vergangenheit umgeschrieben werden, so dass keine Aufzeichnung über die Anwesenheit des Opfers übrig bleibt. Der Sieg schließt die Sieger in einem Vergessen ein, das gerade die Möglichkeit der Schuld, der Scham oder der Reue beseitigt, jenen Emotionen, die eine nachhaltige Begegnung mit der Wahrheit verlangt.

Die Opfer von ethnischen Kriegen haben ihrerseits die Stätten verloren, die ihre Version der Wahrheit bestätigen. Sie können nicht mehr auf ihre Häuser, ihre Gotteshäuser, ihre Gräber zeigen, denn diese Orte sind ja nicht mehr da. Im Exil dann wird das Opfersein selbst immer unwirklicher. Die Opfer hören nicht auf, für die Wahrheit zu kämpfen, von der jedoch immer weniger Menschen Notiz nehmen, und Außenstehende, die ihnen raten, der Wahrheit ins Gesicht zu sehen, fordern sie im Grunde dazu auf, ihre Niederlage als Tatsache zu akzeptieren. Die Opfer ethnischer Kriege mögen diese Wahrheit ablehnen und es vorziehen, in Flüchtlingslagern und Siedlungen zusammenzuhalten, anstatt der Welt allein entgegenzutreten. Die Wahrheit der Niederlage zu negieren ist zwar eine Voraussetzung für ihre Würde, aber es hält sie auch in einer Identität der kollektiven Opferschaft gefangen.

Und so bleiben in ethnischen Kriegen beide Seiten in ihrer Identität als Kollektiv befangen: die Sieger in ihrer Amnesie, die Opfer in ihrer Weigerung, die Niederlage zu akzeptieren. Diese Schicksale prägen die Erinnerung und den Charakter und machen es so langfristig beiden Parteien unmöglich, sich mit der Wahrheit zu versöhnen.

III

Wenn die Aussichten, zu einer gemeinsamen Wahrheit zu gelangen, schlecht, und die Chancen, sich zu versöhnen, noch schlechter stehen, was lässt sich dann über die Aussichten auf Gerechtigkeit sagen? Die zentrale Aufgabe der Gerechtigkeit im Dialog zwischen Wahrheit und Versöhnung liegt darin, Individuum und Nation getrennt zu denken, die Fiktion zu zerstören, dass Nationen, genau wie Individuen, für die in ihrem Namen begangenen Verbrechen verantwortlich seien. Die wichtigste Aufgabe von Kriegsverbrecherprozessen liegt darin, Schuld zu »individualisieren«, sie aus dem Kollektiv auf die verantwortlichen Einzelnen zu übertragen. In den Worten von Karl Jaspers, der 1946 über den Nürnberger Prozess schrieb: »Für uns Deutsche hat dieser Prozess den Vorteil, dass er unterscheidet zwischen den einzelnen Verbrechen der Führer und dass er gerade nicht kollektiv das Volk verurteilt.« In Analogie der Nürnberger Prozesse sollten deshalb die Den Haager Prozesse weder das serbische, das muslimische noch das kroatische Volk auf die Anklagebank setzen, sondern die Straftäter von der Nation trennen und die Schuld dorthin legen, wo sie hingehört: auf die Schultern des Einzelnen. Doch scheitern Gerichtsprozesse unweigerlich daran, die Schuld den wirklich Verantwortlichen zuzuteilen. Zum einen entrichten meist die Mitläufer den Preis für die von den Hauptverantwortlichen begangenen Verbrechen und verstärken dadurch das Gefühl, dass Gerechtigkeit nichts Endgültiges, sondern etwas Willkürliches ist. Andererseits wird die Verbindung zwischen dem Einzelnen und der Nation durch solche Gerichtsverfahren nicht unbedingt gekappt. Die Nürnberger Prozesse haben dies eindeutig nicht zu tun vermocht: die Welt betrachtet die Deutschen nach wie vor als kollektiv verantwortlich, und die Deutschen akzeptieren tatsächlich nach wie vor diese Verantwortung. Martin Walser schrieb einmal, dass, wenn ein Franzose oder ein Amerikaner Fotos von Auschwitz sieht: »Er nicht denken muß: Wir Menschen! Er kann denken: Diese Deutschen! Können wir denken: Diese Nazis!? Ich kann es nicht.« Immerhin kann man zur Verteidigung von Kriegsverbrecherprozessen anführen, dass sie ein wenig dazu beitragen, ein Volk von der Fiktion der Kollektivschuld zu entlasten, indem sie helfen, Schuld in Scham zu verwandeln. Dies scheint in Deutschland geschehen zu sein, bis zu einem gewissen Grad. Doch die Nürnberger Prozesse allein hätten das nicht erreichen können. So weist Ian Buruma in seinem Buch *Erbschaft der Schuld* darauf hin, dass für viele Deutsche die Nürnberger Prozesse nicht viel mehr waren als eine Form von »Siegerjustiz«. Es waren nicht die Nürnberger Prozesse, sondern die rein deutschen Kriegsverbrecherprozesse in den sechziger Jahren, die die Deutschen zwangen, sich ihrer Rolle im Holocaust zu stellen. Die Urteile, die in einem deutschen Gerichtssaal gesprochen wurden, profitierten von einer Legitimität, die die Nürnberger Prozesse nie besaßen.

Um sich jedoch mit der Vergangenheit abzufinden, genügte nicht allein die Botschaft der deutschen Kriegsverbrecherprozesse. Es erforderte Millionen Besuche deutscher Schulkinder in Konzentrationslagern, die Veröffentlichung tausender Bücher, die Ausstrahlung der Hollywood-Fern-

sehserie »Holocaust« – eine ungeheure moralische Abrechnung zwischen den Generationen, die noch immer nicht beendet ist.

Eine solche Vergangenheitsbewältigung ist aber nur dann
möglich, wenn ein öffentlich geförderter Diskurs dies auch
zulässt. Westdeutschland unternahm einen kollektiven Versuch, sich seiner nationalsozialistischen Vergangenheit zu
stellen; als besiegte Nation, die von den Westmächten besetzt wurde, hatte es keine andere Wahl. In den Klassenzimmern, in der Sprache des öffentlichen Gedenkens und gelegentlich in den öffentlichen Gesten der Wiedergutmachung
und Reue hat Westdeutschland seiner Vergangenheit ins
Auge geblickt und dadurch der Vergangenheit allmählich
gestattet, vergangen zu sein.

In Ostdeutschland dagegen reichte ein gesellschaftlicher
Diskurs die Last der nationalsozialistischen Vergangenheit
nach Westen weiter, auf die andere Seite des »antifaschistischen Schutzwalls«; die offizielle Version lautete, dass die
DDR als Erbin des kommunistischen antifaschistischen Wi-
derstands von aller Verantwortung für Hitlers Verbrechen
freizusprechen sei. Obwohl diese Erfindung den Erinnerungen der meisten an ihre eigene Komplizenschaft mit Hitler
widersprochen haben muss, war doch das Mitmachen be-
quem, und für die Kriegsverbrecher unter ihnen sorgte eine
organisierte öffentliche Amnesie für Zuflucht und Exkulpa-
tion. Im Laufe der Zeit wurde die öffentliche Lüge für das
Regime zur Belastung: die staatliche Amnesie bestätigte lediglich den Verdacht, dass das Regime als Ganzes nur über-
lebe, weil es auf einer historischen Lüge beruhe. Wenn die
öffentliche Arena voller Lügen ist, halten sich private Erinnerungen versteckt. Mehr noch: In Ostdeutschland erzeugte
das öffentliche Vergessen privates Vergessen. Doch auf sehr
lange Sicht wird die Legitimität eines Regimes schließlich
untergraben, wenn es weiterhin Lügen über die Vergangen-

heit verbreitet. Die Schnelligkeit, mit der die DDR zusammenbrach, deutet darauf hin, dass durch die Kluft zwischen öffentlicher Lüge und privater Wahrheit schon lange eine Legitimitätskrise entstanden war. Der Riss in der Mauer brachte das ganze »wackelige« Gebäude zum Einsturz. Nun, da es den Staatssicherheitsdienst nicht mehr gibt, müssen die Ostdeutschen erkennen, dass sie und ihre Eltern nicht nur mit einer Diktatur, sondern mit zweien in heimlichem Einverständnis standen, einer roten und einer braunen, von 1933 bis 1989.

Die Ungeheuerlichkeit dieser doppelten Erbschaft erklärt, warum man in Ostdeutschland seit 1989 so krampfhaft jede Anstrengung unternimmt, sich von der Vergangenheit zu reinigen: Staatsprozesse, Wahrheitskommissionen, die Entlassung von Informanten der Staatssicherheit, die volle Preisgabe aller Inhalte der geheimpolizeilichen Akten. Die Gründlichkeit des Ganzen ist beeindruckend, die Geschwindigkeit jedoch verdächtig. Anscheinend glaubte die westdeutsche Elite, die alles vorantrieb, dass man durch eine drastische Operation das Gift der Vergangenheit ein für alle Mal aus dem Gesellschaftskörper ablassen könnte. Täter und Mittäter standen in heimlichem Einverständnis bei diesem raschen Vergeben und Vergessen, und das galt auch für viele der Opfer, die schlicht in Ruhe leben wollten. Durch das explosionsartige Vordringen des kapitalistischen Marktes nach Osten fiel es leichter zu vergessen. Alle hatten so lange auf das tröstende Bad im kapitalistischen Konsum gewartet, dass man ihnen die Vorstellung nachsah, es könne sie auch von der Vergangenheit reinigen. Immer wenn sich ein Volk fragt: Wer sind wir? – so wie es die Ostdeutschen taten –, sind die Menschen gezwungen, sich zu fragen: Wie konnten wir nur unsere Unterwerfung zulassen? Kein Ausleuchten der nationalen Identität in der Gegenwart kann je die Begegnung mit den schmerzlichen Geheimnissen der Vergangenheit vermeiden. Insofern kann es, so lange diese Fragen lebendig sind – und in Deutschland sind sie andauernd lebendig – kein Vergessen geben.

IV

Die Begegnung Deutschlands mit seiner roten und seiner braunen Vergangenheit wurde durch eine Niederlage erzwungen. Die Alliierten bestanden auf den Nürnberger Prozessen; die Westdeutschen beharrten auf der Entstasifizierung im Osten. Doch was geschieht, wenn Gesellschaften *nicht* durch eine Niederlage genötigt werden, sich der unbequemen Wahrheit der Vergangenheit zu stellen? Was passiert, wenn es keine Wahrheitskommissionen, keine Kriegsverbrechertribunale gibt? Bis in die achtziger Jahre hatte sich das sowjetische Russland den Verbrechen des Stalinismus nicht gestellt – und konnte es auch nicht. Hier unterdrückte die offizielle Kultur aktiv die kollektive Vergangenheit, weil das Wissen um die Verbrechen des Regimes alles untergraben würde, was das Regime durch seinen Sieg über das nationalsozialistische Deutschland an Legitimität noch bewahrt hatte. Mehr noch: Wegen des historischen Mythos vom großen vaterländischen Krieg – vom großen Sieg über den Faschismus – fiel es der Gesellschaft äußerst schwer, sich mit jenen Formen des roten Faschismus zu konfrontieren, die in ihrer Mitte gediehen. Diejenigen, die für die Bewahrung der Erinnerung kämpften – Solschenizyn, Sacharow, Pasternak, die Achmatowa –, wurden verfolgt, und zwar nicht, weil sie das Recht auf freie Meinungsäußerung forderten, sondern weil sie eine Wahrheit über die Vergangenheit des Regimes aussprachen, die, wäre sie in der Öffentlichkeit bekannt geworden, die Legitimität der Sowjets vollständig zerstört hätte. Die Wahrheit – dass das Regime durch Ausrottung überlebte – war Millionen bekannt; Millionen von Menschen mussten terrorisiert oder umgebracht werden, damit die Fiktionen des Regimes aufrechterhalten werden konnten. Bereits in den fünfziger Jahren mussten sich die Menschen der Chruschtschow-Generation, die dem Terror nur knapp entronnen waren, eingestehen, dass die Kosten zur Aufrechterhaltung eines Regimes, das auf Lügen über die Vergangenheit beruhte, allmählich untragbar wurden. Als sich dann eine neue Generation – die Menschen, die unter Gorbatschow an die Macht kamen – langsam die Hierarchien hoch arbeitete, nahm sie dabei die Geschichten über den Terror und die Ausrottung mit, die ihnen ihre Eltern zugeflüstert hatten. Der eklatante Widerspruch zwischen öffentlichen Lügen, deren Verbreitung sich die Gorbatschow-Elite nicht entziehen konnte, und ihren eigenen oder Familienerinnerungen der Unterdrückung unter Stalin, unterminierte schließlich ihre Entschlossenheit, sich an der Macht zu halten. Dieser Widerspruch säte tiefe Zweifel an der moralischen Legitimität des Sozialismus bei einer Elite, die sich mit wirtschaftlicher Stagnation und dem Zerfall der Gesellschaft zugleich konfrontiert sah. Wie in Ostdeutschland war auch in der Sowjetunion die Versöhnung mit der Vergangenheit nur durch den Abbruch des Systems selbst möglich, und so wie in der DDR kam der Zusammenbruch sehr plötzlich, als habe das Gebäude schon lange vorher Risse im Fundament gezeigt und nur darauf gewartet, dass ihm die Ereignisse der Geschichte einen letzten Schlag versetzten.

Zwar wurde der Wille zur Macht bei den Mitgliedern der Gorbatschow-Elite durch den Widerspruch zwischen privaten Familienerinnerungen und dem öffentlichen Mythos der Lüge unterminiert, doch galt dies nicht in gleichem Maße für die vielen Millionen gewöhnliche Parteimitglieder. Sie empfanden weder einen solchen Widerspruch noch hegten sie Zweifel. Die russische Gesellschaft ist nie völlig entstalinisiert worden. Es hat weder Wahrheitskommissionen noch öffentliche Prozesse gegeben, und das Eingeständnis der Partei, in der Vergangenheit Schuld auf sich geladen zu haben, so in Chruschtschows Rede vor dem Parteitag 1956, wurde nur deshalb gemacht, weil bestimmte, nur allzu bekannte Tatsachen ein Leugnen nicht länger möglich machten. Mehr noch: Die Peiniger wurden dekoriert, befördert und ehrenvoll in den Ruhestand entlassen. Es hat weder Prozesse gegen die Henker im Lubjanka-Gefängnis noch gegen die Lagerkommandanten in Magadan gegeben. Dank Solschenizyn ist ein wenig Wahrheit über die Vergangenheit ans Licht gekommen, aber es hat keine Gerechtigkeit gegeben, und darum kann es auch keine Versöhnung zwischen den beiden Russlands geben, zwischen der Mehrheit, die sich mit dem Regime arrangierte, und der Minderheit – deren Zahl in die Millionen geht –, die in den Gulag geschickt wurde. Die Wahrheit erkannt zu haben, bleibt auf eine kleine liberale Minderheit der alten Elite unter Gorbatschow sowie auf die Mittel- und gebildeten Schichten in den Großstädten beschränkt. Für viele ehemalige Parteimitglieder gibt es nichts, was sie zu bereuen, nichts, für das man sich zu entschuldigen hätte. Wenn es keine Gerechtigkeit gibt, kann demnach sogar die Wahrheit geleugnet werden.

Im Fall des gegenwärtigen Russlands deutet vieles darauf hin, dass es nicht genügt, *ein wenig* Wahrheit über die Vergangenheit ans Licht zu bringen. So herausragend die Bemühungen Solschenizyns, so heroisch die Nachforschungen von Leuten wie Witali Schentalinski auch waren, der den KGB zwang, die Geheimdokumente über eine Verfolgung russischer Schriftsteller zu enthüllen, das bloße Aufdecken der Wahrheit – einer Geschichte nicht bestrafter Verbrechen – bildet keinen Abschluss, keinen Schlussstrich, gestat-

tet keinen Vorsatz, den nur Gerichtsverfahren einer wider-
strebenden Gesellschaft aufzuzwingen in der Lage sind.

Gerechtigkeit mag daher etwas Entscheidendes sein,
doch sollte man besser keine allzu großen Hoffnungen da-
reinsetzen, was Prozesse erreichen können. Der große Vorzug von Gerichtsverfahren liegt darin, dass im Zuge ihrer
Beweisaufnahme Tatsachen ermittelt werden, die im Anschluss nicht mehr so einfach angreifbar sind. Insofern
erschweren es Kriegsverbrechertribunale Gesellschaften,
Zuflucht in der Verleugnung zu suchen. Wenn Gerichtsverfahren auch zum Prozess der Wahrheitsfindung beitragen,
so ist doch zweifelhaft, ob sie dies auch zum Prozess der
Versöhnung tun. Die reinigende Kraft der Gerechtigkeit
wirkt eher auf der Seite der Opfer, die wissen, dass ihnen
Gerechtigkeit widerfahren ist. Doch die Gemeinschaft,
aus der die Täter kommen, sieht sich vielleicht zum Sün-
denbock gemacht. Dazu kann man nur eines sagen: Es ist
schlimmer, Kriegsverbrechen ungestraft zu lassen, weil der
Kreislauf der Straflosigkeit so nie durchbrochen wird, ja den
Gesellschaften freigestellt ist, weiterhin ihren Verleugnungs-
fantasien zu frönen.

V

Es ist fraglich, ob Gerechtigkeit oder Wahrheit wirklich heilen. Wir sind der festen Überzeugung, dass Wissen, vor allem Selbsterkenntnis, eine Vorbedingung für seelische Ge-
sundheit ist, und doch kann jede Gesellschaft, einschließlich der unsrigen, auch ohne eine umfassende Konfrontation
der historischen Wahrheit weiter funktionieren. Jede Gesellschaft tätigt erhebliche psychische Investitionen in ihre
Helden. Zu entdecken, dass die eigenen Helden schuldig

waren, heißt, zuzugeben, dass die Identitäten, die sie verteidigten, selbst nicht makellos waren. Dies ist auch der Grund, weshalb sich Gesellschaften so oft dagegen sträuben, Kriegsverbrechertribunale einzusetzen, warum sie so vehement die Tatsachen leugnen, die für alle außerhalb der Gesellschaft doch offenkundig sind. Kriegsverbrechen stellen kollektive moralische Identitäten in Frage, und werden diese Identitäten bedroht, so bedeutet das Leugnen in Wirklichkeit die Verteidigung dessen, was einem lieb und teuer ist.

Es gibt viele Formen der Realitätsverleugnung; sie rangieren von der totalen Weigerung, Tatsachen als Tatsachen zu akzeptieren, bis hin zu komplexen Relativierungsstrategien. Bei diesen akzeptiert man zwar die Fakten, argumentiert jedoch, dass der Feind ebenso viel Schuld trage, die Klägerseite mitverantwortlich sei oder dass solche »Exzesse« zu den bedauerlichen Begleitumständen des Krieges gehören. Etwas zu relativieren bedeutet, beides zugleich zu wollen: die Tatsachen zu akzeptieren, während man zugleich die volle Verantwortung dafür abstreitet.

Der Widerstand gegen die historische Wahrheit ist eine Funktion der Gruppenidentität: Nationen und Völker weben ihr Selbstgefühl zu narzisstischen Erzählungen, die sich hartnäckig jeder Korrektur widersetzen. In ähnlicher Weise sind Regime, um Legitimität zu erlangen, von Geschichtsmythen abhängig, die sich gegen die Wahrheit panzern. Die Rechtmäßigkeit des Tito-Regimes in Jugoslawien beruhte auf dem Mythos, dass seine Partisanen den nationalen Widerstand gegen die deutschen und italienischen Besatzer angeführt hätten. Tatsächlich aber bekämpften die Partisanen ihre Mitbürger ebenso wie die Besatzer, ja, sie trafen sogar Abmachungen mit den Deutschen, um ihre Machtposition gegenüber dem heimischen Gegner zu stärken. Da diese Tatsachen für jeden Jugoslawen jener Generation zum Allgemeinwissen gehörten, bedurfte der Mythos von der Brüderlichkeit und Einheit der ständigen Versicherung durch Propaganda.

Es mag sein, dass der Mythos von Brüderlichkeit und Einheit auf eine Zukunft jenseits ethnischen Hasses verwies, doch weil das Regime der Vergangenheit nicht entschlossen gegenübertrat, verfestigte es den Hass in Jugoslawien, den es eigentlich zu überwinden helfen wollte. Indem das titoistische Regime die wirkliche Geschichte des Blutbads zwischen den Volksgruppen in der Zeit von 1941 und 1945 unterdrückte, schaffte es die Voraussetzung für die Wiederkehr eines solchen Gemetzels. Konkurrierenden Versionen der historischen Wahrheit – einer serbischen, kroatischen und muslimischen – standen keine friedfertigen und demokratischen Wege offen, sich in Titos Jugoslawien Gehör zu verschaffen. Deshalb wichen sie auf das Schlachtfeld aus, um so ihren Wahrheiten zum Sieg zu verhelfen. Im Ergebnis führte der fünf Jahre dauernde Krieg dazu, dass derzeit keine von allen anerkannte Wahrheit auszumachen ist. Unter den Bedingungen ethnischer Separation, die für alle größeren Nachfolgerepubliken der Post-Tito-Ära kennzeichnend sind, bleibt eine gemeinsame Wahrheit – und somit ein Weg von der Wahrheit zur Versöhnung – verschlossen, und zwar nicht nur durch Formen des Hasses, sondern auch durch Institutionen, die zu undemokratisch sind, als dass sie die Verbreitung einer enthüllenden Wahrheit zulassen könnten.

Es bedeutet nicht, die Arbeit der Kriegsverbrechertribunale zu untergraben, zu behaupten, dass die Wahrheit die autoritären Nachfolgestaaten des ehemaligen Jugoslawien wahrscheinlich nicht durchdringen wird. Entscheidend ist nur, dass man Gerechtigkeit und Versöhnung auseinander halten muss. Gerechtigkeit ist Gerechtigkeit, und in den engen Grenzen dessen, was möglich ist, sollte sie auch geübt werden. Gerechtigkeit wird auch den Interessen der Wahrheit dienen. Doch wird man der Wahrheit nicht unbedingt Gehör schenken, und man würde der Wahrheit zu sehr vertrauen, glaubte man, dass sie eine Gesellschaft heilen könne.

Was den Heilungsprozess betrifft, ist man mit dem rätselhaftesten Vorgang von allen konfrontiert. Denn es scheint offensichtlich, dass im ehemaligen Jugoslawien, in Ruanda und in Südafrika die Vergangenheit die Gesellschaft weiterhin heimsucht, weil sie *nicht* vergangen ist. In diesen Ländern verläuft die Zeit nicht in einer Ordnung der Abfolge, sondern in einer der Gleichzeitigkeit, in der Vergangenheit und Gegenwart eine fortlaufende, zähe Masse von Fantasien, Verzerrungen, Mythen und Lügen bilden. So wussten Reporter im Balkankrieg nicht eindeutig zu sagen, ob die Gräueltaten, von denen man ihnen berichtete, sich 1941, 1881 oder 1441 zugetragen hatten. Für die Erzähler dieser Geschichten waren gestern und heute identisch. Gleichzeitigkeit, so scheint es, ist die Traumzeit der Vergeltung. Die Verbrechen lassen sich nie der Geschichte übergeben; sie bleiben in der ewigen Gegenwart gefangen und schreien nach blutiger Rache. Joyce begriff, dass in Irland die Toten der Vergangenheit nie wirklich tot und begraben waren; sie würden die Lebenden in ihren Träumen heimsuchen, auf der Suche nach Vergeltung.

Genau genommen können Nationen nicht mit anderen Nationen versöhnt werden, so wie das zwischen Individuen möglich ist. Dennoch tragen öffentliche Rituale der Sühne dazu bei, dass der Einzelne einen Heilungsprozess durchlaufen und sich versöhnen kann. Als der chilenische Staatspräsident Alwyn im Fernsehen auftrat, um sich bei den Opfern von Pinochets Verbrechen zu entschuldigen, schuf er das öffentliche Klima, in dem Tausende Akte privater Reue und Entschuldigungen möglich wurden. Er säuberte zudem den chilenischen Staat symbolisch von seiner Verbindung mit diesen Verbrechen. Als Willy Brandt in einem Konzentrationslager niederkniete, entfaltete diese Geste eine ähnlich kathartische Wirkung, da sie den deutschen Staat offiziell mit dem Prozess der Sühne in Verbindung brachte.

Diese Handlungen stehen in deutlichem Kontrast zum Verhalten der für den Krieg auf dem Balkan verantwortlichen Politiker. Wenn Präsident Tudjman von Kroatien – anstatt Bücher zu schreiben, in denen pedantisch aufgezählt wird, wie viele Kroaten in Jasenovac ermordet wurden – die Stätten der berüchtigtsten kroatischen Konzentrationslager aufgesucht und sich öffentlich für die von der kroatischen Ustascha an Serben, Zigeunern, Juden und kommunistischen Partisanen begangenen Verbrechen entschuldigt hätte, dann hätte er die kroatische Gegenwart aus dem Griff der Ustascha-Vergangenheit befreit. Zudem hätte er die Chancen erhöht, dass die serbische Minderheit einen unabhängigen kroatischen Staat anerkennt. Hätte er sich der Vergangenheit gestellt, hätte der Krieg von 1991 möglicherweise verhindert werden können. Natürlich entschied er sich dagegen: Obwohl er selbst als Partisan gegen die Ustascha gekämpft hatte, hing seine Kampagne zur Erlangung der Unabhängigkeit von der, finanziellen wie moralischen, Unterstützung ehemaliger im Exil lebender Ustascha-Mitglieder ab. Sowohl für Tudjman als auch für viele seiner Wähler war es undenkbar, die historische Verantwortung Kroatiens für seine Kriegsverbrechen einzuräumen, weil es für die Begründung einer Unabhängigkeitsforderung zentral war, die Kroaten als Opfer serbischen Großmachtstrebens darzustellen. Wahr ist jedoch, dass eine Sühnegeste von Seiten Tudjmans Kroatien von seinem mörderischen Erbe entlastet hätte; sie hätte die Kroaten dazu aufgefordert, Selbstmitleid und hysterische Verleugnung der Vergangenheit durch einen gewissenhaften Diskurs zu ersetzen, sie hätte den Serben eine unmissverständliche Botschaft der Brüderlichkeit zugesandt und damit vielleicht verhindert, dass diese genauso selbstmitleidig und hysterisch dem serbischen Mythos erlegen wären, wonach Serben nur innerhalb Großserbiens sicher leben können. Gesellschaften und Nationen sind nicht wie Individuen, doch ihre Führer können ungeheuer großen Einfluss auf den geheimnisvollen Vorgang haben, mit dem Einzelne die schmerzliche Vergangenheit ihrer Gesellschaften aufarbeiten. Politische Führer geben ihren Gesellschaften die Genehmigung, das Unsagbare zu sagen, das Undenkbare zu denken, Gesten der Versöhnung zu finden, die sich Menschen als Einzelne nicht vorstellen können. Auf dem Balkan fand kein einziger Politiker den Mut, seiner Nation die mächtigen Fantasien auszutreiben.

Das größte moralische Hindernis auf dem Weg zur Versöhnung ist das Verlangen nach Rache. Heutzutage betrachtet man Rache meist als niedere und unwürdige Emotion, man unterschätzt, wie tief sie Menschen in ihren Bann zieht. Doch ist Rache – vom Standpunkt der Moral aus betrachtet – ein Wunsch, den Toten die Treue zu halten, ihrer zu gedenken, an ihre Anliegen dort anzuknüpfen, wo sie es nicht mehr können. Rache ist eine Form der Treue zwischen den Generationen; die Gewalt, die sie erzeugt, ist eine rituelle Form des Respekts für die Toten der Gemeinschaft – und eben hierin liegt ihre Legitimität. Jede Form der Versöhnung ist gerade deshalb so schwierig zu erreichen, weil sie mit der machtvollen alternativen Moralität der Gewalt konkurrieren muss. Politischer Terror hält sich so hartnäckig, weil er eine ethische Praxis darstellt. Er ist ein Totenkult, ein entsetzlicher und absoluter Ausdruck des Respekts.

Wenn sich Nationen oder Gemeinschaften bekämpfen, so setzen sie oft ein Werk fort, das viele Generationen früher begonnen wurde. Was in Drogheda geschah oder nicht geschah, was Cromwell während seines Eroberungszuges durch Irland tat oder unterließ – dies sind die Hindernisse, die im Irland der neunziger Jahre weiter den Weg zur Versöhnung versperren. Ein Verbrechen, verübt 1992 in Bosnien, geschah vielleicht aus Rache für einen Mord 1942. Der Zirkel der Vergeltung über Generationen hinweg hat kein wirkliches Ende. Söhne können weder die Schulden ihrer Väter begleichen noch das Unrecht rächen, das ihren Vätern angetan wurde – jedenfalls nicht wirklich. Doch gerade weil Vergeltung zwischen den Generationen nicht möglich ist, bleiben die Gemeinschaften im Wiederholungszwang gefangen. So wie in einem Albtraum wirft sich jede Seite gegen die geschlossene Tür der Vergangenheit und versucht vergeblich sie aufzustoßen.

Über Generationen hinweg bestehende Konflikte lassen sich nur dann befrieden, wenn beide Seiten eine fundamentale Unterscheidung zwischen Schuld und Verantwortung treffen. Die Söhne tragen keine Schuld an den Verbrechen der Väter, und Frieden wird erst dann einkehren, wenn sie sich nicht mehr dafür verantwortlich fühlen, das Unrecht, das ihre Väter erlitten, zu rächen. Doch verantwortlich bleiben sie, zu berichten, was geschah. Sie müssen zugeben, was getan worden ist. Aber sie müssen auch die Verpflichtung eingehen, dass Gleiches nicht mit Gleichem vergolten wird.

Sich versöhnen heißt, die Spirale der Rache zwischen den Generationen zu durchbrechen. Es bedeutet, die unheilbringende Spirale der Gewalt durch die positive Spirale einer sich gegenseitig verstärkenden Achtung zu ersetzen. Versöhnung kann den Kreislauf der Vergeltung nur dann beenden, wenn sie mit Vergeltung als Form der Achtung vor den Toten gleichziehen kann. Was alle Beteiligten nach einem Bürgerkrieg letztendlich fordern, ist, dass sich »die andere Seite« den Toten zu stellen habe, die sie verursacht hat. Zu leugnen, dass es diese Toten gab, heißt, sie wie einen Traum, wie einen Albtraum zu behandeln. Ohne eine Entschuldigung, ohne die Anerkennung dessen, was geschehen ist, kann die Vergangenheit nicht an ihren Ort als das Vergangene zurückkehren. Die Geister werden weiter auf den Wehrmauern umgehen. Natürlich muss eine Entschuldigung die Anerkennung der Trauer auf der anderen Seite widerspiegeln, weiterreichen als die wohlmeinende, aber leichthin gemachte Bemerkung des Engländers Haines in *Ulysses*: »Ein Ire muß sogar so denken. Wir haben in England das Gefühl, euch ziemlich unfair behandelt zu haben. Die Geschichte ist schuld daran, scheint es.«

Joyce' große Revolte bestand darin, gegen die Vorstellung von der Geschichte als Schicksal zu rebellieren, die jede Generation dazu zwingt, den Hass der vorhergehenden zu erneuern, weil das Gelöbnis, den Toten die Treue zu halten – ihr Andenken zu ehren –, offenbar verlangt, dass man, um sie zu rächen, zu den Waffen greifen muss. Eine Versöhnung, die auf gegenseitigen Entschuldigungen beruht, geht davon aus, dass Geschichte kein Schicksal ist, dass Geschichte nicht Schuld hat – ebenso wenig wie Kulturen oder Traditionen –, sondern nur besondere Einzelne, die die Geschichte benennen muss. Diese letzte Dimension der Versöhnung – die Trauer um die Toten – ist der Ort, an dem das Verlangen nach Frieden über die Sehnsucht nach Rache den Sieg davontragen muss. Die Versöhnung hat nur dann eine Chance gegen die Vergeltung, wenn sie die Gefühle, die die Vergeltung aufrechterhalten, respektiert, wenn sie die Achtung, die in der Rache eingeschlossen ist, durch Rituale zu ersetzen vermag, wenn Gemeinschaften, die sich einst im Krieg miteinander befanden, lernen, gemeinsam um ihre Toten zu trauern. Versöhnung muss in das gemeinsame Erbe der Gleichheit vor dem Tode hineinreichen und die drastische Nichtigkeit aller Kämpfe kenntlich machen, die im Töten enden, die nicht endende Vergeblichkeit aller Versuche, jene zu rächen, die nicht mehr am Leben sind. Denn es ist eine elementare Gewissheit, dass das Morden die Toten nicht wieder zum Leben erwecken wird. Diese Erkenntnis ist teilbar, und wenn man sie teilt, kann man jene tiefe Gewissheit erfahren, die sich manchmal einstellt, wenn man aus einem Traum erwacht.

Anmerkungen

Ist uns nichts mehr heilig? Zur Ethik des Fernsehens

Zum Thema der Hungersnot in Äthiopien im Jahr 1984 und der britischen Spendenfreudigkeit im Anschluss bin ich der Abteilung für Öffentlichkeitsarbeit von Oxfam für ihre Hilfe zu Dank verpflichtet; zur Thematik der Fernsehberichterstattung vgl. William Boot: »Ethiopia. Feasting on Famine«, *Columbia Journalism Review*, März-April 1985, S. 47-49; zum Hintergrund der Hungersnot vgl. Fred Halliday und Maxine Molyneux: *The Ethiopian Revolution* (1983); Graham Hancock: *Ethiopia. The Challenge of Hunger* (1985) sowie Ryszard Kapuscinkis hervorragendes Porträt; *The Emperor* (1983) über die äthiopische Monarchie zur Zeit ihres Niedergangs. Zu den Ursprüngen der Idee des Naturrechts im Europa des 16. und 17. Jahrhunderts vgl. Richard Tuck: *Natural Rights Theories* (1979), Quentin Skinner: *The Foundations of Modern Political Thought* (1978) sowie Peter Stein: *Legal Evolution* (1981). Zur Doktrin der religiösen Toleranz siehe Henry Kamen: *The Rise of Toleration* (1967), (dt. *Intoleranz und Toleranz*, 1967), John Locke: *A Letter Concerning Toleration* (1990), (dt. *Ein Brief über Toleranz*, 1996), Richard Popkin: *The History of Scepticism* (1979) sowie Michael Walzer: *On Toleration* (1997), (dt. *Über Toleranz*, 1998); zur Idee des Liberalismus, Grausamkeit als größtes aller menschlichen Laster einzuordnen, siehe Judith Shklar: *Ordinary Vices* (1984). Vgl. hierzu auch mein Buch *The Needs of Strangers* (1985), (dt. *Wovon lebt der Mensch*, 1993). Zum Sklavenhandel und dessen Abschaffung vgl. David B. Davis: *The Problem of Slavery in the Age of Revolution* (1975); zur detaillierten Erörterung der Debatte im Christentum über die Ethik der Wohltätigkeit in Zeiten des Hungers und ihre Auswirkungen auf das europäische Denken siehe Istvan Hont und Michael Ignatieff (Hrsg.): *Wealth and Virtue. The Shaping of Political Economy in the Scottish Enlightenment* (1983). Zur neueren Diskussion der ethischen Dimension von Hungersnöten und Hilfsleistungen bei Hungersnöten vgl. Amartya Sen: *Poverty and Famines* (1981); die marxistische Kritik des bürgerlichen Universalismus findet sich in Ernesto Grassi (Hrsg.): Karl Marx, *Texte zu Methode und Praxis*, 3. Bd. (1968); vgl. dazu auch M. Merleau-Ponty: *Humanisme et Terreur* (1972), (dt. *Humanismus und Terror*, 1976); der Essay von Roland Barthes findet sich in seinen *Mythologies* (1957), (dt. *Mythen des Alltags*, 1998). Ich bin außerdem Susan Sontag: *On Photography* (1978), (dt. *Über Fotografie*, 1992) sowie John Berger: *About Looking* (1980), (dt. *Das Leben der Bilder oder die Kunst des Sehens*, 1982) verpflichtet. Das Zitat von Don McCullin stammt aus: »A Life in Photographs«, *Granta*, Winter 1985; zum Fernsehen und seinen Traditionen und Erzählformen bin ich den Arbeiten von Anthony Smith, vor allem *The Shadow in the Cave* (1973) und *From Books to Bytes* (1995) verpflichtet. Zur Idee des Heiligen siehe Marcel Gauchet: *Le désenchantment du monde* (1985), Regis Debray, *Critique de la raison politique* (1973) sowie vor allem Leszek Kolakowski: *Religion* (1983), (dt. Falls es keinen Gott gibt, 1982).

Der Narzissmus des kleinen Unterschieds

Obwohl ich *The Clash of Civilizations* (1996), (dt. *Der Kampf der Kulturen*, 1997) von Samuel Huntington in diesem Kapitel zum Gegenstand meiner Kritik gemacht habe, ist es doch nur fair, darauf hinzuweisen, dass Huntingtons Akzentuierung der kulturellen und religiösen Ursprünge des ethnischen Antagonismus eine willkommene Abwechslung von der funktionalistischen und »realistischen« Art US-amerikanischer Analysen zur Außenpolitik bedeutet. Zum Thema der jugoslawischen Katastrophe verdanke ich viel Laura Silber und Allan Little: *The Death of Yugoslavia* (1995), Misha Glenny: *The Fall of Yugoslavia* (1992), (dt. *Bruderkrieg. Der Kampf um Titos Erbe*, 1995) sowie den Aufsätzen von Steven Pavlovitch und anderen in Jacques Rupnik (Hrsg.): *De Sarajevo à Sarajevo* (1992). Meine eigenen Reisen durch die Kriegsgebiete Kroatiens im Jahr 1993 schildere ich im Einzelnen in *Blood and*

Belonging: Journeys into the New Nationalism (1993), (dt. *Reisen in den neuen Nationalismus,* 1994). Zum Thema der nationalen Identität habe ich viel erfahren bei Anthony Smith: *National Identity* (1991), Benedict Anderson: *Imagined Communities* (1983), (dt. *Die Erfindung der Nation,* 1988), Ernest Gellner: *Nations and Nationalism* (1983), (dt. *Nationalismus und Moderne,* 1991), Eric Hobsbawm: *Nations and Nationalism since 1870* (1990), (dt. *Nationen und Nationalismus,* 1992) sowie Elie Kedourie: *Nationalism* (1960), (dt. *Nationalismus,* 1971). Zum Übergang zur Demokratie in Osteuropa lernte ich besonders viel von Timothy Garton Ash: *The Uses of Adversity* (1991); zum Kain-Mythos bin ich besonders Regina M. Schwartz: *The Curse of Cain* (1997) zu Dank verpflichtet; zum Begriff Autismus siehe Hans Magnus Enzensberger: *Aussichten auf den Bürgerkrieg* (1993). Freuds Gedanken zum Thema des Narzissmus und des kleinen Unterschieds finden sich in dem Artikel »Das Tabu der Virginität« (1917), in Freud: *Studienausgabe* Bd. X, 1972, S. 219, in »Gruppenpsychologie und Ich-Analyse« (1921), in Freud: *Studienausgabe,* Bd. IX, S. 95f., sowie in dem Aufsatz »Das Unbehagen in der Kultur«, ebenfalls in Freud: *Studienausgabe,* Bd. IX, S. 243. Zur Thematik Rasse und Differenz möchte ich K. Anthony Appiah und Amy Gutman: *Color Conscious* (1996) und Kenen Malik: *The Meaning of Race* (1996) danken. Schließlich bin in den Hörern zu Dank verpflichtet, die meinen Überlegungen Aufmerksamkeit schenkten, als sie noch im Entstehen begriffen waren: während der Eröffnungsvorlesung des Pavis Centre der Open University (1994), der Morrell-Lecture on Toleration an der Universität von York (1994), sowie der Parks-Lecture on Toleration an der Universität von Southampton (1995).

Die Verführungskraft moralischer Empörung

Bei meinen Überlegungen zum neuen Internationalismus der frühen neunziger Jahre lernte ich viel aus David Rieffs hervorragendem Artikel: »Whose Internationalism, Whose Isolationism«, in *World Policy,* Nr. 2, Sommer 1996, sowie aus seinem Buch *Slaughterhouse. Bosnia and the Failure of the West* (1995). Viel verdanke ich auch den Artikeln in der Sonderausgabe der Zeitschrift *Social Research*, Bd. 62, Nr. 1, Frühling 1995, zum Thema *Rescue. The Paradoxes of Virtue*, herausgegeben von Arien Mack. Joseph Conrads Verbindungen zum Kongo und mögliche Quellen für die Gestalt des Kurtz hat Adam Hochschild in einem hervorragenden Artikel »Mr. Kurtz, I Presume«, in *The New Yorker*, 14, April 1997, dargestellt; zum Völkermord in Ruanda möchte ich mich der Arbeit von Philip Gourevitch in *The New Yorker* erkenntlich zeigen, vor allem dem dort erschienenen Artikel »The Return« vom 20. Januar 1997. Zum *le droit d'intervention humanitaire* vgl. Bernard Kouchner: *Le Malheur des autres* (1992); zu einer Kritik am humanitären Gedanken vgl. Alain Finkielkraut: *L'Humanité perdue* (1996), (dt. *Verlust der Menschlichkeit*, 1998); zum Motiv des Chaos vgl. Robert D. Kaplan: *The Ends of the Earth* (1996), (dt. *Reisen an die Grenze der Menschheit*, 1996).

Die Ehre des Kriegers

Zum Thema des Roten Kreuzes, der Genfer Konventionen und des Kriegsrechts bin ich Francois Bugnion: *Le comité international de la croix rouge et la protection des victimes de la guerre* (1994) zu Dank verpflichtet; außerdem konsultierte ich die Jahresberichte des IKRK von 1990-1996, zusammen mit ausgewählten Ausgaben seiner Zeitschrift *The International Review of the Red Cross*. Zu den Aktivitäten des Roten Kreuzes zwischen 1936 und 1945 vgl. Marcel Junod: *Le troisième Combattant* (1951); zum IKRK im Golfkrieg vgl. Christophe Girod: *Tempête sur le Désert* (1995). Zur Sichtweise des Roten Kreuzes, die darauf beharrt, sein unausgesprochener Auftrag läge in der Beendigung von Kriegen, nicht nur in deren Kontrolle, vgl. N. O. Berry: *War and the Red Cross* (1997); zum Roten Kreuz in Jugoslawien siehe M. Mercier: *Crimes without Punishments* (1994), Roy Gutman: *Witness to Genocide* (1993), (dt. *Augenzeuge des Völkermords*, 1994), Jan Willem Honig und Norbert Both: *Srebrenica* (1996), (dt. *Srebrenica*, 1997). Zum Thema Afghanistan zog ich großen Nutzen aus dem Buch *The Search for Peace in Afghanistan* (1995) von Barnett B. Rubin sowie den Diskussionen mit Fred Halliday, Professor für Internationale Beziehungen an der London School of Economics. Die beste verfügbare Abhandlung der Geschichte des Kriegsrechts findet sich in der von Michael Howard, George J. Andreopoulos und Mark R. Shulman herausgegebenen Sammlung *The Laws of War. Constraints on Warfare in the Western World* (1994). Und zur Transformation des modernen Krieges vgl. schließlich John Keegan: *A History of Warfare* (1993), (dt. *Die Kultur des Krieges*, 1995), zusammen mit seiner unvergleichlichen Untersuchung *The Face of Battle* (1977), (dt. *Das Antlitz des Kriegs,* 1997). Vgl. hierzu auch Martin van Creveld: *The Transformation of War* (1991), (dt. *Die Zukunft des Krieges*), Leroy Thompson: *Ragged War* (1994), Robert D. Kaplan: *The Ends of the Earth* (1996), (dt. *Reisen an die Grenzen der Menschheit*, 1996), Philippe Delmas: *La bel avenir de la guerre* (1997) sowie C. H. Gray: *Postmodern War* (1997). Besondere Einsicht verdanke ich schließlich dem Kapitel über Barbarei in Eric Hobsbawms Buch *On History* (1997), (dt. *Wieviel Geschichte braucht die Zukunft*, 1997).

Der Albtraum, aus dem wir zu erwachen versuchen

Bei meinen Überlegungen zur deutschen Kriegsschuld verdanke ich sehr viel Ian Buruma: *The Wages of Guilt* (1991), (dt. *Erbschaft der Schuld*, 1994). Timothy Garton Ash: *The File* ist Basislektüre zum Thema der Aufarbeitung der kommunistischen Vergangenheit in Ostdeutschland und des Netzes von Informanten für den Staatssicherheitsdienst. Zu Russland unter Gorbatschow und der Rolle der Erinnerungen an den Stalinismus bei der Untergrabung des Selbstvertrauens der Eliten vgl. David Remnicks Darstellung in *Lenin's Tomb* (1993); vgl. hierzu auch Witali Schentalinski: *Das auferstandene Wort. Verfolgte russische Schriftsteller in ihren letzten Briefen, Gedichten und Aufzeichnungen* (1996). Die Sonderausgabe des *Index on Censorship*, Bd. 25, Nr. 5, 1996, zur Thematik *Wounded Nations, Broken Lives: Truth Commissions and War Tribunals* enthält einen vorzüglichen Artikel von Alberto Manguel über die Wahrheitskommission in Argentinien. Ariel Dorfmans

Theaterstück *Der Tod und das Mädchen* (1992) ist die Darstellung über das Thema Gerechtigkeit, Rache und Vergebung im chilenischen Kontext mit der größten Tiefenschärfe. Den besten Überblick über Wahrheitskommissionen und die Ahndung von Staatsverbrechen findet man in Stanley Cohens »State Crimes of Previous Regimes. Knowledge, Accountability and the Policing of the Past«, in *Law and Social Inquiry*, Bd. 20, Nr. 1, 1995. Ich erfuhr auch viel durch Avishai Marglits gedruckte Vorlesung mit dem Titel »To Remember, to Forget, to Forgive«, die im Mai 1996 am Nexus Institute, Tilburg, Niederlande, gehalten wurde; Theodor W. Adornos Aufsatz »Was bedeutet: Aufarbeitung der Vergangenheit? findet sich in: *Gesammelte Schriften*, Bd. 10, Teil 2, S. 555-572 (1977). Das Thema Jasenovac und die Beziehung der Kroaten zu ihrer Ustascha-Vergangenheit habe ich in meinem Buch *Blood and Belonging: Journeys into the New Nationalism* (1993), (dt. *Reisen in den neuen Nationalismus*, 1994) erörtert. Vgl. hierzu Slavenka Drakulic: *Balkan Express* (1993), Misha Glenny: *The Fall of Yugoslavia* (1993), (dt. *Bruderkrieg. Der Kampf um Titos Erbe*, 1995) sowie Alain Finkielkraut: *Comment peut-on être croate* (1992). Zur nationalen Identität siehe Anthony D. Smiths *National Identity* (1991). Schließlich verdanke ich meine Darstellung Irlands und des irischen Nationalismus Roy Foster: *Modern Ireland* (1988) und seinem Buch *Paddy and Mr. Punch* (1993). Zum Thema James Joyce war mir Emer Nolan: *James Joyce and Nationalism* (1995) von großem Nutzen sowie James Fairhall: *James Joyce and the Question of History* (1993).